Ulrike Ascher

Die Magie der Elemente

- luft -

Arun

Anmerkungen:

Wer aufmerksam liest, stellt fest, dass sich männliche und weibliche Formen von Hauptwörtern bunt abwechseln. Das ist Absicht. Wo eine weibliche Form erscheint, mögen sich die Männer bitte mit angesprochen fühlen. Wo eine männliche steht, gilt diese auch für die Frauen mit.

- Die fliegende Hexe weist Sie auf Rituale hin.
- Der Schmetterling zeigt Übungen an.
- Der Lotussitz symbolisiert die Meditationen.

Bildnachweis

Fotos © by Alexander Pohle auf den Seiten: 9, 27 und Hintergrund.
Fotos © by Anke Rammé Firlefanz auf den Seiten: 20-21, 24, 55, 58, 59, 60, 65, 72, 97, 159.
Fotos © by Björn Ulbrich auf den Seiten: 19, 74, 82, 96, 110, 122, 126.
Fotos © by Fotolia.com: Roy Simon & Lubov Ostrovsky – Titelmotiv.
Fotos © by Fotolia.com: Ints Vikmanis - 3; Kasia Biel - 5; Andrew Obrezkov - 6; Igor Skrynnikov - 7; Skyphoto - 10; F.W.P. - 12; Johannes Hahn - 16; Nolte Lourens - 22; Crimson - 23; grafik & art - 25; Dream-Emotion - 28; Dmytro Korniyenko - 30, 153; Bruno Herold - 31; yegorius - 34; Terra Panthera - 36-37; Jean-Pierre Barthe - 39; Pitris - 41; thea walstra - 43; Yang MingQi - 44; Gernot Krautberger - 46; ANK - 47; Oleg Leshchev - 48-49; Renato Schiller - 51; FotoFrank - 52-53, 107; Birgit Reitz-Hofmann - 54; Miroslava Arnaudova - 54; DamirK - 56; Marco Vegni - 57; rgbspace - 61, 68; Rainer Walter Schmied - 62; Stuart Corlett - 64; jbron - 66-67; Dariusz Kopestynski - 71; Alain Gaymard - 76; Jean-Jacques Cordier - 77; Sean Gladwell - 78; Spectral-Design - 80-81; smartpicture - 90; Wendy Kaveney - 92; Pshenichka - 94; DgMata - 95; galberstone - 98-99; spotlight-studios - 100-101; Fotoskat - 103; Mellow - 104; SyB - 105; Tanja Bagusat - 106; Philf - 106; Sam Smith - 108-109; puje - 112; susan flashman - 113; javarman - 114; Alexander Huber - 115; daniel cordonnier - 115; leprechaun - 117; mdalla - 119; blende40 - 124; Anette Linnea Rasmussen - 124; Jens Klingebiel - 135; Leonid Nyshko - 135; Uros Petrovic - 136; Debra Dunton - 139; Rimasz - 142-143; quayside - 144; Adam Rainford - 147; gburba - 148; Saty Bhat - 150; Bertrand Benoit - 151; Earl Robbins - 152.

Copyright © 2008 by Arun-Verlag.
Arun-Verlag, Engerda 28, 07407 Uhlstädt-Kirchhasel.
Tel.: 036743-2330; Fax: 036743-23317; E-Mail: info@arun-verlag.de; Homepage: www.arun-verlag.de.
Text © Ulrike Ascher.
Bilder © siehe Bildnachweis.
Lektorat, sowie Liste der Vögel, Liste der Gottheiten und die gereimten Sprüche: Sabine van de Laar.
Layout: Arun.
Gesamtherstellung: Drogowiec, Kielce.

Alle Rechte der Verbreitung in deutscher Sprache und der Übersetzung, auch durch Film, Funk und Fernsehen, fotomechanische Wiedergabe, Ton- und Datenträger jeder Art und auszugsweisen Nachdrucks sind vorbehalten.

ISBN 978-3-86663-029-1

Inhalt

Luft – Tanz des Lebens — 10

Luft – Bewahrerin des Seins — 11
Und hütet das Große – Der Lebenshauch — 11
    Übung: Versorgung aus der Luft – Lebensatem — 11
Horch was kommt von draußen rein –
Verbindung finden — 13
    Meditation: Es liegt etwas in der Luft — 14
Windstille – Auf der Schwelle der magischen Tür — 14
    Übung: Im wahrsten Sinne –
    Wahrnehmung schärfen — 15
Saatengrün und Veilchenduft –
Erdung im Luftgarten — 16
    Meditation: Durch die Blume –
    Pflanzenfreunde — 16
    Ritual: In Wahrheit singen,
    ist ein andrer Hauch – Gesang der Deva — 18

Meisterschaft der Luft — 22

Die schwebende Welt der Luftwesen — 22
    Übung: Wenn ich ein Vöglein wär… — 22
Mit fremden Federn schmücken — 23
    Ritual: Die Federkrone der Weisheit — 23
Schützendes Federkleid — 25
    Ritual: Windschutz — 26
In den Wind reden — 27
    Meditation: Plauderei mit den Sylphen — 27
Die Flügel der Sonne – abenteuerlustiger Pegasus — 28
    Meditation: Beflügelte Gedanken — 29
Der Muse leichter Kuss — 31
Reden ist Silber, Schweigen ist Gold –
Geheimnisvolle Sphinx — 31
    Ritual: Zu deinen Füßen,
    oh fantastische Sphinx — 32
Den Sturm ernten – Ungezähmte Drachenmacht — 32
    Ritual: Ins Auge des Sturms — 33

Luftmagisches — 38

Windige Angelegenheiten — 38
Die Luft ist rein – Klärende Luft — 38
    Übung: Ein Hauch von Frische — 38
Frischen Wind herein bringen — 39
    Ritual: Steife Brise — 40
Es wohnt ein Lied in allen Dingen –
Musik und Gesang — 41
    Übung: Die eigene Stimme wecken
Lebensrhythmus — 42

Übung: Im Wirbel der Musik	43
Des Sängers Lied – Gesang der Kraft	44
Ritual: Ein gutes Wort einlegen	44
Ritual: Ein Lied geht um die Welt	45
Ritual: Dank mit jubelnden Chören	47

Der Duft der weiten Welt – Heiliger Rauch   50

Im Rauch aufgehen – Räucherstoffe   **50**

Die hängenden Gärten der Semiramis	52
Süße, wohlbekannte Düfte	53
Gut geräuchert – Duft und Rauch für Reinigung und Schutz	54
Ritual: Einfach verduftet – Wohnungsreinigung und Segen	55
Übung: Vom Winde verweht – Selbstreinigung	58
Ritual: Steiget auf ein Rauch – Rauchreinigung und Segnung	59
Ritual: Rückenwind – Bekleidung für Rituale einräuchern	60
Hauch der Meditation	61
Meditation: Schall und Rauch – Harmonischer Rauchtanz	63
Rituelle Rauchzeichen	64
Ritual: Auf dem Altar der Götter verbrannt – Göttliche Rauchopfer	65

Es liegt was in der Luft – Verbindung und Austausch   68

Übung: Gegenwind für das Ego	68
Aus der Luft gegriffen – Magische Zugänge	69
Meditation: Wie im Fluge – Offen für Erkenntnisse	70
Hart am Wind – Mit sich und anderen im Hier und Jetzt	70
Meditation und Ritual: viel Wind machen – Freiheit und Verantwortung	72
Wind des Wandels – Verbindung zur Anderswelt	75
Übung: Ihr spiritueller Flugplatz	75
Ritual: Luftige schamanische Helferlein	76
Ritual: Von Luft und Liebe – Einladung an andere Wesenheiten	78
Das Blaue vom Himmel – Zaubersprüche und Affirmationen	78
Übung: Reim Dich oder ich fress Dich	79

Wind bekommen – Weissagen   82

Übung: Gespräch mit der Sybille	83
Meditation: Der Atem ist im Herzen	83
Mit windgeblähten Segeln – Handwerkszeuge der Weissagung	85
Der Weisheit Leben einhauchen – Tarotkarten	85
Ritual: Sturmfront – Unerwünschte Plagen abwehren	86

Ritual: Kräfte im Aufwind	89
Und sie bewegt sich doch – Steinorakel	90
Meditation: Stein der Weisheit	91
Ritual: Weisheit des Orakels	93
Zeichen der Zeit – Runen	93
Meditation: Runenorakel	95
Was pfeifen die Spatzen von den Dächern – Antworten aus der Natur	96
Meditation: Laue Luft kommt blau geflossen – Federflüstern	97

Halleluja bei Gegenwind – Heilen mit Luft 100

Übung: Dem Atem Raum geben	100
Meditation: Sich Luft machen	101
Auf Wolke sieben schweben – Sauna und heiße Luft	102
Meditation: Wüstenatem	102

Jahreszeiten der Luft 105

Luft – Winteraltar	105
Luft – Frühlingsaltar	106
Luft – Sommeraltar	106
Luft – Herbstaltar	107

Luftmagische Verknüpfungen 108

Mit Luft zaubern – Grundausstattung für Luftrituale **110**
Bänder und Gebetsfahnen; Kraft summen und singen; Trommel; Rassel; Federn
Vögel **111**
Für alles ist ein Kraut gewachsen – Botschaften aus Blüte, Blatt und Borke **122**
Steine der Luft **137**
Metalle der Luft **140**
Lebensmittel der Luft **140**
Sich den Wind um die Nase wehen lassen – Luftorte **141**

Deutsche Orte der Luft	141
In die Ferne schweifen – europäische Orte der Luft	142
Der Duft der großen weiten Welt – weltweite Luftorte	143

Göttliche Botschaft der Luft 145

Elemente- und Geisterwesen **145**
Luftgottheiten **147**

Von Anderswelt und Zauberspruch – Grundbegriffe und Glossar 154

Anderswelt; Aura; Buch der Schatten; Chakren; Elementale; Erden; Grundritual; Keltisches Kreuz; Magische Dreiheit – Ich-Arbeit, Wir-Arbeit und Welt-Arbeit; Medizinbeutel; Schamanische Reise; Visualisieren

Anhang 156

Bücher; CDs; DVDs; Adressen; Webseiten

Widmung

Für unsere Väter. Ihr seid wichtiger als wir es sagen können.
Ulrike und Biene

Danksagung

Beginnen wir mit den üblichen Danksagungen an Stefan, den unglaublich geduldigen Verleger(!) und Biene, die beste Lektorin der Welt (you are simply the best!). Und natürlich an meine Miezen für pfotige Schnurrunterstützung, Pfotenabdrücke auf der Festplatte und pelzige Kuschelmomente.

Besonderer Dank für unermüdliche Fantasie rund um die Elemente geht an die Crew von u-litfor – ohne Euch hätte das Basteln der Überschrfiten nur halb so viel Spaß gemacht: Giovanni Bandini, Ursula Gräfe, Michaela Klomp, Stefanie Kuballa-Cottone, Anja Kühn, Margarete Längsfeld, Britta Waldhof, Annette Rüdy und Katrin Scheerer (und mögen wir niemanden vergessen haben).

Last not least, thank you David for keeping my back free and my chin up. Your support is essential in all of this.

Luft - Tanz des Leb

Luft – Tanz des Lebens

Saatengrün, Veilchenduft,
Lerchenwirbel, Amselschlag,
Sonnenregen, linde Luft!
Wenn ich solche Worte singe,
braucht es da noch großer Dinge?

Ludwig von Uhland

Ob milde Lüfte oder stürmische Böen, das Element Luft umgibt uns immer und überall. Es kommuniziert mit uns, indem es uns umfächelt, hin und her schubst, uns mit Gerüchen umspielt und belebt, Geräusche und Musik für uns hörbar macht, mit den Wolken, den Bäumen, dem Rauch des Feuers spielt und unsere Fantasie anregt oder schlagartig Erinnerungen weckt.

Die Luft hat den Horizont der Menschen unendlich erweitert, indem sie allein ihre Segel mit Wind füllte und ihnen die ganze Welt zeigte, mit den ersten Ballonfahrten legte sie sie uns zu Füßen, erinnerte uns aber daran, welch kleiner Teil dieser Erde wir sind.

Aber Luft ist auch in der Lage, Verheerungen anzurichten – wehe sie fegt über uns hinweg oder verbindet sich gar mit anderen Elementen.

Das Element der Luft erinnert uns daran, dass auch das scheinbar Alltägliche voller Wunder ist, wie machtvoll die unsichtbaren Dinge sind. Auch wenn wir etwas nicht bewusst wahrnehmen, behält es doch seine Bedeutung.

Luft – Bewahrerin des Seins

Dieses Element ist flüchtig, stets in Bewegung und dennoch immer und ewig anwesend. Es umgibt diese Welt wie eine schützende Hand. So selbstverständlich erscheint uns die Luft, und doch ist sie unser Leben. Sie allein bewahrt uns vor der Strahlung, der Atemlosigkeit des Kosmos. Geht uns dieses kostbare Element verloren, so überleben wir nur kurze Zeit. Fehlen Wasser, Erde oder Feuer haben wir zumindest eine Überlebenschance, bevor uns Durst, Hunger oder Unterkühlung nach Stunden, Tagen oder auch erst Wochen das Leben kosten. Ohne Luft ist es sehr viel schneller vorbei – ohne sie existieren auch die anderen Elemente nicht lange weiter.

Und hütet das Große – Der Lebenshauch

Luft belebt jede Zelle in unserem Körper mit lebenswichtigem Sauerstoff. Unser Atem ist Teil ihrer unablässigen Bewegung und verbindet uns mit diesem Element. Daher lässt sich über unseren Atem besonders leicht eine Verbindung herstellen. Zugleich bieten Atemübungen auch die Möglichkeit sich auf die Luft einzulassen und mit ihr zu spielen. Beginnen Sie Ihre Begegnung mit dem bewegten Element indem Sie Ihre Aufmerksamkeit sehr bewusst auf Ihren Atem lenken. Die folgende Übung hilft Ihnen dabei.

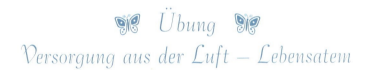

🦋 Übung 🦋
Versorgung aus der Luft – Lebensatem

Wählen Sie einen Ort aus, an dem Sie ungestört sind und machen Sie es sich dort bequem. Achten Sie besonders darauf, Ihre Atmung nicht durch enge Kleidung oder eine zusammengesunkene Körperhaltung zu behindern.

Legen oder setzen Sie sich hin. Schließen Sie die Augen und atmen Sie bewusst tief ein. Achten Sie darauf, wohin Sie in Ihrem Körper atmen. Vielleicht fällt es Ihnen besonders leicht in Ihren Brustkorb zu atmen oder Sie stellen fest, dass sich zuerst Ihr Bauch füllt. Ändern Sie zunächst nichts, beobachten Sie nur.

Im nächsten Schritt verändern Sie Ihre Atmung und legen Ihre Hände dabei auf den Rippenbogen. Holen Sie bewusst so Luft, dass Sie Ihren Brustkorb füllen. Die Hände auf Ihrem Rippenbogen sollten sich dabei leicht auseinander bewegen, da Sie den Raum dazwischen beim Einatmen ausdehnen. Nehmen Sie bewusst wahr wie beweglich Ihr gesamter Brustkorb auch im Rücken ist. Fällt Ihnen diese Wahrnehmung schwer, legen Sie einen Handrücken bequem auf den Rücken in Richtung Schulterblätter. Atmen Sie zwischen Ihren Händen und visualisieren Sie, wie sich Ihre Rippen dabei bewegen. Sie erhalten hier erste wertvolle Hinweise auf Ihre innere und äußere Beweglichkeit.

Als nächstes setzen/legen Sie sich wieder ganz entspannt hin und legen Ihre Arme und Hände bequem ab. Richten Sie Ihre Achtsamkeit erneut auf Ihren Atem. Dieses Mal senden Sie die belebende Luft durch Ihren Körper. Beginnen Sie mit Ihrer Lunge. Füllen Sie sie ganz und gar mit Luftkräften. Schicken Sie Sauerstoff in jede Zelle. Klappt das ohne weiteres, erweitern Sie Ihre Übung. Schicken Sie Luft in alle anderen Organe, durch Ihre Adern und in Ihre Arme und Beine, bis Sie jeden Finger, Zeh und jede Haarspitze mit der leichten Kraft der Luft füllen.

Atmen Sie so eine Weile und lassen Sie sich Zeit, die Fülle der Elementekraft zu genießen. Sollten Sie Ihre Atemübungen draußen abhalten, nehmen Sie zusätzlich wahr, wie unterschiedlich die Luft von Augenblick zu Augenblick riecht, wie sich der Wind anfühlt und wie sich Ihre Atmung dem Rhythmus Ihrer Umgebung anpasst.

Beenden Sie Ihre Atemübung indem Sie bewusst wahrnehmen, wie Sie mit der Erde verbunden sind und führen Sie zum Abschluss eine Erdungsübung (s. S. 154) durch.

Horch, was kommt von draußen rein – Verbindung finden

Das Element Luft und Ihr Atem als Teil davon verbinden Sie zu jeder Zeit und ganz unmittelbar mit Ihrer Umgebung. Beim Element Erde bedurfte es noch einiger Fantasie um sich vorzustellen, dass Ihre Knochen oder Muskeln zu diesem Element gehören. Das galt auch für die elektrischen Funken Ihrer Gehirnzellen, die Sie direkt mit dem Element Feuer verbinden, und vielleicht auch für die Wasserkräfte in Ihrem Blut.

Ihr Atem und Ihr Geruchssinn stellen dagegen einen unmittelbaren Zugang dar, über die Sie in jeder Sekunde Ihre Umgebung erfahren und einordnen. Gerüche beleben, entspannen und warnen. Auch wenn Sie sich an Gerüche in Ihrem Umfeld recht schnell gewöhnen, verändert doch jede neue Geruchserfahrung die Wahrnehmung sofort. Bei einem Spaziergang wird ihnen zuallererst durch Gerüche bewusst, dass ein Hauch von Frühling in der Luft liegt, der Sommer in den Herbst übergeht, sich Regen oder Schnee ankündigen.

Betritt jemand mit einem besonders starken Parfum oder Aftershave den Raum, nehmen Sie das sofort wahr. Unsere Reaktionen auf andere Menschen hängen unmittelbar mit unserem Geruchssinn zusammen. Es heißt nicht von ungefähr, dass wir jemanden ‚nicht riechen können'. Schulen Sie Ihre luftige Wahrnehmung und Ihren Geruchssinn, so steht Ihnen ein Warnsystem zur Verfügung, das Ihnen unangenehme Begegnungen und Erlebnisse erspart, wenn Sie hinhören. Sie nehmen dabei keine körperlichen Düfte wahr, sondern das was in der Luft liegt, wenn es nach Ärger riecht.

Nehmen Sie sich für die folgende Meditation am besten einen Tag Zeit, in dessen Verlauf Sie sich immer wieder erneut bewusst auf das Element Luft einlassen.

Für den Anfang wählen Sie einen natürlichen Duft aus, den Sie besonders mögen. Nehmen Sie eine Blume, ein Gewürz oder ein Duftöl. Achten Sie darauf, keine künstlichen Produkte zu verwenden, also keine industriell hergestellten Lieblingsparfums oder Ähnliches.

⚖ Meditation ⚖
Es liegt was in der Luft

Machen Sie es sich mit Ihrem Duft bequem und erden Sie sich. Schließen Sie die Augen und achten Sie für einige Augenblicke auf Ihren Atem. Lassen Sie sich nun den gewählten Duft in die Nase steigen und nehmen Sie ihn bewusst auf und wahr. Lassen Sie Ihre Gedanken schweifen. Schieben Sie diese sonst während einer Meditation sanft beiseite, folgen Sie Ihnen hier. Lassen Sie Gedankenverknüpfungen entstehen, die aus dem Duft aufsteigen. Halten Sie sich aber nicht mit Ablenkungen auf. Die Frage, ob Sie Milch auf Ihren Einkaufzettel geschrieben haben, gehört nicht hierher. Führen Sie diese Meditation regelmäßig durch, lernen Sie schnell Ideenketten von gedanklichem Geplapper zu unterscheiden.

Lassen Sie Ihre Einfälle sanft auf den Duftwolken vor sich hinschweben. Haben Sie den Eindruck, dass es genug ist, kommen Sie in die →alltägliche Wahrnehmung zurück und erden Sie sich.

Notieren sie, welche Eindrücke Sie mit bestimmten Gerüchen verbinden und setzen Sie diese für entsprechende Rituale ein.

Achten Sie beim Element Luft besonders darauf, dass Sie nach einer Übung oder einem Ritual keine unerwünschten oder überzähligen Energien mit sich herumtragen. Da die Luft für Austausch steht, schaffen Sie hier schneller als sonst Verbindungen zwischen sich und anderen. Legen Sie deshalb nach jeder Arbeit mit dem luftigen Element Ihre Hände auf den Boden und bitten Sie darum, dass unerwünschte oder überflüssige Kräfte von der Erde aufgenommen und weitergeleitet werden. Verbinden Sie sich gleichzeitig mit der Erde oder führen Sie eine ausführliche →Erdungsübung durch.

Windstille – Auf der Schwelle der magischen Tür

Für die Arbeit im magischen Kreis bedarf es nicht nur Ihres alltäglichen praktischen Verstandes, sondern auch der Wahrnehmung der Anderswelt. Wollen Sie mit dem Element Luft arbeiten, sollten Sie bereits einges an Erfahrungen gesammelt haben und sicher von der alltäglichen in die nichtalltägliche Wahrnehmung überwechseln. Ausführliche Übungen, Meditationen und Rituale dazu finden Sie in den Bänden über die Elemente Erde, Feuer und Wasser. Mangelt es Ihnen noch etwas an Übung, so arbeiten Sie zunächst mit diesen drei Elementen, um sich so auf die weiterführenden Energien von Luft und später Spirit vorzubereiten.

Haben Sie bereis Erfahrung mit →Trancereisen, ist es nun an der Zeit Ihre Wahrnehmung nach Belieben zu verschieben und gleichzeitig Ihre alltägliche Umgebung wahrzunehmen. Es kann allerdings etwas dauern, bis Sie alltägliche und anderswelltliche Energieströme gleichzeitig wahrnehmen, ohne eine der beiden zu vernachlässigen. Üben Sie die geteilte und gleichzeitige Wahrnehmung, bevor Sie zur Meisterschaft der Luft kommen. So fällt Ihnen der schnelle Wechsel in Ihrer Achtsamkeit leichter und Sie vermögen den Energien der Luftgeister sehr viel besser zu folgen.

🦋 Übung 🦋
Im wahrsten Sinne – Wahrnehmung schärfen

Wählen Sie einen Ort, an dem Sie niemand stört. Halten Sie sich drinnen auf, öffnen Sie mehrere Fenster, so dass Sie von Luftströmungen umgeben sind. Erden Sie sich wie üblich. Stehen oder sitzen Sie eine Weile ruhig da und nehmen Sie Ihre Umgebung bewusst wahr. Schließen Sie Ihre Augen und erforschen Sie Sinneseindrücke, die dieses Mal nicht von optischen Eindrücken überdeckt und abgelenkt werden.

Richten Sie Ihre Achtsamkeit vollständig auf einen Ihrer anderen Sinne und nehmen Sie als erstes die Gerüche Ihrer Umgebung wahr. Die Luftbewegungen um Sie herum fächeln Ihnen ununterbrochen Eindrücke zu, die Sie üblicherweise ohne bewusste Wahrnehmung einordnen.

Verschieben Sie nun Ihre Wahrnehmung zu einem anderen Sinn und folgen Sie den neuen Eindrücken. Ihr Tastsinn kommt hier zum Tragen, denn Sie spüren, wie die Luft Ihre Umgebung verändert. Ihr Gehör vermittelt Ihnen den Teil der Luft, der mit Schallwellen ganz unmittelbar Informationen übermittelt.

Als Letztes öffnen Sie die Augen und betrachten eingehend Ihre Umgebung. Achten Sie darauf, dass Sie die Informationen Ihrer anderen Sinne dabei nicht gänzlich verlieren. Spielen Sie mit Ihrer Achtsamkeit und holen Sie unterschiedliche Erlebnisse in den Vordergrund. Haben Sie genügend Eindrücke gesammelt, so erden Sie sich und kehren in Ihre alltägliche Wahrnehmung zurück.

Sobald Sie mühelos zwischen Ihren Sinneseindrücken hin und her wechseln können, erweitern Sie Ihre Übung. Sind Sie ausreichend geerdet, so konzentrieren Sie sich auf die andersweltlichen Energieströme um Sie herum. Dabei spielt es keine Rolle, ob Sie diese als Bilder oder intuitive Eindrücke erleben. Üben Sie auch hier, Ihre Wahrnehmung nicht einseitig werden zu lassen. Nehmen Sie energetische Veränderungen in Ihrer Umgebung wahr, ob Sie sich auf einen Luftzug konzentrieren, Gerüche oder Geräusche wahrnehmen.

Wechseln Sie bewusst zwischen Ihrer energetischen und sinnlichen Wahrnehmung hin und her. Sie haben Ihr Ziel erreicht, wenn Sie beide Erlebnisformen gleichzeitig spüren und lenken.

Kehren Sie am Ende Ihrer Übung vollständig in die alltägliche Wahrnehmung zurück. Erden Sie sich besonders ausgiebig, um sicher zu stellen, dass Sie nicht unabsichtlich mit einer geteilten Achtsamkeit unterwegs sind.

Gelingt es Ihnen noch nicht, die gleichzeitige Wahrnehmung zu wahren, so brechen Sie ab und probieren es ein anderes Mal. Je häufiger Sie üben, desto leichter fällt es Ihnen, bis Sie die gleichzeitige Wahrnehmung der alltäglichen und nichtalltäglichen Energien jeder Zeit beliebig verschieben und mischen können.

Verzweifeln Sie nicht, wenn Ihnen diese geteilte Wahrnehmung erst nach einigen Wochen oder gar Monaten gelingt. Die Ausdauer für einen Marathonlauf erarbeiten Sie sich auch nicht über das Wochenende.

Saatengrün und Veilchenduft – Erdung im Luftgarten

Luft bringt noch schneller als Feuer oder Wasser Bewegung in Ihr Leben. Wollen Sie es für Rituale nutzen, so benötigt dieses flüchtige Element eine gute Verankerung.

Am leichtesten lassen sich Luftkräfte mit Hilfe von Erde und Pflanzen binden. Selbst in einer Etagenwohnung lässt sich ein Blumentopf auf der Fensterbank unterbringen. Diese Verbindung ermöglicht Ihnen nicht nur die Erdung, sondern erleichtert Ihnen auch die Verständigung mit feinstofflichen Wesenheiten. Die Kommunikation mit Pflanzen ist eine alte Tradition und völlig unproblematisch. Sie ebnet Ihnen außerdem den Weg für den Austausch mit Steinen, Elementarwesen oder Gottheiten.

Achten Sie beim Erwerb von Pflanzen auf deren Herkunft. Wägen Sie ab, ob Sie die grünen Daumen besitzen, um ein halbtotes Usambaraveilchen aus dem Supermarkt zu retten, es vorziehen, eine einheimische Pflanze zu erstehen, die feinfühlig von einem Biogärtner großgezogen wurde oder gar selber aussäen. Unter den zahlreichen Möglichkeiten finden Sie garantiert diejenige, die zu Ihnen und Ihren Lebensumständen passt.

Bevor Sie sich auf die Reise zu den Pflanzengeistern begeben, sollten Sie sich etwas zum Schreiben zurechtlegen. Beginnen Sie mit der üblichen Erdungsübung (s. S. 154). Anschließend gehen Sie in die folgende Meditation über, über die Sie mit Pflanzenwesen in Verbindung treten.

Meditation
Durch die Blume – Pflanzenfreunde

Machen Sie es sich gut geerdet bequem und lenken Sie Ihre Achtsamkeit zu Ihrem Atem. Schicken Sie den Wunsch aus, Ihnen möge eine Pflanze begegnen, die für Sie wichtig ist.

Beobachten Sie zunächst ganz entspannt Ihren Atem, ohne etwas zu verändern. Beginnen Sie nun Ihre Wahrnehmung zu erweitern. Nehmen Sie wahr, wie sich der Raum um Sie herum anfühlt und lassen Sie Ihre Achtsamkeit weiter wandern. Erfahren Sie Ihre nähere Umgebung, die Energien, die Sie umgeben. Lassen Sie sich von den Energieströmen bewegen und mitnehmen, ohne dabei die Verbindung zu Ihrem gleichmäßigen Ein- und Ausatmen zu verlieren. Es mag eine Weile dauern, doch die Energieströme führen Sie zu einer oder mehreren Pflanzen, die für Sie im Augenblick bedeutsam sind. Diese gehören nicht unbedingt zu Ihrem Haushalt. Betrachten Sie sie, ‚berühren' Sie behutsam die Blätter, so als nähmen Sie Körperkontakt zu einem Freund auf. Bitten Sie um Wissen, das für Sie gerade wichtig sind. Haben Sie genügend Informationen gesammelt, bedanken Sie sich und verabschieden sich. Kommen Sie als erstes zu Ihrer Atmung zurück und danach in die alltägliche Wahrnehmung. Lassen Sie sich Zeit und schreiben Sie hinterher alle Informationen aus Ihrer Meditation auf.

Die Pflanze, mit der Sie während Ihrer Meditation eine Verbindung eingegangen sind, bestimmt Ihre weiteren Schritte. Sind Sie einer deutschen Eiche begegnet, wird sich diese kaum für Ihre Wohnung, den Balkon oder den Vorstadtgarten eignen. Fand die Verbindung mit einer Wiesenblume, einer Staude oder einem Küchenkraut statt, so ist es natürlich viel leichter diese in Ihre Nähe zu holen.

Haben Sie Kontakt zu einer Pflanze aufgenommen, die Sie nicht an ihren häuslichen Kraftort bringen können, so ist es Ihre Aufgabe, sich selber auf den Weg zu machen. Finden Sie diese Pflanze draußen in der Natur und führen Sie in der Nähe ‚Ihrer' Pflanze möglichst oft Meditationen oder auch nur Erdungs- und Atemübungen durch. Besuchen Sie Ihr Gewächs besonders zu Anfang sehr regelmäßig, auch wenn es sich nur um kurze Treffen handelt. Sie stärken damit die Verbindung und es fällt Ihnen leichter sich der Energie der Pflanze zu öffnen. Suchen Sie sich bei Bäumen möglichst ein junges Exemplar, da alte Bäume ausgesprochen langsam reagieren und dann auch nicht unbedingt von Anfang an verständlich.

Da es sich hoffentlich um ein Gewächs mit sehr zahlreichen Einzelexemplaren handelt, wählen Sie für den täglichen/wöchentlichen Kontakt eines aus, das möglichst nicht gerade an einer Hauptverkehrsstrasse liegt. Rennende Menschen und quietschende Autoreifen tragen wenig Förderliches zu Ihren Meditationen bei.

Haben Sie mit einer Pflanze Verbindung aufgenommen, die sich weder in Ihrer häuslichen Umgebung, noch im erreichbaren Umfeld besuchen lässt, so führen Sie die beschriebene Meditation mehrfach durch, bis Sie einer Pflanze begegnen, mit der Sie sinnvoll und praktisch Kontakt aufnehmen können Das heißt nicht, dass die Bananenpflanze oder Kokospalme der ersten Begegnung deshalb weniger wert sind. Bevor Sie angesichts eines exotischen Kontakts gleich verzweifeln, versuchen Sie zunächst in Erfahrung zu bringen, ob es in brauchbarer Nähe vielleicht einen botanischen Garten gibt. Fällt während einer Meditation einer exotischen Pflanze besondere Bedeutung zu, dann können Sie allerdings auch mit Ihrer Wahrnehmung mehrfach zum Geist dieser Pflanze reisen und Sie um Einsichten und Erklärungen bitten. Für den täglichen Umgang - und besonders am Anfang - ist es allerdings viel leichter, mit einheimischen Pflanzen zu arbeiten.

Nachdem Sie sich einige Zeit auf die Kräfte konzentriert haben, die Ihrer Pflanze innewohnen, beginnen Sie den Austausch mit einem Ritual für den Pflanzengeist auch → Deva genannt, zu vertiefen.

Ritual
In Wahrheit singen, ist ein andrer Hauch –
Gesang der Deva

Sie benötigen für dieses Ritual keine besonderen Gegenstände. Wählen Sie einen windigen Tag und eine Pflanze irgendwo in der Natur. Bevorzugen Sie auch hier wieder einen Ort, an dem Sie möglichst ungestört sind. Sollte sich dies schwierig gestalten, so wählen Sie Tageszeit oder Wetter so aus, dass unerwünschte Begegnungen unwahrscheinlich sind. Richten Sie Ihre ganze Achtsamkeit auf die Pflanze. Bauen Sie den →magischen Kreis auf, indem Sie singen oder summen und so die Elementargeister um Unterstützung bitten. Erden Sie sich und summen Sie. Treten Sie über Ihre Hände mit der Pflanze in Verbindung. Berühren Sie behutsam Ihre Blätter oder Ihren Stamm.

Rufen Sie mit den Tönen – von Singen bis Summen – die Deva, den Pflanzengeist dieser Pflanze. Summen oder singen Sie so lange bis Sie klar eine Gegenwart wahrnehmen. Sollte das nicht gleich im ersten Anlauf gelingen, bedanken Sie sich und beenden Sie Ihr Ritual. Kehren Sie zu einem anderen Zeitpunkt zurück und probieren Sie es erneut.

Haben Sie eine Verbindung hergestellt, bitten Sie den Pflanzengeist zuzuhören und schenken Sie ihm ein Lied. Wählen Sie dafür etwas aus, das Ihnen etwas bedeutet. Der letzte Ohrwurm aus den Charts ist nicht angebracht. Ein Kinderlied, dass Sie von früher erinnern schon eher. Machen Sie sich die Mühe es so gut zu singen wie es Ihnen möglich ist. Jedes Geschenk verdient es angemessen präsentiert zu werden. Machen Sie sich keine Sorgen, wenn an Ihnen weder eine Callas noch ein Caruso verlorengegangen ist. Hier zählt die Absicht. Sind Sie fertig, bitten Sie die Deva Ihr Geschenk anzunehmen. Sie bedanken und verabschieden sich.

Beenden Sie Ihr Ritual und verabschieden Sie die Himmelsrichtungen.

Möchten Sie die Pflanzendevas auf Dauer beschenken, so stellen Sie im Garten Rosenkugeln auf oder stecken Sie entsprechend kleinere in Ihre Blumentöpfe.

Devas vermitteln Ihnen energetische Veränderungen in Ihrer Umgebung. Fragen Sie die Pflanzengeister, wie Sie beispielsweise Ihren Lebensraum mit Hilfe von lebendigem Grün energetisch aufladen oder beruhigen. Da es selbst in der großstädtischen Betonwüste Pflanzen gibt, steht Ihnen hier eine riesige Auswahl an Verbindungsmöglichkeiten zur Verfügung. Fällt es Ihnen schwer, sich in der Energie von Beton oder Glas zurechtzufinden, so wenden Sie sich der Topfpflanze auf dem Sims zu – das macht es Ihnen leichter.

Meisterschaft der Luft

Ähnlich wie Wasser ist auch Luft ständig im Wandel, doch überträgt sich ihre Energie leichtfüßiger. Ging es beim Wasser in die Tiefe der Gefühle, wenden wir uns bei der Luft den Höhen der Gedanken, Kreativität und Einfälle zu. Dementsprechend sind auch die Wesen der Luft im unablässigen Austausch, ständig mit neuen Ideen, Vorstellungen und Denkweisen beschäftigt. Wollen Sie mitspielen, benötigen Sie nicht nur einen langen Atem, sondern auch die Beweglichkeit eines Zirkusakrobaten. Sollten Sie nicht zu den Menschen gehören, denen während einer Berg- und Talbahn gleich schlecht wird, stoßen Sie bei dieser Gelegenheit jederzeit auf jubelnde Luftgeister. Schrecken Sie vor einer solchen Möglichkeit zurück oder die nächste Kirmes ist noch lange hin, so lassen Sie sich stattdessen in einer Übung durchwirbeln.

Die schwebende Welt der Luftwesen

Beginnen Sie Ihre Reise in die Welt der Luftwesen mit den Vertretern dieses Elements, die uns am nächsten sind: den Vögeln. Die ältesten Vogeldarstellungen sind dreißigtausend Jahre alt. Sie finden sich im Höhlensystem von Trois Frères in Frankreich und zeigen Schneeeulen.

🦋 Übung 🦋
Wenn ich ein Vöglein wär…

Beginnen Sie die Energien der Luft zu meistern, indem Sie sich der Energie des Elementes anvertrauen. Gehen Sie an einen Ort, an dem Sie nicht gestört werden. Sie brauchen ausreichend Platz, um sich gut bewegen zu können.

Gehen Sie in die Ruhe und erden Sie sich. Stellen Sie sich locker hin und atmen Sie mehrfach tief ein und aus. Heben Sie nun die Arme, so als hätten Sie Flügel. Holen Sie die Energie der Luft in Ihren Körper und drücken Sie sie aus. Visualisieren Sie einen ihnen vertrauten Vogel. Beginnen Sie nun mit geschlossenen Augen die Bewegungen nachzuahmen. Visualisieren Sie, wie Sie sich durch die Lüfte bewegen, in die Wolken aufsteigen, sich der Erde oder dem Meer entgegen stürzen, dabei Purzelbäume schlagen, trudeln und sich wieder abfangen. Lassen Sie sich soweit auf die Bewegung ein, wie Ihnen angebracht erscheint, seien Sie aber nicht zu bequem. Ein wenig schwindelig sollte Ihnen dabei schon werden.

Bleiben Sie bei Ihrem Vogelflug bis Sie außer Atem sind und kehren Sie dann in die alltägliche Wahrnehmung zurück. Bleiben Sie noch einen Augenblick still mit geschlossenen Augen stehen oder sitzen.

Fällt es Ihnen schwer sich als Vogel zu visualisieren, probieren Sie es mit einem Artisten. Wirbeln Sie durch die Luft, von einem Trapez zum nächsten, hoch oben in einer Zirkuskuppel oder seien Sie ein Löwenzahnsamen, den der Wind in die Welt hinausträgt.

So durcheinandergewirbelt haben Sie einen ersten Einblick in die Welt der Luftgeister gewonnen.

✗ Mit fremden Federn schmücken

Federn schützen, tragen, heben ab und in die Lüfte, wehren Unerwünschtes ab. Sie sind ein Symbol der Wahrheit, die auf jeden Fall ans Licht kommt. Als Krone symbolisieren sie die Strahlen der Sonne, ihre Allmacht und Weisheit. Als Teil des flüchtigen Elements Luft eignen sich Federn allerdings auch ganz besonders, um Bewegliches zu schützen. Luft umgibt Sie, Ihre Lieben, Ihre alltäglichen und magischen Gegenstände mit einer bewegten Schutzhülle, einem luftigen Federmantel der Liebe.

⚸ Ritual ⚸
Die Federkrone der Weisheit

Fertigen Sie eine Federkrone an, um eine ständige Verbindung mit den Kräften des Elements Luft herzustellen. Wählen Sie mindestens sieben Federn aus, die Sie am besten

© www.anke-firlefanz.de

selber gesammelt haben. Wollen Sie eine bestimmte Energie stärken, wählen Sie nur die Federn einer Vogelart. Mischen Sie Federn verschiedener Vögel, um einen breiten Energiefächer zu erzeugen. Sie benötigen außerdem etwa einen Meter Baumwollspitzenband (ca. 2-3 cm breit), den Sie in der Kurzwarenabteilung eines Kaufhauses bekommen (achten Sie darauf, dass die Löcher in der Spitze ausreichend groß sind um Ihre Federn durchzustecken). Bekommen Sie kein Baumwollband, so flechten Sie aus Lederstreifen oder Wollfäden ein festes Band. Achten Sie darauf, dass Ihr Material möglichst naturbelassen ist und das Einstecken der Federn erlaubt. Wählen Sie die Farbe des Bandes so, dass sie zu Ihrem Vorhaben passt. Legen Sie ein Seidentuch bereit, in das Sie Ihren Federschmuck am Ende des Rituals einschlagen und später aufbewahren.

Legen Sie alles in der Mitte Ihres Ritualortes bereit und schließen Sie wie üblich den magischen Schutzkreis. Laden Sie eine der Luftgottheiten zu Ihrem Ritual ein, entzünden Sie nun deren Räucherwerk.

Setzen Sie sich in die Mitte und nehmen Sie das Band und die erste Feder zur Hand. Befestigen Sie die Feder im Band und sprechen Sie dazu:

Auf der/des .... Schwingen (Vogelname, dessen Feder Sie verwenden)
Wie im Fluge kommt die Weisheit;
Soll mir auch .... bringen (Eigenschaft, die Ihre Feder in der Krone unterstützt)
Auf dass ich erkenne die Wahrheit.

Nehmen Sie die zweite Feder und verfahren Sie genauso. Wünschen Sie sich für diese Feder eine andere Energie als für die erste, ersetzen Sie das entsprechende Wort in Ihrer Bekräftigung.

Flechten Sie auf diese Weise alle Federn in Ihr Band. Zum Schluss binden Sie es sich um den Kopf und verharren eine Weile ganz still. Lassen Sie die Kräfte, die Sie gerufen haben auf sich wirken. Bedanken Sie sich bei allen Luftgeistern und – falls Sie diese eingeladen haben – bei der Gottheit. Nehmen Sie das Federband ab und schlagen Sie es in das Seidentuch ein. Halten Sie es kurz zwischen den Händen und bekräftigen Sie noch einmal Ihre Absicht mit dem Zauberspruch. Öffnen Sie wie gewohnt den magischen Kreis.

Verwenden Sie die Federkrone, wenn Sie meinen, es mangelt Ihnen an Weitsicht, ein Problem sei scheinbar nicht zu knacken oder das Gefühl macht sich breit, nicht alles im Blick zu haben.

Schützendes Federkleid

Beginnen Sie am besten, indem Sie einen beweglichen Schutz um sich selber aufbauen. Sollte Ihnen hier ein Fehler unterlaufen, bekommen Sie die Folgen zu spüren und schaden niemandem sonst. Wenden Sie Schutzrituale der Luft für andere erst dann an, wenn Sie erfahren genug sind (für Anfängerinnen eignen sich eher Erdrituale, da diese langsamer wirken und deshalb leichter zu kontrollieren sind). Luftrituale wirken sofort und unmittelbar, ähnlich wie eine scharfe Windböe.

Für Ihre erste Schutzmeditation wählen Sie eine Feder aus, die Sie besonders mögen. Verwenden Sie hier wie schon bei den Muscheln des Elements Wasser oder den Steinen des Elements Erde etwas, das Sie selber gefunden oder geschenkt bekommen haben. Dabei sollte es sich nicht um eine künstliche gefärbte oder veränderte Feder handeln. Da nach dem Artenschutzgesetz der Handel mit Federn vieler einheimischer Vögel verboten ist, verzichten Sie auf Adler- oder Eulenfedern, wie sie im Internet zu erstehen sind. Greifen Sie lieber zu den Federn eines Fasans, einer

Elster oder einer Krähe, die Sie im Garten, in Wald und Flur oder auf der Straße finden (mehr über Vögel ab S. 111).

Windschutz

Legen Sie sich alles zurecht, was Sie üblicherweise in einem Ritual benutzen und stellen Sie eine Räucherschale mit schützendem Räucherwerk (s. S. 122) in die Mitte. Halten Sie Ihre Feder in der Hand, während Sie wie üblich den magischen Kreis schließen.

Gehen Sie in die Mitte und wenden Sie sich dem Osten zu. Rufen Sie das Luftwesen, von dem Sie während der Rituale zur Meisterschaft des Elements (ab S. 122) die stärksten Schutzkräfte erspürt haben. Bitten Sie um besondere Unterstützung für Ihr Ritual.

Bewegen Sie die Feder sacht durch den aufsteigenden Rauch aus ihrer Räucherschale. Wiegen Sie Ihren Körper im Rhythmus als würden Sie weben. Bitte kein wildes Fächeln, da es hier um einen federleichten Schutz geht, der auf leisen Schwingen herbeischwebt. Passen Sie Ihre Energie diesem Ziel an. Visualisieren Sie wie Sie den Rauch zu einem feinen Gewebe spinnen. Wiederholen Sie dazu mehrmals folgenden Spruch:

Der Luft feines Gewebe
Mir jetzt Beistand gebe
Da ich aus Rauch und Feder spinne
Und meinen Schutzmantel gewinne
Des Rauches und Federn dichtes Kleid
Mich immer bewahre vor allem Leid

Der Schutzmantel besitzt im Grundgewebe die Dichte eines zarten Rauchschleiers. Visualisieren Sie, wie sich im und um dieses Rauchgewebe Federn manifestieren. Ihr Mantel wird genauso widerstandsfähig wie das Federkleid, das einen Vogel auch im Sturmwind trägt. Stellen Sie sich bei der Schaffung Ihres persönlichen Federkleides eine Decke, einen Mantel, ein Cape oder etwas ganz anderes vor, so wie es am besten zu Ihnen passt.

Ist Ihre Visualisierung stabil, so halten Sie inne und legen sich den Federmantel um. Spüren Sie die schützende Kraft, die von diesem Umhang ausgeht. Stecken Sie sich weitere Federn an Ihre Kleidung oder ins Haar und verankern Sie so den Schutz an Ihrem Körper.

Bedanken Sie sich bei den Luftgeistern und öffnen Sie wie gewohnt den magischen Kreis. Lassen Sie Ihr Räucherwerk als Dank an die Geister ausglühen.

Bewahren Sie die Federn ihrer Verankerung an einem Ort auf, an dem sie niemand anderes berührt. Benötigen Sie in einem Ritual oder im Alltag eine Extraportion Schutz, so tragen Sie eine der Federn bei sich. Achten Sie aber darauf, dass sie dabei nicht beschädigt wird. Sie schwächen sonst den Schutzmantel.

Geht es Ihnen um langfristigen Schutz, den Sie ständig um sich tragen, so führen Sie dieses Ritual zusätzlich mit einem Federschmuckstück durch. Dieses kann aus Metall, Leder oder Keramik hergestellt sein, es muss nur zu Ihnen und Ihrem Alltag passen, darf also nicht zu zerbrechlich sein. (Die schönste Auswahl haben Sie in einem Laden für Indianerartikel). Reinigen Sie diesen Gegenstand regelmäßig und laden Sie Ihren Amulettschmuck mindestens einmal im Jahr auf.

In den Wind reden

Im Umgang mit den Sylphen, den Elementarwesen der Luft, lernen Sie besonders gut zuzuhören, denn diese Luftgeister sind mit ihren Informationen so schnell, dass Ihnen leicht etwas entgeht. Gutes Zuhören ist die Grundlage jeder gelungenen Kommunikation. Üben Sie diese in der folgenden Meditation. Wählen Sie einen Ort, an dem frische Luft weht. Sollten Sie es nicht in die freie Natur schaffen, gehen Sie zumindest auf Balkon oder Terrasse oder reißen Sie ein Fenster ganz weit auf.

🧘 Meditation 🧘
Plauderei mit den Sylphen

Stellen Sie sicher, dass Sie nicht gestört werden und machen Sie es sich bequem. Schließen Sie die Augen, holen Sie mehrmals tief Atem und gehen Sie in die Ruhe. Nehmen Sie die Luftbewegungen um sich herum wahr und lassen Sie die (äußerst neugierigen) Sylphen zu Ihnen kommen. Es fühlt sich so ähnlich an, als würden Sie einer Katze Ihre Hand hinhalten und abwarten, wann sie beschließt mit Ihnen Verbindung aufzunehmen.

Spüren Sie die Gegenwart der Luftgeister, bitten Sie darum Ihnen mitzuteilen, was gerade wichtig ist. Hören Sie genau hin, denn es wird ein Wirbelwind unterschiedlichster Informationen über Sie hereinbrechen. Lassen Sie sich nicht verwirren, nehmen Sie wahr, was Ihnen angeboten wird. Stellen Sie allgemeine Fragen: Was ist in diesem Augenblick besonders wichtig? Welchen Hintergrund soll ich verstehen? Welche Handlung meinerseits ist erforderlich? Verzichten Sie auf Fragen, die sich mit Ja oder Nein beantworten lassen, da Sie sonst den Informationsfluss stoppen.

Bleiben Sie so lange im Austausch, bis Ihre Konzentration nachlässt. Sollte das schon nach wenigen Augenblicken sein, hören Sie trotzdem auf. Bedanken Sie sich und kommen Sie in die alltägliche Wahrnehmung zurück. Möchten Sie den Sylphen etwas dauerhaft Gutes tun, so hängen Sie ein Windspiel ins Fenster, ein Mobile, eine Feder, Spiegelchen oder Glasanhänger an einem Faden oder bunte Bänder, die im Wind flattern.

Am Anfang fehlt es Ihnen häufig noch an der nötigen Achtsamkeit und Durchhaltevermögen. Führen Sie diese Übung regelmäßig durch und Sie werden feststellen, dass sich beides üben und entsprechende Kondition aufbauen lässt.

Stellen Ihnen die Sylphen eine Aufgabe in Aussicht, so denken Sie daran keine Zusagen zu machen, die Sie nicht einhalten. Alle Elementarwesen reagieren ausgesprochen unwirsch und ärgerlich auf jemanden, der ein einmal gegebenes Versprechen bricht.

Die Flügel der Sonne – abenteuerlustiger Pegasus

Flügel sind unter anderem Sonnenattribute, die darüber hinaus Göttlichkeit und Spiritualität repräsentieren. Sie stehen für den unablässigen Schutz und die alles durchdringende Macht göttlicher Kräfte. Zeit, Gedanken und Worte sind geflügelt wie die göttlichen Boten Hermes und Merkur, wie christliche Engel oder die Schutzgöttinnen Ägyptens, allen voran die mächtige Isis. Die geflügelte Sonne symbolisiert ihren unaufhaltsamen Aufstieg in den Himmel, den Sieg des Lichtes über die Dunkelheit. Das geflügelte Pferd ist ebenfalls ein Sonnensymbol. Es wird oft von Wind- oder Donnergöttern geritten und unterstützt Helden bei ihren Aufgaben. In China stellt es das *Kosmische Pferd* dar und das (männliche) Prinzip des Yang. In den meisten schamanischen Kulturen geleitet ein geflügeltes Pferd die Seelen der Verstorbenen hinüber ins Licht.

Der griechischen Sage nach ist Pegasus Helfer der Dichter und beflügelt Ihre Schaffenskraft. Fliegen Sie mit Pegasus, stehen Ihnen Wissen und Inspiration zur Verfügung. Locken Sie Ihre kreativen Talente hervor, indem Sie sich dem fliegenden Pferd anvertrauen. Gehen Sie auf einen wilden Ritt in Ihre Fantasie. Da Sie nicht sicher sein können, wohin Sie die Reise führt, ist es angeraten, diese Meditation in einem magischen Kreis durchzuführen.

Meditation
Beflügelte Gedanken

Schließen Sie den magischen Kreis und machen Sie es sich bequem. Bitten Sie nun diejenigen, die Sie um Schutz und Begleitung ersucht haben, alle Energien innerhalb Ihres Kreises zu halten. Anders als bei anderen Meditationen oder Ritualen wollen Sie in diesem Falle nicht, dass Ihre Kräfte etwas verändern. Gehen Sie in die Stille und lassen Sie sich von Ihrem Atem leiten. Spüren Sie dem Schutzkreis nach und stellen Sie sicher, dass Sie einen festen energetischen Ring gezogen haben. Es sollte sich anfühlen als würden Sie energetisches Oropax benutzen: Sie sind von der Energie außerhalb des Kreises ebenso abgeschirmt wie diese von Ihnen.

Haben Sie innere Ruhe gefunden, bitten Sie die Kräfte des Pegasus herbei. Ähnlich wie in der Übung zum Wesen der Luftgeister (S. 22) ist es auch hier wichtig sich den gerufenen Kräften zu überlassen. Doch diesmal geht es nicht um die Geister der Luft, sondern um Ihre eigene Fantasie. Beginnen Sie damit, Pegasus zu visualisieren, wie Sie mit ihm fliegen. Sie werden schneller und schneller, bis alles sich in einen einzigen Wirbel von Farben und Bewegungen auflöst.

Nun visualisieren Sie wie sich aus diesem Farbenwirbel ein Bild ergibt. Sie sehen sich selber in Ihrer Lieblingsrolle. Sie sind die Regisseurin, Sie bestimmen, was in diesem Film abgeht. Wollten Sie schon immer mal den Bösewicht geben? Oder haben Sie Wutfantasien? Vielleicht möchten Sie schwach sein, berühmt, im Knast, Vater oder Mutter für einen Tag oder wieder jung? Seien Sie, was Sie wollen und tun Sie was Ihnen gerade in den Sinn kommt. Nichts dringt nach außen und Sie dürfen deshalb in Ihren wildesten Träumen schwelgen, egal ob Ihnen nach Verbrechen oder Heldentum ist.

Bleiben Sie so lange Sie mögen. Sind Sie zur Rückkehr bereit, rufen Sie den Pegasus und lassen sich zurück zu Ihrem Körper und ins Hier und Jetzt geleiten. Holen Sie mehrfach tief Atem und stellen Sie sicher, dass Sie wieder ganz in der alltäglichen Wahrnehmung ankommen. Lösen Sie wie gewohnt den magischen Kreis auf und bedanken Sie sich besonders für den undurchlässigen Schutzwall, der Ihre Fantasien umschloss.

Nur wer sich kennt, hält eigene Probleme aus Ritualen heraus. Was wir nicht selber einsehen, vermögen wir auch nicht zu ändern. Die Reise mit dem Pegasus verhilft Ihnen dazu sich selber zu erkennen und den ersten Schritt in die Veränderung zu wagen. Haben Sie die Meditation ehrlich und offen durchgeführt, zeigt Sie Ihnen außerdem Ihre verborgenen Wünsche und Ängste. Mit diesen müssen Sie umgehen lernen, da Sie sonst leicht beginnen, schwarzmagisch zu arbeiten. Selbsterkenntnis erhöht die Sicherheit in Ritualen für Sie und andere.

Der Muse leichter Kuss

Weitere Unterstützung für Ihre Kreativität finden Sie bei den Musen, die einzelne Bereiche Ihrer Schaffenskraft stärken. Es gibt insgesamt neun Musen: Erato, die über die Liebeslyrik wacht, Euterpe für Flötenspiel und Poesie, Kalliope für Epen und Philosophie, Klio für die Geschichtswissenschaft, Melpomene für die Tragödie, Polyhymnia für das Instrumentenspiel und den Gesang, Terpsichore für den Tanz, Thaleia für die Kömodie und Urania für die Sternenkunde. Wählen Sie einen Bereich aus, der Sie besonders interessiert und führen Sie eine Meditation wie mit den Sylphen (S. 27) durch. Bitten Sie eine Muse, die gerade besonders mit Ihrem Leben und Wünschen verbunden ist. Die Musen lieben als Dauergabe vor allem melodische Windspiele.

Reden ist Silber, Schweigen ist Gold – Geheimnisvolle Sphinx

Im Reich der Lüfte geht es um Wissen, Austausch und Bewegung, doch manchmal ist es wichtiger, einmal still zu stehen und dem Geheimnis eine Chance zu geben. Weisheit bedeutet auch zu wissen, wann eine Frage unbeantwortet bleiben sollte. Die Sphinx, die geflügelte Wächterin der Schwelle, gibt entsprechende Hinweise.

Für Ihr Ritual benötigen Sie Ihre üblichen Zutaten und eine Augenbinde. Legen Sie außerdem eine Nacht-Räuchermischung bereit (z.B. Eschenrinde, Jasmin, Je-länger-je-lieber, Rosmarin, Schwarzdorn, Wacholderbeeren, Zimt).

Ritual
Zu deinen Füßen, oh fantastische Sphinx

Öffnen Sie den magischen Kreis und machen Sie es sich bequem. Legen Sie die Augenbinde so an, dass Sie kein Licht mehr wahrnehmen. Gehen Sie in die Stille und rufen Sie die Sphinx. Sobald Sie ihre Gegenwart wahrnehmen oder sehen, bewegen Sie sich im Geiste auf sie zu. Stellen oder setzen Sie sich zwischen ihre Pfoten. Entscheiden Sie selber, ob sie ihr dabei lieber den Rücken oder die Vorderseite zuwenden. Hören Sie intensiv zu, wie Sie es bei den Sylphen geübt haben.

Es mag noch so verführerisch sein, Fragen zu stellen oder zu beantworten, doch Ihre Aufgabe ist es dieses Mal sich dem Geheimnisvollen anzuvertrauen. Leeren Sie Ihre Gedanken, lassen Sie sie gehen und bleiben Sie offen für neue Erfahrungen. Erweitern Sie nun Ihre Wahrnehmung. Spüren Sie die Dunkelheit zwischen den Sternen, im Inneren der Erde, die Stille zwischen den Dingen.

Schließen Sie Ihre Umgebung mit ein, den Planeten, das Universum. Überall gibt es etwas zu entdecken, zu begreifen und zu erfragen. Halten Sie sich zurück und nehmen Sie nur wahr, was zwischen den Tönen und Gegenständen aufsteigt. Das meiste ist unbegreiflich. Lassen Sie die Macht dieser Geheimnisse auf sich wirken, ohne sie lösen zu wollen.

Die Dunkelheit trägt Sie, bis es genug ist. Bedanken Sie sich bei der Sphinx und kehren Sie langsam zurück. Stellen Sie sicher, dass Sie wieder ganz in der alltäglichen Wahrnehmung angekommen sind. Lösen Sie wie gewohnt den magischen Kreis auf.

Schütteln Sie sich nach der Rückkehr wie ein nasser Hund, essen oder trinken Sie etwas. Sollten Ihnen nach dem Ritual Gedanken oder Einfälle kommen, schreiben Sie sie auf und stellen Sie der Sphinx eine Schale mit Räucherwerk hin. Sie hat Ihnen einige Ihrer Fragen abgenommen. Erden Sie sich danach gründlich.

Den Sturm ernten – Ungezähmte Drachenmacht

Die Kraft des Luftdrachen kommt scheinbar auf leisen Schwingen daher. Aber auch jeder Wirbelsturm beginnt mit einem Lufthauch. Unterschätzen Sie die Stärke der Luftenergie, wirbelt diese Sie davon wie ein Blatt. Gefiederte Götter und Drachen stehen für die Urgewalt von Stürmen und anderen wilden Wettererscheinungen. Der südamerikanische Windgott →*Hurakan* gab den *Hurricans* seinen Namen, der griechische Windgott →*Typhon* stand dem Taifun Paten. Reisen Sie mit dem Drachen, dann seien Sie sich bewusst, welche Kräfte sie da zu reiten trachten.

Sollten Sie gerade erst anfangen sich mit den Kräften der Elemente zu beschäftigen, lassen das Ritual mit dem Luftdrachen auf jeden Fall aus. Sie sollten bereits mehrjährige Erfahrung haben und sich im praktischen Ablauf eines Rituals ganz sicher sein, bevor Sie auch nur daran denken dem Drachen der Lüfte zu folgen. Sollten Sie sich trotz reichlicher Erfahrung nicht ganz sicher sein, ob Sie soweit sind, nehmen Sie jemanden mit, der Sie im Kreis ‚bewacht'. Diese Person sollte mindestens so viel Erfahrung haben wie Sie und wissen, wie jemand nach einer vorher vereinbarten Zeit mit leisem Rasseln, Tommeln oder Singen zurückzuholen ist.

Vor dem Ritual mit dem Luftdrachen sehen Sie sich eine Satellitenwetterkarte an (Wetterdienst anrufen oder im Internet prüfen). Irgendwo auf der Erde werden Sie Wirbelstürme wahrnehmen, zu bestimmten Jahreszeiten häufiger als zu anderen. Warten Sie mit Ihrem Ritual, bis sich ein großer Wirbel bildet.

Sie benötigen für dieses Ritual eine Räuchermischung für alle vier Himmelsrichtungen und die Mitte Ihres Kreises (Benzoin, Eisenkraut, Lorbeer, Myrrhe, Rosenblätter, Rosmarin, Sandelholz und Weihrauch), eine Kerze, weitere Blütenblätter, eine Schale mit Salzwasser, eine Feder und fünf Luftsteine.

Ritual
Ins Auge des Sturms

Öffnen Sie vor diesem Ritual dreifach den magischen Kreis: Sie führen dabei die Begrüßung dreimal hintereinander durch, da Sie während dieses Rituals zeitweilig Ihre Erdung aufgeben. Der dreifach gestärkte und mit Ihnen verbundene Schutzkreis dient währenddessen als Anker.

Entzünden Sie ihre Räuchermischung in allen vier Himmelsrichtungen sowie der Mitte des Kreises. Beginnen Sie Ihre Anrufung im Osten, der Himmelsrichtung der Luft und legen Sie dort die Feder ab. Wenden Sie sich danach dem Süden zu und zünden Sie die Kerze an. Im Westen stellen Sie die Schale mit dem Salzwasser ab und im Norden legen Sie die Steine so, dass sie mit den Blütenblättern ein Pentagramm zwischen ihnen streuen können. Zuletzt drehen Sie sich zur Mitte des Kreises. Rufen Sie bei den einzelnen Stationen den jeweils passenden Satz:

(Osten) Mit Wind und Duft sei gesegnet und geschützt dieser Kreis
(Süden) Mit Flamme und Rauch sei gesegnet und geschützt dieser Kreis
(Westen) Mit Wasser und Salz sei gesegnet und geschützt dieser Kreis
(Norden) Mit Erde, Stein und Blüte sei gesegnet und geschützt dieser Kreis
(Mitte) Winddrachen des Ostens höre meine Bitte
Nimm mich mit in des Wirbelsturmes Mitte

Schließen Sie jetzt die Augen und machen Sie sich mit der Kraft dieses Elementarwesens vertraut. Haben Sie eine tragfähige Verbindung geschaffen, machen Sie sich auf den Weg. Der Drache weiß, wohin es geht. Überlassen Sie sich seiner Führung.

Er erhebt sich mit Ihnen in die Luft und sie fliegen davon. Unter Ihnen rasen Landschaften vorbei, doch es geht immer weiter. Vor sich erkennen Sie in der Ferne eine Masse sich türmender Wolken, die sich ungewöhnlich schnell bewegen. Sie sehen den Windwirbel, der alles in Bewegung hält. Sie fliegen höher, der Sturmwirbel liegt unter

Ihnen. Der Drachen zeigt in die Mitte des Sturms und Sie schießen hinab in sein Auge. Der Drache löst sich von Ihnen und driftet langsam auf die Sturmfront zu. Der Wirbel ergreift ihn und er wird größer und größer, bis der Drachen und der Sturm eins sind. Sie hören das Gebrüll des Windes und spüren, wie es Sie in den Wirbel zieht. Lassen Sie sich nicht einfach treiben. Treffen Sie eine klare Entscheidung, ob Sie sich dem Element der Luft überlassen wollen, oder ob Sie es lieber zu einem andern Zeitpunkt noch einmal probieren. Wollen Sie es für dieses Mal gut sein lassen, steigen Sie wieder aus dem Auge des Sturmes heraus und kehren ins Hier und Jetzt zurück.

Haben Sie sich dafür entschieden dem Drachen zu folgen, so zögern Sie nicht. Lassen Sie sich in den wirbelnden Sturm hineinziehen. Sobald Sie den Wind um sich spüren, beginnen Sie sich in ihm aufzulösen, Sie werden eins mit dem Element. Je weiter Sie in den Sturm vordringen, desto schneller wird die Bewegung, desto heftiger die Energie, die Sie durchdringt. Gehen Sie mit, lösen Sie sich von allem Festen. Wohin Sie Ihre Aufmerksamkeit richten, alles ist vom lauten Heulen des Sturmes erfüllt, nichts anderes ist zu spüren.

Endlich gelangen Sie an den Rand des Sturmes, wo die Bewegungen langsamer werden. Driften Sie in die stillere Luft außerhalb des Wirbelsturmes und bleiben Sie für eine Weile dort.

Beginnen Sie sich wieder allmählich zu sammeln. Beobachten Sie den Flug des Drachens im Sturm, bis Sie sich ganz in Ihrer eigenen Wahrnehmung wiederfinden.

Bedanken Sie sich beim Sturmdrachen und machen Sie sich auf den Rückweg zu Ihrem Kreis und Ihrem Körper. Kehren Sie in die alltägliche Wahrnehmung zurück, bewegen Sie Ihre Arme und Beine.

Verweilen Sie in Ihrem dreifachen Schutzkreis bis Sie ganz sicher wieder im Hier und Jetzt ruhen. Öffnen Sie erst dann wie gewohnt Ihren Schutzkreis. Sie brauchen die Auflösung nicht dreimal durchzuführen.

Nach diesem Ritual sollten weder Termine noch eine Autofahrt auf Sie warten. Auch wenn Sie sich sicher sind, wieder völlig angekommen zu sein, wird Sie die Erinnerung noch eine Weile auf der Schwelle zwischen Anderswelt und alltäglicher Wahrnehmung hin und her treiben lassen. Führen Sie kurz hintereinander mehrere Erdungsübungen durch, verkürzt sich diese Zeit.

Luftmagisches

Luftmagisches

Windige Angelegenheiten

Bei der Arbeit mit dem Element Erde fiel es Ihnen vielleicht schwer, im Betondschungel die Kraft Ihrer Erdung zu spüren. Die Kraft des Feuers in einer Kerzenflamme zu erfahren, benötigt ebenfalls eine gute Vorstellungskraft und Wasser aus dem Hahn erinnert auch nicht gerade an brausende Ozeane. Luft dagegen ist jederzeit und überall ganz unmittelbar zugänglich. Sie brauchen nur vor die Tür zu treten und schon weht Ihnen der Wind um die Nase. Das flüchtige Element Luft bietet Ihnen eine Fülle von Möglichkeiten mit Hilfe von Ritualen, Übungen und Meditationen in Ihrem Leben etwas in Bewegung zu setzen. Da Luft Sie ständig und überall umgibt, benötigen Sie nur wenige greifbare Zutaten um Ihre Luftrituale zu unterstützen. Das allgegenwärtige Element reagiert außerordentlich schnell auf alles, was Sie magisch in Ritualen anschieben möchten. Lassen Sie sich deshalb bei größeren Anliegen immer ausreichend Zeit zur Planung. Selbst der größte Brocken vermag den Windkräften nicht zu widerstehen. Da die Luft alle aufgenommenen Energien gleichmäßiger als jedes andere Element verteilt und vermischt, sorgen Sie besser dafür, unerwünschte Kräfte aus Ihrem Ritual fernzuhalten. Für alle Luftrituale müssen Ihre Zutaten und Ritualgegenstände daher besonders sorgfältig gereinigt sein, der Schutzkreis sorgfältig errichtet werden.

Die Luft ist rein – Klärende Luft

Die einfachste Möglichkeit einen Gegenstand mit Hilfe des Elements Luft zu reinigen ist Ihre „Puste". Führen Sie dafür zunächst eine der anfangs beschriebenen Atemübungen durch, damit Sie sich mit dem Element der Luft verbinden, bevor Sie Energien aus Ihrem Gegenstand auflösen. Besonders kleine Gegenstände wie Steine eignen sich gut für Atem-Reinigung, bei größeren Dingen sind Rauch oder anderweitig aromatisierte Luft besser geeignet.

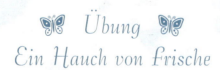

Übung
Ein Hauch von Frische

Diese Übung kommt ohne magischen Kreis aus. Sollten Sie dennoch vor dem Ritual eine kurze Reinigung wünschen, so errichten Sie zunächst den magischen Schutzkreis und beziehen so die Reinigung Ihres Gegenstandes in das Ritual mit ein.

Nehmen Sie den Gegenstand, den Sie von unerwünschter Energie befreien wollen, in die Hand und erden Sie sich. Halten Sie ihn in etwa auf Augenhöhe und beginnen Sie leise zu summen. Verbinden Sie sich dabei innerlich mit den vier Elementen. Das ist zwar kein vollständiger Schutzkreis, reicht aber in diesem Falle aus, um Ihnen eine grundsätzliche Abgrenzung zu ermöglichen.

Holen Sie nun einige Male tief und bewusst Luft. Sind Sie soweit, pusten oder hauchen Sie über den Gegenstand und visualisieren dabei wie Ihr Atem unerwünschte Energien auflöst und davonträgt. Atmen Sie so mehrmals über Ihren Gegenstand bis Sie keine störenden Energien mehr spüren und die Reinigung abgeschlossen ist.

Achten Sie darauf, dass Sie Ihren Atem nicht erzwingen oder zu schnell atmen. Sollten Sie außer Atem geraten, holen Sie langsamer und tiefer Luft. Im Idealfall sollten Sie so tief und ruhig atmen wie im Schlaf.

Behalten Sie den Gegenstand weiter in der Hand oder legen Sie ihn ab. Erden Sie sich noch einmal und bedanken Sie sich bei den Elementen.

Frischen Wind herein bringen

Wind – vom leisen Lufthauch bis zur Sturmböe – eignet sich ausgezeichnet, um sich selbst und vor allem Räumlichkeiten zu reinigen. Die meisten Menschen führen ihre magischen Arbeiten in ihren eigenen vier Wänden durch. Darüber hinaus, leben hier auch Menschen und Tiere mit allem Drum und Dran des Alltags. Daher ist eine regelmäßige Reinigung des Wohnraumes und des heiligen Ortes darin nützlich und sinnvoll.

Wählen Sie für die luftige Reinigung Ihrer Wohnung einen Tag, an dem zwar der Wind weht, aber Ihnen nicht gleich sämtliche Türen zuknallt, sobald Sie mehr als ein Fenster öffnen. Legen Sie sich etwas zum Schreiben bereit um Ihre Eindrücke festzuhalten. So überprüfen Sie nicht nur wie sich nach Ihrer Wohnungsreinigung die Energie verändert, sondern bekommen außerdem einen Anhaltspunkt, wo Sie beim nächsten Mal nachhaltiger reinigen sollten. Hängen Sie dort nach der Reinigung einen indianischen Traumfänger oder bunte Flatterbänder auf, die schlechte Energien abhalten.

Ritual
Steife Brise

Da Sie sich bei diesem Ritual weiträumig bewegen, schließen Sie keinen festen Schutzkreis. Rufen Sie lediglich Ihre spirituellen Helfer aus den vier Richtungen um Schutz an. Beginnen Sie damit, sich zu erden und finden Sie die energetische Mitte Ihrer Räumlichkeiten. Das ist nicht zwingend der geografische Mittelpunkt. Gehen Sie in Ihren vier Wänden umher und lassen Sie sich von Ihrer Eingebung leiten, bis Sie spüren, dass Sie im wahren Zentrum Ihrer Wohnung angekommen sind.

Erden Sie sich und bleiben Sie mit geschlossenen Augen stehen – entspannt, aber achtsam. Öffnen Sie Ihre Wahrnehmung für Ihre Wohnung. Hören und riechen Sie Ihre Wohnräume, nehmen Sie den Raum um sich herum bewusst wahr. Sehen Sie vor Ihrem inneren Auge die Energieströme Ihrer Umgebung. Welche Kräfte nehmen Sie wahr? Erkennen Sie Farben oder Muster? Läuft Energie in eine bestimmte Richtung, weist sie ‚Löcher' oder wechselnde Bewegungen auf? Wo benötigt Ihre Wohnung mehr, weniger oder andere Energien?

Haben Sie einen umfassenden Eindruck Ihrer Umgebung gewonnen, kehren Sie so weit in die alltägliche Wahrnehmung zurück, dass Sie Ihre Erfahrungen aufschreiben können. Ist dieser leichte Trancezustand noch zu schwierig für Sie (Übung dazu ab S. 15), so gehen Sie vollständig zurück und schreiben Sie auf, wie es energetisch um Ihre Wohnräume bestellt ist.

Bleiben Sie in Ihrer halbwachen Achtsamkeit (oder ganz im Hier und Jetzt) und beginnen Sie von der Haus- oder Wohnungstür aus Türen und Fenster zu öffnen. Fahren Sie entgegen dem Uhrzeigersinn fort, bis Ihre gesamte Bleibe von Luftströmen durchzogen ist. Nehmen Sie dabei wahr, wie sich Ihre Umgebung durch den Luftzug verändert. Visualisieren Sie, wie die Luft jede Ecke und jeden Gegenstand umwirbelt und von allen Energien reinigt, die dort nicht mehr gebraucht werden oder unangemessen sind. Sie alle ziehen mit der Luft davon. Wollen Sie den Vorgang unterstützen oder sich gleich selber mit reinigen, bewegen Sie sich mit der Luft und visualisieren Sie wie auch Ihre Energien sich klären und reinigen.

Nach Abschluss des Reinigungsprozesses beginnen Sie wieder an der Eingangstür alle Öffnungen zu schließen. Diesmal gehen Sie im Uhrzeigersinn durch Ihre Wohnung. Visualisieren Sie dabei, wie sich ein feiner aber dichter Schutzmantel aus bewegtem Licht um Ihre vier Wände aufbaut. Der schützende Dom reicht bis in die Erde, aus der Ihnen stärkende und verwurzelnde Kräfte zufließen. Von oben ist er nur für nährende Lichtkräfte durchlässig.

Achten Sie darauf nach dieser Übung wieder voll und ganz geerdet in der alltäglichen Wahrnehmung anzukommen und nicht mit einem Fetzen in der Anderswelt hängenzubleiben. Sollten Erdungsübungen dafür nicht ausreichen, nehmen Sie ein ausgiebiges Mahl zu sich, das erdet Sie umgehend. Verzichten Sie aber für eine Weile auf Zucker, Kaffee, schwarzen Tee oder andere aufputschende Mittel, die Ihrer Erdung entgegenwirken.

Zur Unterstützung der reinigenden Luftkraft können Sie klärenden Rauch einsetzen. Näheres hierzu finden Sie im Kapitel Räucherwerk ab Seite 50.

Es wohnt ein Lied in allen Dingen – Musik und Gesang

Jede Art von Musik und Gesang verbindet Sie mit dem Element Luft. Nutzen Sie die Vielzahl der Musikrichtungen, die Sie heute auf CDs oder direkt aus dem Internet beziehen können. Wählen Sie aus was Ihnen zusagt und verwenden Sie Musik, um ihre Energie zu stärken, sich zu beruhigen oder sich auf ein Ritual vorzubereiten. Machen Sie Musik zu Ihrem täglichen Begleiter, besonders wenn Sie zu den Menschen gehören, denen es schwer fällt, sich still hinzusetzen und zu meditieren. Finden Sie ein passendes Stück, das Sie zumindest eine Weile lang täglich hören, um sich meditativ einzustimmen. Das Gleiche gilt, wenn Sie tagein tagaus auf einem Bürostuhl festhängen und Ihrer Energie dringend ein Ventil öffnen sollten. Bewegen Sie sich zur Musik, lassen Sie stärkende Erdenergie aufsteigen. Verbinden Sie diese dann mit Lichtenergie, die von oben in Sie hinein strömt. Verankern Sie das alles mit Hilfe Ihrer Körperbewegungen und schaffen Sie sich eine entsprechende energetische Unterstützung, sei sie überbordend oder meditativ.

Im Reich der Musik steht Ihnen eine schier unübersehbare Fülle von Energie zur Verfügung, die von meditativer Musik bis zu kraftvollem Gesang berühmter Rockröhren reicht. Um aber Ihren eigenen Kraftgesang anzustimmen, müssen Sie zunächst Ihre Stimme wecken. Auch wenn Sie über keinen dröhnenden Bass oder schmelzenden Sopran gebieten, besitzt Ihre Stimme Kraft – mehr als Sie sich zutrauen. Die folgende Übung führen Sie mit einer zweiten Person durch. Dabei ist es durchaus erlaubt herzhaft zu lachen.

Übung
Die eigene Stimme wecken

Suchen Sie sich einen Ort, an dem Sie ungestört Lärm machen können, ohne dass sich andere gestört oder Sie sich peinlich berührt fühlen. Besteht die Gelegenheit diese Übung draußen an einem Kraftort durchzuführen, so nutzen Sie diese.

Beginnen Sie beide damit sich zu erden und eine der anfänglich beschriebenen Atemübungen durchzuführen. Stellen Sie sich jetzt gegenüber, legen Sie die Hände auf die Hüften und holen Sie tief Luft. Lassen Sie ein lautes A hören, so als wären Sie ein Nebelhorn. Machen Sie es so laut wie Sie nur können und versuchen Sie sich gegenseitig zu übertönen. Bleiben Sie eine Weile dabei, bis Sie einen angenehmen Rhythmus finden.

Nun stellen Sie sich hintereinander auf. Die Person in Ihrem Rücken zieht Sie behutsam gegen den eigenen Körper, ohne Ihre Haltung zu verbiegen. Beide Hände liegen übereinander über Ihrem Sonnengeflecht, gerade unterhalb des Rippenbogens. Sie tönen weiter Ihr A, während Ihr Helfer plötzlich sanften Druck auf Ihr Zwerchfell ausübt. Nehmen Sie wahr, wie sich die Stärke Ihrer Stimme verändert. Bei jedem Druck wird sie kräftiger, um dann wieder in ihre ‚Normalstärke' zurückzufallen. Wechseln Sie sich nach einiger Zeit mit Ihrem Übungspartner ab.

Beim nächsten Wechsel richten Sie Ihre Achtsamkeit darauf, Ihre Stimme nicht wieder in eine schwächere Ausdrucksform abklingen zu lassen. Spüren Sie nach, wie es sich anfühlt, wenn Sie Ihre ganze Stimmstärke zulassen und halten.

Sind Sie beide außer Atem und haben genug von diesem Übungsteil, probieren Sie es mit anderen Lauten. Viel Spaß! (Möchten Sie Ihre Stimmerweckung intensiv betreiben, sollten Sie sich CDs zum Chakrasingen besorgen, siehe Anhang, S. 157)

Es ist durchaus möglich, dass Sie am Anfang kaum mehr als einen leisen, gequälten Ton hervorbringen. Besonders Frauen fällt es schwer, zu ihrer eigenen Stärke zu stehen. Stimmgewaltigkeit steht auch heute noch für männliche Macht. Aus diesem Grund sind weibliche Stimmen oft unterwürfig leise, kommen aus dem Hals und nicht aus dem Bauch. Chakrengesang kann hier Abhilfe schaffen und Sie mit Ihrem Körper und Ihrem Selbst in Einklang bringen. Auch eine hohe Stimme besitzt Körpervolumen – wenn Sie Ihre Kopfstimme gewähren lassen und sie nicht abschnüren.

Ist es Ihnen unangenehm, die oben beschriebene Übung mit einer anderen Person zusammen durchzuführen, so spielen Sie allein mit Ihrer Stimme. Passen Sie Ihre Stimme dem gerade herrschenden Wind an, schreien Sie mit einem Sturm oder einfach in Ihren vier Wänden (vorausgesetzt, diese sind gut schallisoliert, denn die Kraft Ihrer eigenen Stimme wird Sie umhauen, sofern Sie diese wirklich rauslassen). Senken Sie während Ihrer Stimmübungen Ihre Laute tief in Ihren Bauch. Werden Sie heiser, sind Sie immer noch zu sehr in der Kopfstimme verhaftet und schaden zudem auch dieser.

Lebensrhythmus

Musik und Stimme jeder Art sind für Ihre rituelle Arbeit außerordentlich wertvoll. Sollten Sie nicht zufällig ausgebildeter Operntenor oder Rocksängerin sein, werden Sie Ihrer eigenen Stimme gegenüber ein eher zwiespältiges Verhältnis haben. Die meisten Menschen stimmen allenfalls ein Lied unter der Dusche an, aber nicht in der Öffentlichkeit. Sie sollen sich an dieser Stelle auch nicht in einen Troubadour verwandeln, sondern Spaß an Ihrer Stimme entdecken. Finden Sie dafür geeignete Musik von Rock bis Klassik, trällern Sie ‚Ode an die Freude' oder röhren Sie mit Mick Jagger. Wechseln Sie die Vorlagen und haben Sie einfach Spaß.

Übung
Im Wirbel der Musik

Legen Sie die gewählten CDs bereit oder nehmen Sie Ihren MP3 Spieler zur Hand. Wählen Sie einen Ort, an dem Sie lärmend singen und sich bewegen können, ohne jemanden zu stören. Drücken Sie auf den Knopf und lassen Sie sich von Ihrer gewählten Musik mitreißen. Singen Sie mit, egal ob Sie die Worte im Kopf haben oder nicht. *Lalala* tut es auch. Wechseln Sie die Musikstücke und probieren Sie zwischendurch ein Instrumentalstück aus. Finden Sie dazu eigene Worte oder bleiben Sie beim *Lalala*.

Im nächsten Schritt hören Sie weiter auf die Musik, aber zusätzlich auch auf Ihren Atem. Das braucht etwas Übung, denn Sie lassen sich nur allzu leicht von Rhythmus oder Text ablenken. Probieren Sie es zunächst mit einem sanften, langsameren Lied oder einem Karaokestück, Sie nehmen so eher die Verbindung zwischen den Klängen, Ihrem Atem und Ihrer Stimme wahr. Spielen Sie mit den Möglichkeiten und wechseln Sie Ihre Begleitmusik möglichst oft, so dass Sie sich nicht zu sehr an eine Melodie gewöhnen. Sie gleitet sonst leicht in den Hintergrund und erschwert damit Ihre Wahrnehmung aller Ebenen.

Des Sängers Lied – Gesang der Kraft

Es wohnt wahrlich ein Lied in allen Dingen – so auch in Ihnen. Ein magisches Kraftlied. Auch zu Ihnen gehört Ihr ganz eigener Gesang der Kraft. Lassen Sie sich nicht davon abschrecken, dass an Ihnen kein Schubert und keine Madonna verloren gegangen sind. Sie sollen Ihr Werk schließlich nicht vor Publikum vortragen, sondern ausschließlich für sich und Ihre Rituale verwenden. Sollten Sie Schwierigkeiten haben, sich selbst an eingängige Melodien zu erinnern, legen Sie sich vor dem folgenden Ritual ein Aufnahmegerät (zum Beispiel ein kleines Diktiergerät) in Ihrem Kreis zurecht. Verwenden Sie es aber nur als Notnagel, denn hier geht es darum, dass Sie sich während des Rituals äußerst eindringlich mit Ihrem Kraftlied verbinden, ohne sich auf andere Hilfsmittel zu stützen. Nehmen Sie sich für dieses Ritual viel Zeit, damit Sie genügend Übungszeit für Ihren Gesang haben.

Bevor Sie Ihren persönlichen Kraftgesang finden, benötigen Sie die passenden Worte dafür. Führen Sie dazu ein Ritual durch, das Ihnen die rechten Worte bringt. Nehmen Sie auf jeden Fall etwas zum Schreiben mit in den Kreis.

Ritual
Ein gutes Wort einlegen

Wählen Sie einen Ort, an dem Sie nicht gestört werden. Schließen Sie wie gewohnt Ihren magischen Kreis. Stehen Sie in der Mitte und wenden Sie sich dem Osten, der Richtung des Elements Luft zu. Bitten Sie von hier aus die Muse, mit der Sie die nachhaltigste Verbindung pflegen (siehe Meisterschaft der Luft, ab S. 22) um Eingebung und passende Einfälle.

Machen Sie es sich nun am besten im Sitzen bequem und legen Sie Ihr Schreibzeug in erreichbare Nähe. Erden Sie sich und beginnen Sie leise zu summen, während Sie Ihre Achtsamkeit sowohl auf die Anderswelt als auch auf die alltägliche Wahrnehmung einstimmen.

Öffnen Sie nun Ihre Wahrnehmung für Worte, die Sie mit Ihrer Kraft verbinden. Am Anfang sind das noch keine fertigen Sätze, auch wenn es durchaus möglich ist, dass Ihnen gleich ganze Verse einfallen. Gestatten Sie Ihrer Muse Ihnen Gedanken und Begriffe zu unterbreiten. Sollte die Fülle Sie verwirren, schreiben Sie die Begriffe ungefiltert auf. Sollten Ihnen Worte einfallen, die mehr aus Lauten als aus erkennbaren Begriffen bestehen, schreiben Sie diese lautmalerisch auf. Achten Sie auch darauf, welche Empfindungen Sie mit den Lauten und Lautfolgen verbinden.

Bleiben Sie dabei, bis sich Worte und Sätze formen, die Ihr ganz eigener Kraftgesang sind, auch wenn Ihnen an dieser Stelle noch die Melodie dazu fehlen mag. Schreiben Sie die fertigen Sätze dreimal hintereinander vollständig auf. Legen Sie Ihr Schreibzeug beiseite und erden Sie sich. Sagen Sie laut oder leise Ihre Kraftworte vor sich hin. Spüren Sie die machtvolle Verbindung mit den Kräften der Anderswelt, die von Ihnen ausgeht.

Kehren Sie in die alltägliche Wahrnehmung zurück und öffnen Sie wie gewohnt den magischen Schutzkreis.

Sollten Sie die Worte der Kraft nach diesem Ritual noch nicht vollständig auswendig aufsagen können, lernen Sie diese bevor Sie sich an das nächste Ritual machen.

Nun ist es an der Zeit Ihren Worten und Lauten eine Melodie hinzuzufügen.

Ritual
Ein Lied geht um die Welt

Erden Sie sich und schließen Sie wie gewohnt Ihren magischen Kreis. Begeben Sie sich in die Mitte. Beginnen Sie zu summen oder wortlos zu singen und bewegen Sie sich dazu. Verbinden Sie sich nachdrücklich mit dem Element Luft und rufen Sie einen der Luftgeister, mit dem Sie eine Verbindung geschaffen haben.

Indem Sie summen oder singen visualisieren Sie, was Sie sich von Ihrem Kraftgesang wünschen. Achten Sie nun auf die Tonfolgen, die Ihnen in den Kopf kommen. Bleiben Sie offen für Neues und verfallen Sie nicht in das Nachsingen irgendwelcher bekannter Lieder oder Popsongs.

Lassen Sie die Melodien in sich aufsteigen bis sich ein Muster, eine klare Folge ergibt. Bewahren Sie Geduld und lassen Sie sich Zeit. Falls es auch nach längerer Zeit nicht klappt, brechen Sie ab und kehren zu einem späteren Zeitpunkt zurück, um das Ritual zu wiederholen.

Summen Sie die Melodie Ihres Kraftgesangs immer wieder und beginnen Sie die Worte dazu zu singen. Haben Sie alles zusammengefügt, singen Sie Ihr Lied so lange, bis Sie nicht mehr darüber nachdenken, welche Zeile oder welcher Ton als nächstes folgt. Haben Sie Sorge, Ihr Lied wieder zu vergessen, so halten Sie es mit einem Aufnahmegerät fest.

Stellen Sie sich nun in die Mitte ihres Kreises und wenden Sie sich dem Osten zu. Singen Sie Ihr Lied und stellen Sie es den Geistern dieser Himmelsrichtung vor. Wenden Sie sich anschließend dem Süden, danach dem Westen und am Ende dem Norden zu und wiederholen Sie Ihr Lied. Unter Umständen verpüren Sie den Wunsch Ihr Lied bei einer

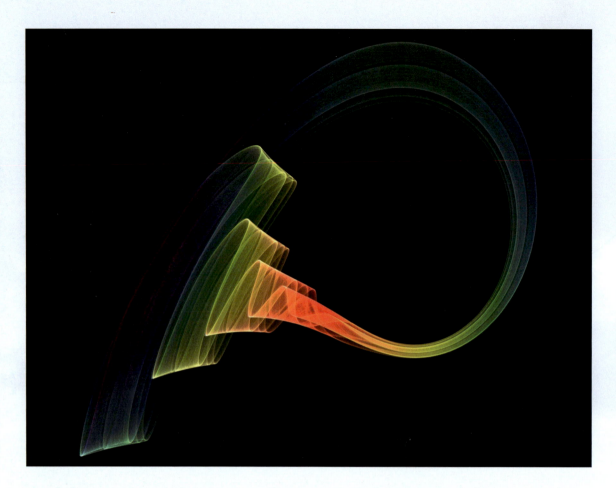

bestimmten Himmelsrichtung lauter, leiser oder mehrfach zu singen. Lassen Sie sich darauf ein und die Energien fließen.

Stehen Sie zum Schluss wieder geerdet in der Mitte, schließen Sie die Augen und singen Sie einige Male Ihr Lied kraftvoll dem Universum vor. Verweilen Sie danach für einige Augenblicke schweigend und öffnen Sie dann wie gewohnt Ihren Kreis.

Für Ihr selbst komponiertes Kraftlied gibt es viele Verwendungsmöglichkeiten. Das Lied ist ein Schlüssel zu Ihrer magischen Kraft. Gleichzeitig bildet es eine Art Erkennungsmelodie, die Ihnen in der Anderswelt Türen öffnet. Es ist Ihr magisches ‚Logo', verstärkt Ihre Vorhaben und bringt Sie ganz unmittelbar mit der Anderswelt in Verbindung. Singen Sie es um in einem Ritual die Himmelsrichtungen zu rufen. Oder begleiten Sie damit Übungen, Meditationen und Rituale. Entscheiden Sie selber, an welcher Stelle Sie es einsetzen. Neben Ihrem persönlichen Kraftlied lassen sich selbst im Ritual komponierte Gesänge auch für andere Gelegenheiten einsetzen. So fällt Ihnen vielleicht ein Heil- oder ein Dankesgesang für die Luftgötter ein. Auch wenn Sie nach jedem Ritual für das Luftelelement Ihr Räucherwerk weiter glühen lassen freuen sich die Wesen der Luft über weitere Gaben. Es ist manchmal leicht zu vergessen, dass Ihre magische Arbeit ein Geschenk ist, das es zu feiern gilt.

Ritual
Dank mit jubelnden Chören

Für dieses Ritual benötigen Sie üblichen Zutaten für Ihren magischen Kreis. Schließen Sie das magische Rund und gehen Sie in die Mitte. Heben Sie die Arme und beginnen Sie Ihr Kraftlied zu singen. Lassen Sie Ihre Stimme kräftig, aber nicht überlaut erklingen. Nutzen Sie die Stimmstärke, die Sie in Ihrer Gesangsübung (S. 41) gefunden haben.

Visualisieren Sie nun eine musikalische Muse, eine Gottheit der Feier und der wilden Freude wie zum Beispiel →Dionysus oder eine Göttin des Gesangs wie die ägyptische → Meret (weitere Gottheiten finden Sie ab S. 145). Bedanken Sie sich bei dem gerufenen Wesen stellvertretend für all die guten Gaben, die Sie in der letzten Zeit, aus Ihrem letzten Ritual oder im Laufe des bisherigen Lebens erhalten haben. Singen Sie Ihre Freude und Ihre Dankbarkeit. Laden Sie alle ein, mit Ihnen das Leben zu feiern und zu besingen. Bewegen Sie sich zu Ihrem Gesang, wenn Ihnen danach ist.

Steigen Gefühle oder gar Tränen hoch, lassen Sie diese zu. Nur plappernde Gedanken schieben Sie sanft beiseite, um Ihre ganze Achtsamkeit beim Singen zu halten. Singen Sie, bis Ihnen die Puste ausgeht, Sie heiser werden oder es einfach genug ist. Legen Sie Ihr ganzes Herz in den Dank.

Kommen Sie anschließend zur Ruhe und stehen Sie leise summend im Mittelpunkt des Kreises. Verabschieden Sie die Gottheiten und Musen, die Sie gerufen oder die sich aus eigenem Antrieb dazugesellt haben. Spüren Sie nach wie die Freude in Ihrem Inneren weiter schwingt.

Öffnen Sie ihren magischen Kreis.

Dieses Ritual bringt Ihnen auch in Zeiten der Mutlosigkeit, Anspannung oder Trauer alles ins Gedächtnis, was es in Ihrem Leben an Gutem gibt und gegeben hat. So schenkt Ihnen die Erinnerung an gegenwärtige und vergangene Freuden den Mut, mit Zuversicht in die Zukunft zu schauen.

Der Duft der weiten Welt –

Heiliger Rauch

Der Duft der weiten Welt – Heiliger Rauch

Schon seit Tausenden von Jahren verwenden Menschen Räucherwerk für ganz unterschiedliche Anlässe. Ob es eine Hochzeit zu feiern, ein Kind zu begrüßen oder einen Toten zu verabschieden galt, Räucherwerk begleitete den Übergang von einer Lebensphase in die nächste.

Keiner der fünf Sinne ist so eng mit unserem Erinnerungsvermögen verbunden wie der Geruchssinn. Der Duft eines Gewürzes bringt uns augenblicklich zurück in die Vergangenheit, in der Großmutter zu Weihnachten Zimtplätzchen buk. Wir verarbeiten Geruchswahrnehmungen direkt im limbischen System, das für so elementare Empfindungen wie Hunger, Gefühle aller Art, Erinnerung und Vorstellungskraft verantwortlich ist. Im Gegensatz zu anderen Sinneswahrnehmungen wie Sehen, Hören, Tasten und Schmecken verarbeiten wir Geruchseindrücke ohne Umwege in der rechten Gehirnhälfte. Wir sind darauf programmiert auf Gerüche gefühlsmäßig und unmittelbar zu reagieren, lange bevor wir bewusst über unsere Reaktion nachdenken.

Aromatischer Rauch öffnet unmittelbar das Bewusstsein für feinstoffliche Wahrnehmungen und unterstützt Sie in Ihrer spirituellen Entwicklung. Setzen Sie Räucherwerk also sehr bewusst für Rituale oder als angenehmen Hintergrund ein. Es wird in beiden Fällen positiv wirken.

Alle bekannten Religionen verwenden Räucherwerk in Ritualen. Im alten Ägypten wurden dreimal täglich den Gottheiten Rauchopfer dargebracht. Bis heute duften die Straßen Indiens nach Sandelholz und anderen Opfergaben an die Götter. In ganz Asien brennen seit Jahrtausenden Räucherstäbchen vor den Altären der unterschiedlichsten Religionen. Auch in Europa reicht die Verwendung von Räucherwerk weit zurück. Kelten, Wikinger, Slawen, Kreter, Minoer, Griechen und Etrusker verwendeten aromatische Räucherstoffe. Die Lieferlisten aus dem alten Rom allerdings zeigen, dass die Römer eine besondere ausgeprägte Vorliebe für kostspieligere Duftstoffe zeigten. Auch in der arabischen Welt war Räucherwerk beliebt. So soll der Prophet Mohammed gesagt haben, dass er nichts mehr liebe als das Gebet, Frauen und einen angenehmen Duft. Auch die Ureinwohner Nord- und Südamerikas verwenden bis heute Räucherstoffe in Ritual und Alltag. Die Nachfahren der mexikanischen Maya glauben, dass sich der heilige Rauch in der Anderswelt in Tortillas wandelt, die die Gottheiten nähren. Schamanen verwenden Räucherwerk um ihre Sicht in die Anderswelt zu stärken und Rituale zu unterstützen.

Im Rauch aufgehen – Räucherstoffe

Die Qualität von Räucherwerk hängt damals wie heute von der Reinheit und Qualität seiner Zutaten ab. Gutes Räucherwerk ist seinen Preis wert, das mit seltenen Inhaltsstoffen entsprechend teuer.

Räucherstäbchen sind besonders einfach anzuwenden. Allerdings sollten Sie nicht auf Schnäppchenjagd gehen. Verzichten Sie auf klangvolle Namen und vor allem leuchtende Farben. Fruchtigsüß duftende Räucherstäbchen oder andere durchdringenden Düfte sind für Rituale und andere spirituelle Arbeit nutzlos, wenn nicht sogar gesundheitsschädigend. Sie bestehen aus Bambusstäbchen, die von verleimten Sägespänen umgeben sind, die sich in chemischen Bädern mit künstlichen Duftstoffen vollsaugen. Räucherstäbchen dieser Art können Sie bereits durch den halben Laden riechen, die echten Bestandteile natürlicher Räucherstäbchen duften sehr viel verhaltener. Sollte auf der Packung nicht stehen, welche Inhaltsstoffe Sie mit diesem Produkt in Rauch aufgehen lassen, verzichten Sie. Künstliche Räucherstoffe lassen sich von echten auch am Rauch unterscheiden. Die zugesetzten Chemikalien verursachen zumeist einen starken, dunklen

Rauch. Natürliche Räucherstäbchen geben nur wenig, hellen Rauch ab, der sich schnell im Raum verteilt und unsichtbar wird.

Die besten Räucherstäbchen enthalten keinen Holzkern, sondern sind komplett aus Räucherwerk gepresst. Auf diese Weise ersparen Sie sich auch unbekannte Holzenergien in Ihrem Ritual. Auch von allzu exotischen Kombinationen sei abgeraten. Denken Sie daran, dass Sie die Luftenergie an sich schon in einen erweiterten Bewusstseinszustand versetzt. Umwehen Sie sich dazu noch mit unausgewogenen oder zu starken Räuchereien, verlieren Sie sehr schnell den Boden unter den Füßen. Wann immer sich Ihnen die Möglichkeit bietet, wählen Sie Räucherstäbchen aus umweltfreundlicher Produktion mit möglichst kurzen Wegen. Ein produktbedingtes hohes Kohlendioxidniveau (illegale Abholzung, Monokulturen und lange Flugwege) stimmen die Luftgeister weder gewogen noch freundlich.

Auch bei manchen losen Grundstoffen sind lange Transportwege die Regel. Besonders Harze und Rinden, die Bestandteil vieler Räuchermischungen sind, stammen aus den wärmeren Regionen der Erde. Doch auch hier ist es sehr wohl möglich Exzesse zu vermeiden und unserem Planeten den angemessenen Respekt zu zollen. Wollen Sie Räucherwerk selber herstellen, so arbeiten Sie mit reinen und naturbelassenen Stoffen. Am besten sammeln Sie die Kräuter für Ihr Räucherwerk selber. Die Nadeln Ihrer Gartentanne oder die abgefallenen Blütenblätter aus einem Park sorgen in Ihren Ritualen für stärkere Energien als eingeflogene Varianten. Achten Sie nur darauf, dass Selbstgesammeltes nicht durch Pestizide oder Abgase belastet ist. Je natürlicher und unbelasteter Ihre Pflanze lebt, desto mehr Kraft bringt sie in Ihr Ritual. Allerdings sollten Sie wissen, welches Kraut Sie da gerade gepflückt haben. Die falschen Pflanzen bringen Sie vielleicht nicht so rasch um wie ein falsch zubereitetes Pilzragout, doch die langfristigen Auswirkungen auf Ihre Gesundheit sind unter Umständen erheblich. Sollten Sie unsicher sein, bringen Sie Ihre Pflanzen zur Bestimmung bei einer Apotheke vorbei oder kaufen Sie Zutaten aus verlässlichen Quellen (Apotheke, Kräuterladen).

Leiden Sie unter Asthma, krampfartigen Anfällen oder hatten einen Schlaganfall, so befragen Sie Ihren Arzt oder verzichten Sie lieber auf Räucherwerk. Auch Schwangere und stillende Frauen sollten bei der Verwendung von Räucherwerk besonders vorsichtig sein und sich vorher umfassend über mögliche Auswirkungen informieren. Greifen Sie notfalls auf einige wenige Tropfen ätherisches Öl in warmem Wasser zurück (Achtung, auch hier gibt es einige Öle, die nicht für jeden geeignet sind!). Der Geruch ist zwar weniger durchdringend, doch die Energie trägt er trotzdem in Ihre Rituale. Vertragen Sie weder Räucherwerk noch Aromaöle, verwenden Sie ein Foto der Pflanze, deren Räucherwerk Sie gerne im Ritual hätten. So bekommen Sie zwar nicht den Vorteil einer unmittelbaren limbischen Reaktion, aber dennoch energetische Unerstützung.

Welche Aromaöle welcher Gelegenheit angemessen sind lesen Sie in *Magie der Elemente: Spirit* nach. Möchten Sie Räucherwerk durch Öle ersetzen, wählen Sie statt Weihrauch Weirauchöl; im Falle von Orangenschalen lieber Orangenöl und so weiter.

Die hängenden Gärten der Semiramis

Möchten Sie im Garten, auf dem Balkon oder Fensterbrett Räucher- und Duftpflanzen halten, so wenden Sie sich an eine Kräutergärtnerei, die diese Pflanzen hierzulande selber ökologisch zieht (Adressen im Anhang). Die meisten sind Wärme und Trockenheit vertragende Sonnenkinder, die außer ein paar Streicheleinheiten (im wahrsten Sinne des Wortes), mässigen Wassergaben und vielen Sonnenstunden wenig Aufwand benötigen.

Außer Kräutern verwenden Sie Harze, Öle, Blütenblätter, getrocknete Früchte oder auch Holzsplitter, von denen sich leider einige nur schlecht oder gar nicht selber ernten lassen. Diese kaufen Sie am besten dazu. Es reicht für die meisten Rituale, wenn Sie etwa ein Dutzend Zutaten zur Hand haben

Trauen Sie sich und stellen Sie Mischungen selber zusammen. Probieren Sie am Anfang nur ein oder zwei ausgewählte Kräuter aus, um die unterschiedlichen Duftnoten kennen zu lernen und festzustellen, ob Sie diese überhaupt oder in ihrer Kombination mögen. Folgen Sie ganz Ihrer Nase und bleiben Sie bei Düften, die Sie ansprechen und die Sie mit bestimmten Ritualen, Jahreszeiten oder Energien verbinden.

Liegt Ihnen der aromatische Qualm, sind Sie auf dem besten Weg, ganz persönliche Räuchermischungen herzustellen. Sie binden so nicht nur die Kräfte der ausgewählten Zutaten, sondern auch Ihre eigenen Energien in Ihrem Räucherwerk (Zutaten und Rezepte finden Sie ab S. 122). Machen Sie zunächst keine zu aufwendigen Mischungen, da jede Pflanze allein für sich schon eine ganze Palette verschiedener Energien ins Spiel bringt. In Kombination sind sie und ihre Auswirkungen nicht immer leicht einzuschätzen. Sollten Sie besonders häufig und gerne mit Räucherwerk arbeiten, erweitern Sie Ihre Sammlung. Bewahren Sie die einzelnen Duftstoffe wie auch Ihre Mischungen in dunklen, luftdichten Gläsern auf.

Wenn Sie getrocknete Kräuter kaufen, dann am besten lose, da Sie für fertig gewickelte Räucherbündel schnell ein kleines Vermögen loswerden. Ob Sie einschlägige Läden frequentieren oder im Internet surfen, um günstige Angebote zu finden: Kaufen Sie stets nur bei vertrauenswürdigen Anbietern (Sie finden Hinweise dazu im Anhang). Misstrauen Sie auf jeden Fall Angeboten, die Ihnen zu günstig oder zu teuer erscheinen. Bei zu teuren Angeboten bezahlen Sie häufig die Illusion, dass von bestimmten Ureinwohnern um Mitternacht bei Vollmond gepflückte und zu Fuß transportierte Kräuter für besonders magische Harmonie in Ihrem Ritual sorgen. Setzen Sie Ihren Verstand ein, wenn Ihnen jemand etwas teuer verkaufen will, dass Sie auch mit einfachen Mitteln zu Hause herstellen oder wachsen lassen können und lehnen Sie dankend ab.

Wollen Sie unbedingt ein Kräuterbündel erstehen, achten Sie beim Kauf darauf, dass es sich auch bei dem *Smudge Stick* um hochwertige Kräuter handelt. Oft werden Salbei-Kräuterbündel angeboten, denen andere, weitaus preiswertere Pflanzen beigemischt sind. Diese beeinträchtigen nicht die Wirkung des Räucherbündels, aber Ihren Geldbeutel. Schlagen Sie ab S. 122 nach, wo Sie eine genaue Aufschlüsselung finden, um welche Art Salbei, *Sage* oder Artemisia es sich in Ihrer Mischung genau handelt.

Verwenden Sie ein vorgefertigtes Räucherbündel, dann reinigen Sie dieses vor dem Gebrauch durch Pusten (S. 38) oder Rauch.

Süße, wohlbekannte Düfte

Legen Sie sich eine Grundausstattung an Räucherwerk zu, die Sie sehr häufig für Rituale benötigen. Dazu sollten **Weihrauch**, **Rosmarin**, **Thymian**, **Rosenblütenblätter**, **Lavendel** und **Salbei/Beifuß** gehören. **Weihrauch** ist für alle Arten von Reinigungs-, Meditations- und Schutzritualen geeignet (Besitzen Sie keinen Zugang zum Internet oder Esoterikladen, fragen Sie den katholischen Pfarrer Ihres Ortes, ob er Ihnen einen Tipp geben kann). **Rosmarin** *und* **Thymian** lassen sich leicht selber ziehen, eignen sich für eine Vielzahl von Reinigungs- und Schutzritualen und vertragen sich mit vielen anderen Räucherzutaten. **Rose** *und* **Lavendel** sind ebenfalls leicht zu bekommen (oder zu pflanzen) und gut zu kombinieren. Beide steigern Ihre Gefühlsenergien und sind deshalb gut für Gruppenrituale geeignet. **Beifuß** und **Salbei** entfalten ihre Kräfte besonders gut in Reinigungs- und Klärungsräucherungen. Auch wenn sich diese Kräuter am liebsten im Garten tummeln, erhalten Sie auch auf einem sonnigen Balkon oder auf dem Fensterbrett eines Südfensters eine gute Blatternte, wenn Sie auf ausreichend große Pflanzgefäße achten.

Die wichtigsten Utensilien für Ihre Räucherungen sind neben dem Räucherwerk nicht nur Streichhölzer, sondern vor allem eine feuerfeste Schale und vielleicht eine Feder zum Fächeln. Bevor Sie Ihr Räucherwerk entzünden, bitten Sie kurz den Geist Ihres Krauts um Unterstützung und bieten Sie ihm am Ende Ihren Dank an. Lassen Sie schützendes oder reinigendes Räucherwerk immer von alleine ausgehen. Die Geister Ihres Rauches wissen, wie viel nötig ist um Schutz, Reinigung oder Heilung zu erreichen.

Gut geräuchert – Duft und Rauch für Reinigung und Schutz

Das Element Luft eignet sich, Ihr Heim, Ihren Arbeitsplatz, Gegenstände für die magische Arbeit oder Ihre Umgebung ganz allgemein zu reinigen und zu schützen. Gegenstände, die nicht wasserfest sind, werden zum Beispiel mit Rauch gereinigt. Dinge, die mit dem Element Luft verbunden sind wie Glas, Federn, Blätter oder Flugsamen reagieren am intensivsten auf Rauch oder Pusten. Dabei sollte Ihre Räucherung immer gut geerdet vonstatten gehen, da Sie im Element Luft sonst leicht abheben.

Duftstoffe lassen sich magisch für Ihre Räumlichkeiten nutzen. Es kommt nicht von ungefähr, dass immer mehr chemische Keulen für das Beduften Ihrer Räume auf dem Markt sind. Um die Luft in Ihren vier Wänden von unerwünschter Energie zu befreien, reicht es meistens schon die Fenster zu öffnen und frische Luft hereinzulassen.

Sie können auch mit einem natürlichen Duft Ihrer Wahl nachhelfen. Hier bieten sich frische Blumen an. Wenn Sie sich nicht mit einem Strauß langsam sterbender Blumenwesen abfinden wollen, stellen einen duftenden Blumentopf auf, den Sie hinterher in den Garten oder einen Balkonkasten pflanzen. Besitzen Sie keinen grünen Daumen greifen Sie auf Aromaöle und Räucherwerk zurück.

Verwenden Sie für die Grundreinigung der Atmosphäre und Ihrer Umgebung **Salbei**, **Rosmarin** oder **Wacholder**. Möchten Sie die Energie in Ihrer Umgebung beleben, gelingt das am besten mit **Zitrusdüften**. Liegt Ihnen mehr an ruhigen Energien, wählen Sie **Lavendel**. Haben Sie einen Duft gefunden, der in Ihrem Haus für eine angenehme Atmosphäre sorgt, können Sie ihn gerne täglich verwenden. Sollten Sie umziehen, stellt Ihr persönlicher Räucherduft eine Verbindung zu lieben alten Gewohnheiten dar. Liegt Ihnen eher daran, alles Alte hinter sich zu lassen, wählen Sie einen passenden neuen Geruch.

✦ Ritual ✦
Einfach verduftet – Wohnungsreinigung und Segen

In alter, liebgewordener Umgebung entzünden Sie Ihr Räucherwerk an Ihrem heimischen Kraftort. Möchten Sie eine Reinigung durchführen, so benutzen Sie eine Räucherschale oder ein Räucherstäbchen und laufen entgegen dem Uhrzeigersinn durch jedes Zimmer ihrer Wohnung, so nah wie möglich an der Wand entlang. Sprechen Sie dazu:

Gereinigt durch des Rauches Klüfte
Geweiht durch sanfte, milde Düfte

Ist es Ihre Absicht, Ihr Heim zu schützen oder neu zu weihen, so laufen Sie auch hier entgegen dem Uhrzeigersinn durch alle Räume und ziehen mit der Räucherschale oder dem Räucherstäbchen vor jedem Zugang zur Außenwelt (Türen, Fenster, Abflüsse aller Art) ein bannendes, reinigendes Pentagramm.

Möchten Sie nicht Ihr Zuhause, sondern einen anderen Raum reinigen, so beginnen Sie auch dort entgegen dem Uhrzeigersinn, um unerwünschte Kräfte aufzulösen. Versiegeln und segnen Sie anschließend mit Hilfe des Rauches im Uhrzeigersinn. Achten Sie darauf, sich niemals unterbrechen zu lassen, damit Ihre Reinigung möglichst wirkungsvoll bleibt. Rauch ist nicht nur geeignet, um einen Gegenstand oder Ort zu reinigen. Räuchern Sie sich selber aus, wann immer Ihnen der Sinn danach steht, aber auf jeden Fall, bevor Sie ein Ritual durchführen.

❦ Übung ❦
Vom Winde verweht – Selbstreinigung

Verwenden Sie für Ihre Räucherung ein fertiges Kräuterbündel, so halten Sie dieses locker in der Hand und achten Sie darauf, dass fallende Funken oder Asche Sie nicht ablenken. Halten oder legen Sie etwas Feuerfestes darunter, damit Sie sich nicht um den Teppichboden zu sorgen brauchen. Liegt Ihnen lose Räucherware mehr, entzünden Sie diese auf einer feuerfesten Unterlage, auf der sie ungefährlich ausglühen kann. Nach dem Anzünden fächeln Sie mit der Hand oder einer Feder den Rauch über Ihren Körper und in Ihre →Aura. Visualisieren Sie dabei, wie sich unerwünschte Energien im Rauch auflösen und davon treiben. Atmen Sie den Rauch behutsam ein (nicht zu viel, denn auch Husten lenkt Sie ab) und reinigen Sie sich auf diese Weise von innen. Visualisieren Sie auch hier wie der Rauch alle unerwünschten Kräfte an sich bindet und Sie davon befreit.

Stellen Sie zum Schluss das Räucherwerk auf den Boden zwischen Ihren Beinen ab. Bleiben Sie einige Zeit über dem Rauch stehen und visualisieren Sie wie er Ihren Körper umfächelt und reinigt.

Räuchern Sie sich zu Anfang vor und nach jedem Ritual aus. Sie sammeln auf diese Weise genug Erfahrung, um später zu entscheiden, wann eine Räucherung angebracht oder unnötig ist. Sollten Ihnen bei einer Räucherung Rauchschwaden ins Gesicht wehen, obwohl kein Lufthauch geht, haben Sie eine gründliche Räucherung nötig. Atmen Sie flacher oder halten Sie einen Augenblick kurz die Luft an, um Husten oder Niesen zu vermeiden und lassen Sie den Rauch gewähren.

Ritual
Steiget auf ein Rauch – Rauchreinigung und Segnung

Sie brauchen Ihre üblichen Zutaten für einen magischen Kreis, das von Ihnen hergestellte oder ausgewählte Räucherwerk, eine Feder und den Gegenstand, den Sie reinigen möchten. Benutzen Sie Räucherkohle, so denken Sie daran, diese rechtzeitig zu entzünden, damit sie zu Ihrem Ritual auch heiß genug ist.

Erden Sie sich und schließen Sie dann wie gewohnt Ihren magischen Schutzkreis.

Gehen Sie in die Mitte Ihres Kreises und geben Sie von Ihrem losen Räucherwerk etwas auf die Kohle. Lassen Sie sich dabei von Ihrer Eingebung leiten, denn Sie wissen bereits instinktiv, wieviel Rauch Sie in diesem Fall brauchen. Arbeiten Sie draußen, folgen Sie ebenso Ihrer Eingebung. Selbst wenn Sie das Räucherwerk kaum wahrnehmen (weil ein starker Wind weht), die Luftgeister wissen um Ihre Absichten. Geben Sie auch nach Ihrem Ritual großzügig Räucherwerk auf die Kohle, denn die Luftgeister lieben Düfte und alles, was sich in der Luft bewegt (siehe auch Rauchopfer S. 65).

Halten Sie Ihren Gegenstand in den aufsteigenden Rauch und visualisieren Sie, wie dieser alles löst, was nicht hierher gehört. Dazu wiederholen Sie mehrfach:

Alles Nutzlose und Falsche ziehe hinfort
Nur die Wahrheit bleibt an diesem Ort
Kläre und wandle oh heiliger Rauch
Die Energien, die allein ich brauch'

Als nächstes halten Sie Ihren Gegenstand mit einer Hand und ergreifen die Feder. Fächeln Sie den Rauch über Ihren Gegenstand und sprechen Sie dazu:

meinem/r .... die rechte Energie verleihe (Gegenstand einfügen)
mit den mächtigen Lüften der Anderswelt ihn weihe
Wie eine Brise so klar und rein
Sollen seine/ihre Kräfte sein

Wiederholen Sie diesen Spruch so lange wie es Ihnen passend erscheint.

Legen Sie Feder und Gegenstand ab, bedanken Sie sich bei den Luftgeistern und öffnen sie wie gewohnt Ihren Kreis.

Ihr Räucherwerk sollte immer von allein ausgehen. Muss es aus Sicherheitsgründen dennoch gelöscht werden, verwenden Sie Erde oder Sand, aber niemals Wasser, da diese Energie die zarten Kräfte erstickt und einen Teil Ihrer Bemühungen fortspült.

Neben der reinigenden Räucherung Ihrer Umgebung oder Ihrer selbst lassen sich magische Gegenstände und Ihre Bekleidung mit Hilfe von Rauch für Ihre Rituale aufladen.

Ritual
Rückenwind – Bekleidung für Rituale einräuchern

Verwenden Sie für dieses Ritual eine Mischung aus **Taubnessel** (reinigt/klärt), **Thymian** (schützt/verhilft zur Weitsicht), **Weidenrinde** (löst emotionale Blockaden), **Schafgarbe** (Mut/Entschlossenheit/Hellsicht), **Fenchel** (löst Blockaden/schützt/entspannt/desinfiziert auf allen Ebenen) oder **Fichtennadeln** (reinigen). Mischen Sie nach Ihrer Nase bis zu fünf Kräuter zusammen. Experimentieren Sie mit dem Mischungsverhältnis und stellen Sie nur so viel her, wie Sie in ein bis zwei Wochen verbrauchen. Räumen Sie den Hängeschrank aus, in dem sich Ihr Räucherwerk ohne Brandgefahr abstellen lässt. Hängen Sie dort die Bekleidung auf, die Sie ausräuchern wollen.

Begeben Sie sich an Ihren Kraftort und entzünden Sie dort Ihr Räucherwerk. Verwenden Sie nur eine Prise Ihrer Mischung, da Sie in einem sehr kleinen und geschlossenen Raum arbeiten. Treten Sie vor den Schrank und visualisieren Sie wie sich Ihre Bekleidung mit den Eigenschaften der Pflanzen auflädt, die Pflanzengeister Ihre Kleider umschweben und Ihnen wie eine gute Fee Ihren Wunsch erfüllen. Vergessen Sie nicht, sich artig zu bedanken!

Hauch der Meditation

Auch für Ihre innere Vorbereitung auf ein Ritual oder eine schamanische Reise eignen sich Räucherwerk oder hochwertige Räucherstäbchen. Letztere brennen besonders gleichmäßig ab, so dass Sie sich ganz auf eine Meditation oder sonstige Vorbereitung einlassen können, ohne Sorge um entflammbare Einrichtungsgegenstände oder Natur. Achten Sie trotzdem darauf, angemessene Behälter für die abfallende Asche zu verwenden und ein Gefäß mit Sand bereitzustellen.

Wählen Sie für Ihre Meditation ein Räucherwerk, das Sie zu diesem Zeitpunkt als besonders sanft empfinden. Achten Sie auf feine Zwischentöne und belassen Sie es im Zweifelsfall bei einer einzigen Duftnote. Wählen Sie nur im Notfall (falls Ihnen Weihrauch, Salbei, Rosmarin, Wacholder, Rosenblätter UND Lavendel ausgegangen sind) besonders gute Räucherstäbchen für diese Meditation. Nur weil Meditation drauf steht, bringt Sie ein Rauchwerk nicht weiter. Wie schon gesagt, billige Stäbchen bringen Ihnen auch billige Energien, ähnlich wie bei Parfums oder Aromaölen.

Fällt Ihnen nicht auf Anhieb etwas ein, probieren Sie es mit einer Prise **Weihrauch** (stellt eine besonders schnelle Verbindung zur Anderswelt her), **Lavendelblüten** (wirken beruhigend und ausgleichend) oder **Rosmarin** (stärkt Ihre Achtsamkeit und macht wach). Die folgende Meditation können Sie mit oder ohne magischen Kreis durchführen.

Meditation
Schall und Rauch – Harmonischer Rauchtanz

In dieser Meditation bringen Sie Duft, Musik und Bewegung zusammen. Stellen Sie drei Räuchergefäße im Dreieck auf, so dass Sie in der Mitte genug Raum für Bewegung finden. Brennen Sie Ihr Räucherwerk an und lassen Sie den Rauch um sich herum aufsteigen.

Stehen Sie still in der Mitte und erden Sie sich. Beginnen Sie leise zu summen (zum Beispiel Ihr Kraftlied, S. 44-45). Betrachten Sie die Bewegungen des Rauches. Halten Sie sich in geschlossenen Räumen auf, kräuselt er sich unbeeinträchtigt aufwärts. Befinden Sie sich im Freien, sorgt Wind für Bewegung. In diesem Fall sehen Sie den Rauch vielleicht gar nicht, was Sie allerdings nicht daran hindert durch doppelte Wahrnehmung seine Energie zu ‚sehen' (siehe auch S. 15).

Beginnen Sie sich mit Ihrem Gesang zu wiegen. Bewegen Sie sich auf den Rauch zu und von ihm weg. Denken Sie dabei an die Bewegungen von Vögeln, Ihren langsamen Flügelschlag, während sie sich einem warmen Wind anvertrauen. Gleiten Sie auf den feinen Rauchschwaden dahin wie ein Vogel. Tanzen Sie mit den Rauchfäden einen Pas de Deux, einen Schleiertanz. Halten Sie summend Zwiesprache mit den Mächten der Luft.

Bleiben Sie so lange dabei wie Sie mögen. Legen Sie entsprechend Räucherwerk nach. Gegen Ende sollten Ihre Bewegungen langsamer werden, bis Sie wieder leise wiegend in der Mitte stehen. Lassen Sie Ihre Stimme und die Bewegung ausklingen, bis Sie völlig ruhig sind. Kehren Sie ganz in die alltägliche Wahrnehmung zurück.

Diese bewegte Meditation lässt sich auch zur allgemeinen Entspannung und Einstimmung auf Ihr tägliches Leben verwenden. Oder Sie klären sich auf diese Weise abends vom Alltag.

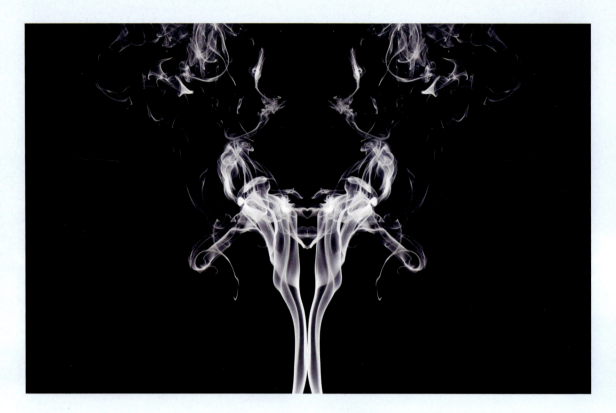

Rituelle Rauchzeichen

Setzen Sie Rauchwerk auch außerhalb Ihrer Rituale ein. Nutzen Sie es um Kleidungsstücke, Glücksbringer oder Amulette auf magische Rituale vorzubereiten oder eine besonders wichtige Besprechung um Büro. Schicken Sie einen duftenden Liebesboten oder unterstützen Sie Ihre Kreativität mit einem geeigneten Duft.

Weitere Anwendungsmöglichkeiten finden Sie in der Rezeptliste für Räucherwerk ab Seite 122. Ähnlich wie eine brennende Kerze, die Sie nach einem Ritual ausbrennen lassen, ist Räucherwerk geeignet, um ein Vorhaben über Ihr Ritual hinaus energetisch zu unterstützen. Sie schicken den Rauch mit Ihrem Wunsch zu den Geistern, die Sie um Unterstützung bitten. Wird er Ihnen erfüllt, ist Dank angebracht! Selbst wenn etwas nicht so wird, wie Sie es sich gedacht haben, bedanken Sie sich ausgiebig und regelmäßig bei den Kräften, mit denen Sie arbeiten. Sie bekommen garantiert das gewährt, was sie wirklich brauchen und nicht das, was Sie meinten zu brauchen – auch wenn diese Erkenntnis vielleicht etwas länger benötigen sollte.

Ritual
Auf dem Altar der Götter verbrannt – Göttliche Rauchopfer

Sollten Sie ein Rauchopfer für eine Gottheit planen, so finden Sie zuvor heraus, ob er oder sie mit einem Duft oder Kraut besonders verbunden ist. Beleidigen Sie bei dessen Beschaffung die Wesen, die Sie um Hilfe anrufen nicht durch Billigkäufe. Hier ist nur das Beste gut genug. Sollte Ihr Geldbeutel dafür zu schmal sein – oder wollen Sie es wirklich *richtig* machen, investieren Sie Zeit. Machen Sie sich die Mühe, die Zutaten selber zu sammeln, zu trocknen und für das Ritual zu mischen.

Verwenden Sie auf jeden Fall etwas Weihrauch. Dieses Harz öffnet Ihnen eine ganz unmittelbare Verbindung zur Anderswelt. Mischen Sie es mit den weiteren, ausgewählten Zutaten. Bereiten Sie Ihren Ritualort und sich selber sorgfältig vor. Nehmen Sie ein reinigendes Bad und räuchern Sie sich und Ihre Bekleidung aus. Sind die Vorbereitungen, schließen Sie den magischen Kreis.

Stellen Sie sich in die Mitte und bitten Sie die Gottheit um ihre Gegenwart. Seien Sie geduldig und warten Sie ab. Sollten Sie auch nach langer Zeit nichts wahrnehmen, ist heute nicht der richtige Tag. Öffnen Sie den magischen Kreis und kehren Sie ein anderes Mal zu dieser Arbeit zurück.

Nehmen Sie die Gegenwart der Gottheit wahr, verneigen Sie sich und streuen Sie etwas Räuchermischung auf die glühende Kohle oder schwenken Sie Ihr Räucherstäbchen ein bißchen. Sprechen Sie dabei aus, wofür Sie dankbar sind, egal wie alltäglich es klingen mag. Es geht nicht um große Worte, sondern echte Gefühle. Wählen Sie nur Dinge aus, bei denen Sie wirklich Dankbarkeit empfinden. Alles Unechte ist in diesem Augenblick fehl am Platze. Verabschieden Sie sich danach von der Gottheit und bedanken sich zu guter Letzt für deren Aufmerksamkeit.

Bleiben Sie bei Ihrem Räucherwerk sitzen oder stehen, bis alles verräuchert ist. Lassen Sie sich durch den Kopf gehen, was Ihnen zum Thema Dankbarkeit so alles eingefallen ist – und auch die Dinge, die Sie vielleicht vergessen haben. Schreiben Sie sich besonders wichtige Informationen nach Ihrem Ritual auf. Sind Sie soweit, öffnen Sie den magischen Kreis.

Es liegt was in der Luft -

Verbindung und Austausch

Es liegt was in der Luft – Verbindung und Austausch

Luft ist ununterbrochen in Bewegung, ständig im Wandel. Nicht weiter verwunderlich also, dass zu diesem Element Themen gehören, die mit Verbindung und Austausch zu tun haben. Ihre Dienstbesprechung oder Klönschnack mit der Kollegin gehören ebenso dazu wie das ‚Gespräch', das Sie mit einem Krafttier oder einer Waldfee führen.

In der Magie wie im Alltag nehmen Sie Verbindungen teils bewusst, teils unbewusst wahr. Das führt leicht dazu, dass wir ebenso unbewusst darauf reagieren. Oft gehen wir auf eine bestimmte Art und Weise auf Informationen ein, weil sie unserer üblichen Herangehensweise entspricht. Menschen, Informationen und Wahrnehmungen ordnen wir automatisch nach unserem persönlichen Wertekatalog ein. Die gute Nachricht ist, dass diese Vorurteile auf unseren Lebenserfahrungen beruhen, nicht auf objektiven Tatsachen. Sie lassen sich jederzeit ändern, allerdings oftmals nur unter großem Aufwand und mit bewusster Anstrengung. Je mehr Sie sich mit magischen Ritualen beschäftigen, desto wichtiger ist es, dass Sie sich und Ihre Weltanschauung nicht über Gebühr ernst nehmen. Üben Sie sich darin Ihre Linsentrübung oder Ihren Tunnelblick zu entlarven und ändern Sie dann jene, die Sie nicht weiterbringen. Die folgende Übung hilft Ihnen auf die Sprünge.

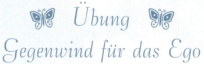 Übung

Gegenwind für das Ego

Wählen Sie wie üblich einen Ort aus, an dem Sie ungestört sind und legen, setzen oder stellen Sie sich bequem hin. Gehen Sie in die Ruhe, beobachten Sie kurz Ihren Atem. Machen Sie sich bewusst, wie Sie sich fühlen. Welche Stimmung ist vorherrschend, in diesem Augenblick, an diesem Tag, in dieser Jahreszeit, diesem Abschnitt in Ihrem Leben? Wechseln Sie langsam von einer zur nächsten Frage, damit Sie wirklich Gelegenheit haben, sich den Ergebnissen zu stellen. Bewerten Sie dabei Ihre Gefühle nicht, egal ob Sie die einen als ‚negativ' oder die anderen als ‚positiv' betrachten. Lassen Sie Ihre Befindlichkeit an sich vorüberziehen und merken Sie sich Ihre Reaktionen. Sollten Sie zu viele Informationen bekommen, gehen Sie zurück in die geteilte Wahrnehmung (S. 15) und schreiben auf, was Sie empfinden.

Bleiben Sie so lange in dieser Übung, bis Sie den Eindruck gewinnen, ein gutes und ehrliches Gesamtbild von sich zu haben. Beginnen Sie nun mit langsamen, fließenden Bewegungen Ihre Körperhaltung zu verändern. Sitzen Sie, dann stehen Sie auf, rollen Sie sich über den Boden, strecken Sie alle Viere von sich oder machen Sie einen Katzenbuckel. Stehen Sie auf einem Bein, krabbeln Sie auf allen Vieren oder was Ihnen sonst so einfällt. Wichtig ist, dass Sie diese Bewegungen so langsam ausführen, dass Sie gleichzeitig verfolgen können, wie sich Ihre Gefühle und Gedanken dazu verhalten. Was geht Ihnen durch den Kopf, welche Empfindungen, Erinnerungen und Wünsche kommen Ihnen? Bleiben Sie auch bei diesem Übungsteil so lange wie es Ihnen richtig erscheint.

Erden Sie sich zum Schluss und bleiben Sie noch einige Augenblicke ganz ruhig sitzen, liegen oder stehen. Kommen Sie dann ganz in die alltägliche Wahrnehmung zurück.

Genau wie im Laufe dieser Übung wechseln Ihre Gedanken und Gefühle auch in Ihrem Alltag und während eines Rituals ständig. Das sind kleine undramatische Veränderungen, die überwiegend unbewusst ablaufen. Besonders in der Hektik des Alltags erlauben wir uns nur selten bewusst ausreichend Ruhe und Zeit, um diese Verschiebungen wahrzunehmen. Sie sind zwar hilfreich, um mit unserer Mitwelt umzugehen, aber eher selten im Augenblick überlebenswichtig. Hinzu kommt unser eigener innerer Monolog, den wiederum andere nicht hören. Unsere Absicht bleibt deshalb oftmals unklar oder wird anders verstanden und interpretiert. So steht einer klaren und erfolgreichen Kommunikation allzuoft das Ego im Weg, das unseren Vorsatz verfälscht.

In Rituale nehmen Sie, so weit es irgend geht, nur Ihre klare Absicht mit hinein. Je besser Sie über Ihre Vorurteile Bescheid wissen, desto leichter wird es Ihnen fallen – und desto erfolgreicher werden auch Ihre Rituale.

Aus der Luft gegriffen – Magische Zugänge

Nachdem Sie einen Blick auf sich selbst und Ihre Motivation in Hinsicht auf Ihre Gedanken und Handlungen geworfen haben, richten Sie Ihre Achtsamkeit auf die Quellen, aus denen Ihnen magische Informationen zufließen. Auch dabei stehen Ihnen gelegentlich vorgefasste Meinungen im Wege. Wer nimmt schon gerne Weisheiten des Lebens von einem Spatz entgegen, wenn doch ein majestätischer Häuptling mit Federhaube viel imposanter wirkt. Es ist daher wichtig sich allen Erkenntnissen wirklich zu öffnen, auch wenn die nicht immer so ausfallen oder auftreten wie wir es erwarten. Verwenden Sie die folgende Meditation um sich andersweltlicher Weisheit zu öffnen, auf welche Weise Ihnen diese auch immer zufließt.

⚜ *Meditation* ⚜
Wie im Fluge – Offen für Erkenntnisse

Begeben Sie sich an einen Ort, an dem Sie nicht gestört werden. Schließen Sie Ihren magischen Schutzkreis, machen Sie es sich bequem und erden Sie sich. Gehen Sie in die Ruhe und lassen Sie Ihre Gedanken los. Lassen Sie alle wuseligen Alltagsgedanken an Ihnen vorüberziehen, ohne sich darauf einzulassen. Sie nehmen nur wahr ohne sich zu engagieren. Hat sich Ihr inneres Geplapper beruhigt, beginnen Sie mit der eigentlichen Meditation.

Als nächstes bitten Sie um einen Lichtblick, der für Sie im Augenblick besonders wichtig ist. Lassen Sie ihn aufsteigen, es mag ein Satz, ein Bild oder eine Bilderfolge sein, ein Geruch oder was auch immer. Erfassen Sie die hereinkommende Antwort zunächst ganz intuitiv und emotional, danach wie Ihre alltäglichen Gedanken. Wiederholen Sie die Sequenz mehrmals ohne zu bewerten oder zu interpretieren. Sind Sie in der Lage sich noch weiter zu konzentrieren, so bitten Sie um weitere Informationen und verfahren mit diesen wie mit Ihrer ersten Eingebung. Sind Sie fertig, kommen Sie in die alltägliche Wahrnehmung zurück. Erden Sie sich und öffnen Sie den magischen Kreis.

Es ist während dieser Meditation wichtig, dass Sie nichts erzwingen. Sobald Sie spüren, dass Sie anfangen nachzudenken, richten Sie Ihre Achtsamkeit auf Ihre Atmung und kommen in die alltägliche Wahrnehmung zurück. Unter Umständen benötigen Sie mehrere Anläufe, bis Sie Ihre Eindrücke gelassen betrachten können, ohne sich in Ihrer Wahrnehmung zu verfangen. Geben Sie sich die nötige Zeit.

Hart am Wind – Mit sich und anderen im Hier und Jetzt

Während eines Rituals ist es wichtig, dass Sie Ihren energetischen Fokus aufrechterhalten und sich nicht ablenken lassen. Gleichzeitig brauchen Sie ein waches Warnsystem, das Ihnen mitteilt, wenn Sie Ihr Ritual verändern oder gar abbrechen sollten. Je besser Sie sich selber kennen und wahrnehmen, desto sicherer und erfolgreicher arbeiten Sie mit Ritualen. Das Wissen um Ihre verborgenen Wünsche, Vorurteile und Wertvorstellungen gibt Ihnen die Freiheit zu entscheiden, welchen Wünschen Sie folgen wollen. Wer einfach nur von Gefühlen überwältigt handelt, ist – auch in der Rechtsprechung – nur bedingt zurechnungsfähig. Gleiches gilt für Rituale. Klarheit in der Absicht gibt Freiheit im Handeln. Wollen Sie Ihre Rituale nicht im Gefühlsnebel durchführen, lernen Sie die Mischung aus freier Entscheidung und Verantwortung schätzen.

Verantwortlichkeit erwächst aus der Freiheit des Handelns. Haben Sie eine freie Entscheidung getroffen, gibt es niemanden, dem Sie dafür die Verantwortung zuschieben dürfen. Im Falle eines Rituals bedeutet dies, seine Ergebnisse bewusst anzunehmen und damit zu arbeiten. Rituale sind allerdings niemals schnelle Lösungen für Probleme, die Sie mit etwas Intelligenz und Zeiteinsatz auch anders lösen können. Und sie sind ebenso wenig ein Ventil für aufgestaute Gefühle, die sich durch ein Ritual nur noch verstärken würden. Lässt sich ein Ritual nicht in Ruhe und Liebe durchführen, lassen Sie es sein.

Führen Sie die folgende Meditation mit späterem Ritual durch, um Ihre Freiheit zusammen mit Ihrer Eigenverantwortung zu stärken. Wünschen Sie sich dafür göttliche Unterstützung, laden Sie Libertas, die römische Göttin der persönlichen Freiheit und Freigebigkeit, und Ihren Gefährten

Liber dazu ein. Entscheiden Sie sich für ein Ritual mit den Gottheiten, bereiten Sie sich gut darauf vor und nehmen Sie sich ausreichend Zeit. Die energetische Verbindung zu einer Gottheit braucht eine gute Grundlage. Sonst wird es schwierig, die gewünschten Kräfte in Ihren Kreis zu rufen und sie dort zu halten. Bereiten Sie sich durch eine Meditation vor, die Sie am besten nicht direkt vor Ihrem Ritual durchführen. So haben Sie die Gelegenheit, die Informationen zu verarbeiten und zu entscheiden, was Sie in Ihrem Ritual erbitten, loswerden oder stärken wollen.

Meditation und Ritual
Viel Wind machen – Freiheit und Verantwortung

Beginnen Sie die Vorbereitung auf Ihr Ritual mit einer Meditation. Machen Sie es sich wie gewohnt bequem und kommen Sie zur Ruhe. Visualisieren Sie einen Spiegel und sehen Sie sich darin. Rufen Sie die Elementarwesen oder eine Luftgottheit und fragen Sie, wie es um Ihre Einstellung zu Freiheit und Verantwortung steht. Lassen Sie sich im Spiegel zeigen, was beide Begriffe für Sie bedeuten, wie Sie sie ausleben. Auch hier bewerten Sie nicht, betrachten Sie nur. Haben Sie alles gesehen, was nötig ist, kommen Sie wie üblich in die alltägliche Wahrnehmung zurück.

Lassen Sie sich nach Ihrer Meditation Zeit Ihre Gedanken aufzuschreiben. Gibt es etwas, das Sie gesehen haben, von dem Sie sich befreien wollen? Wofür sind Sie bereit in Ihrem Leben mehr Verantwortung zu übernehmen? Seien Sie sich bewusst, dass die Antworten auf diese Fragen weit reichende Veränderungen in Ihr Leben bringen, falls Sie diese ehrlich geben. Fahren Sie also nur mit dem Ritual fort, wenn Sie diese Veränderungen danach auch herbeiführen oder unterstützen.

Für Ihr Ritual benötigen Sie die üblichen Zutaten für Ihren magischen Kreis und dazu einige Federn, dünne blaue Woll- oder Seidenfäden und ein Seidentuch, das groß genug ist, um alles darin einzuschlagen. Zusätzlich noch eine Feder, die Sie besonders mögen. Diese wird zukünftig an einem gut sichtbaren Punkt in Ihrer Wohnung stecken oder hängen. Laden Sie Gottheiten (die römischen Libertas und Liber oder die ägyptische Ma'at) dazu ein, sollten Sie außerdem eine Gabe für sie bereithalten. Wählen Sie dafür Räucherwerk des Mittelmeerraumes wie Oregano, Salbei, Zeder oder Pinie. Besonders eignen sich Zutaten, die Sie selber gesammelt haben, vielleicht sogar vor Ort im letzten Urlaub. Legen Sie alles in der Mitte bereit.

Beginnen Sie Ihr Ritual wie gewohnt und machen Sie es sich in der Mitte Ihres Kreises bequem. Wünschen Sie göttliche Unterstützung, so bitten Sie diese nun dazu. Entzünden Sie dabei etwas von dem dafür vorgesehenen Räucherwerk.

Rufen Sie sich zuerst ins Gedächtnis, wovon Sie sich befreien wollen. Visualisieren Sie diese Eigenschaft oder das Verhalten ganz deutlich. Nehmen Sie eine der Federn und den Faden zur Hand und binden Sie die Feder darin ein. Visualisieren Sie dabei, wie sich Eigenschaft oder Verhalten buchstäblich in Luft auflösen und sprechen Sie dazu:

*Mit Feder gebannt,
nie mehr genannt.*

Rufen Sie sich weitere Bereiche und Erinnerungen dieser Denkweise ins Gedächtnis. Visualisieren Sie wieder, wie sie sich auflösen, während Sie Federn in das Band knüpfen und die Worte darüber sprechen. Haben Sie alle Federn eingeflochten, bekräftigen Sie noch einmal Ihre Absicht und wickeln dann das Federband in das Seidentuch.

Sollte Sie das Ritual ausschließlich von etwas befreien, sind Sie vorerst fertig. Bedanken Sie sich bei den Göttern und heben Sie den magischen Kreis auf. Wollen Sie bei der Verantwortung weiter machen, folgt der zweite Teil des Rituals, ohne dass Sie den Kreis öffnen.

Stellen Sie sicher, dass Ihr Räucherwerk ausreichend raucht und nehmen Sie Ihre speziell ausgewählte Feder zur Hand. Richten Sie Ihre Achtsamkeit auf den Bereich in Ihrem Leben, in dem Sie zukünftig stärker Ihre Verantwortung wahrnehmen. Visualisieren Sie dieses neue oder gestärkte Verhalten und beginnen Sie die Feder durch den aufsteigenden Rauch zu bewegen. Auch hier lässt sich die Energie leichter halten, wenn Sie leise dazu summen oder ohne Worte tönen. Laden Sie die Feder mit der neuen Kraft auf, spüren Sie wie sich diese auch in Ihnen ausbreitet. Legen Sie die Feder beiseite und verweilen Sie noch einen Augenblick in der neu aufgebauten Energie. Öffnen Sie den magischen Kreis.

Bewahren Sie die Feder so auf, dass sie nicht verstaubt, aber auch nicht in einer Schublade verschwindet. Wollen Sie die im Ritual angerufenen Kräfte stärken, fächeln Sie mit der Feder über Ihren Körper und visualisieren Sie dabei das Gewünschte. Wollen Sie die Feder für andere Zwecke verwenden, reinigen Sie sie gründlich.

Sollten Sie Federbänder hergestellt haben, um sich von etwas zu befreien, so nehmen Sie diese möglichst bald mit nach draußen. Suchen Sie einen Ort an einem fließenden Gewässer oder auf einer luftigen Anhöhe auf, an den Sie eher selten gehen. Hängen Sie Ihre Federbänder dicht über dem Wasser oder möglichst frei im Wind in einen Baum oder an einen Strauch. Bitten Sie darum, dass die überflüssigen Energien im Wasser oder Wind fortgetragen werden, bedanken Sie sich, lassen Sie eine kleine Gabe zurück und gehen Sie fort, ohne sich umzudrehen.

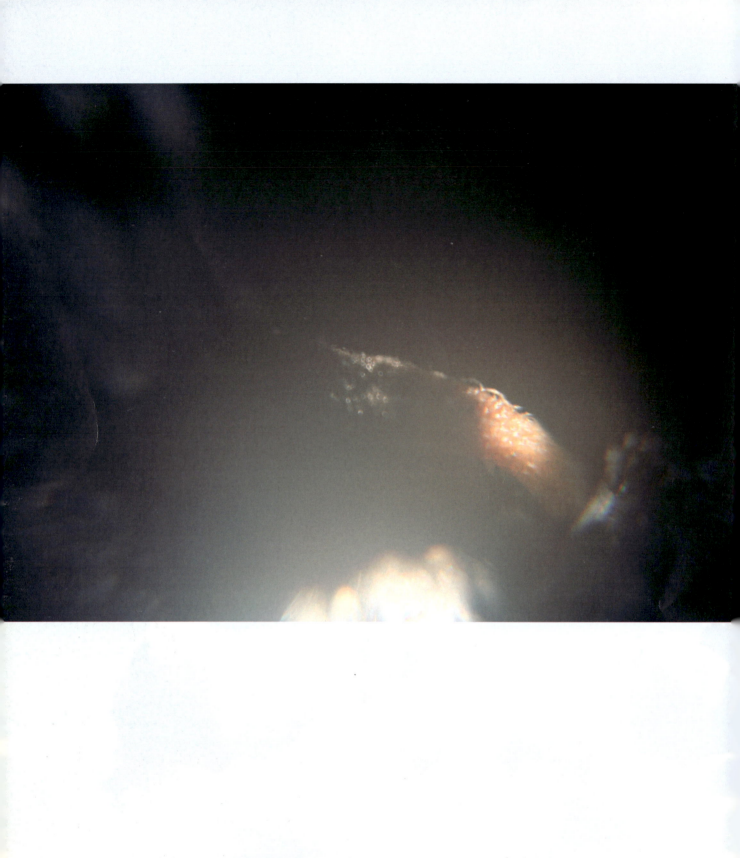

Wind des Wandels – Verbindung zur Anderswelt

Um Informationen aus der Anderswelt aufzunehmen, ist eine noch feinere Wahrnehmung nötig als für die Einordnung Ihrer persönlichen Vorlieben oder Empfindungen. Denn diese Informationen kommen selten in der von Ihnen erwarteten Form. Schlägt Ihnen ein Vorurteil die Tür zu einer wichtigen Erkenntnis zu, wissen Sie im Zweifelsfalle gar nicht, was da gerade an Ihnen vorbeigegangen ist. Zum Glück gibt es viele Möglichkeiten, dem entgegenzuwirken. Dazu gehören auch schamanische Reisen.

Bevor Sie sich allerdings auf Ihrer schamanischen Reise in die Anderswelt begeben, benötigen Sie einen Anknüpfungsort – einen Anker zwischen den Welten. Von hier aus beginnen Sie dann später alle Ihre schamanischen Reisen. Dieser Ort muss stets greifbar um Sie herum erstehen für alle Ihre Sinne. Erst wenn dieser Ort fast so real ist wie das Hier und Jetzt sind Sie bereit für die schamanischen Reisen im *Band 5: Spirit*.

Für die Suche nach Ihrem ganz persönlichen Anknüpfungsort benötigen Sie eine Rassel oder Trommel, zur Not geht auch eine CD mit schamanischer Trommelmusik (siehe Anhang). Am besten trommelt eine zweite Person für Sie, mit der Sie zuvor absprechen, ob Sie einen Rückruf vereinbaren oder nach der beendeten Reise selber zurückkommen.

Als Zugangsort wählen Sie vor der Meditation einen Ort aus, an dem Sie schon einmal gewesen sind und der Sie auf ganz besondere Weise angesprochen und verzaubert hat. Das ist wichtig, damit Sie dieser Ort während Ihrer schamanischen Reisen sicher im Hier und Jetzt verankert. Ihr Eingang in die Anderswelt sollte ein besonderer Landschaftspunkt sein, wie etwa ein tiefer Brunnen oder ein tiefes Becken zu Füßen eines Wasserfalles, ein Steg, der auf einen See oder ins Meer hineinführt. Sagt Ihnen Wasser weniger zu, nehmen Sie einen großen hohlen Baum, eine Höhle oder auch ein Hügelgrab. Wichtig ist auf jeden Fall, dass es an Ihrem Ort eine Möglichkeit gibt, in eine unsichtbare Tiefe zu springen. Eine Pfütze, bei der Sie auf den Grund sehen ist ebensowenig geeignet wie eine gut ausgeleuchtete archäologische Stätte. Steht Ihnen jedoch ein tiefer See oder eine Erdspalte vor Augen, die sich im Dunkel verlieren, haben Sie Ihren Einstiegsort gefunden.

🦋 Übung 🦋
Ihr spiritueller Flugplatz

Schließen Sie für diese Meditation den magischen Kreis. Machen Sie es sich bequem und gehen Sie in die Ruhe. Schließen Sie einen Augenblick die Augen und erinnern Sie sich an den von Ihnen gewählten Ort. Sehen Sie ihn deutlich vor sich, hören Sie die Geräusche dort, nehmen Sie Düfte und Farben wahr. Laufen Sie im Geiste herum und machen sich mit jeder Kleinigkeit des Ortes vertraut.

Zuletzt gehen Sie langsam auf den Punkt zu, an dem Ihr Einstieg liegt. Visualisieren Sie, wie Sie davor stehenbleiben. Sie sehen in das Dunkel hinein und fühlen sich angezogen. Sie harren jedoch am Eingang aus und lassen die Kräfte des Ortes auf sich wirken. Sollten Sie sich nicht angezogen, sondern in irgendeiner Weise unangenehm berührt fühlen, suchen Sie einen anderen Ort aus. Probieren Sie, bis Sie Ihren bestmöglichen Platz finden. Sie werden hier zukünftig häufig Station machen, da lohnt sich die Mühe, den absolut richtigen zu finden.

Haben Sie sich mit dem Einstiegsort aureichend vertraut gemacht, richten Sie Ihre Achtsamkeit zurück auf Ihren Körper und kommen Sie vollständig zurück in die alltägliche Wahrnehmung. Öffnen Sie den magischen Kreis.

Führen Sie diese Meditation so oft durch, bis Sie problemlos Ihren Weg finden. Erst dann beginnen für Sie die schamanischen Reisen (*siehe Band 5: Spirit*). Interessieren Sie sich grundsätzlich für schamanische Arbeit, lernen Sie am besten mit erfahrenen Lehrern oder Lehrerinnen (Informationen dazu finden Sie im Anhang).

An ihrem Übergangsort können Sie allerdings üben, die ersten schamanischen Helfer zu rufen. Das sind zu diesem Zeitpunkt eher kleine Wesen. Lassen Sie sich davon nicht täuschen. Den kleinsten Insekten wurde einst größte Verehrung zuteil. Benehmen Sie sich respektvoll, egal ob eine Biene, eine Libelle, ein Schmetterling, ein Nachtfalter oder ein Mistkäfer auftaucht. Sie alle sind göttliche Boten voller Weisheit und Macht. Sie stehen für Wissen, Verwandlung, Wiedergeburt und ewiges Leben.

Ritual
Luftige schamanische Helferlein

Legen Sie die Trommel-CD ein oder legen Sie Ihre Trommel oder Rassel in der Mitte bereit. Schließen Sie nun den magischen Kreis und setzen sich bequem hin. Schließen Sie einen Augenblick die Augen und visualisieren Sie den Ort, den Sie sich für den Übergang in die Anderswelt ausgesucht haben. Stellen Sie die CD an, bzw. fangen Sie an zu trommeln/rasseln.

Sehen Sie sich noch einmal gut um, nehmen Sie Einzelheiten wahr. Jetzt rufen Sie Ihren ersten schamanischen Lehrer. Seien Sie bestimmt, aber respektvoll. Schicken Sie ganz klar Ihre Absicht aus, mit einem Insekt, einem Boten des Elements Luft, in Verbindung zu treten.

Tut sich auch nach einer Weile nichts, kehren Sie wie in der Übung zurück, brechen ab und probieren es zu einer anderen Zeit noch einmal.

Zeigt sich ein Tier, fragen Sie gezielt, ob es Sie etwas lehren möchte. Vermuten Sie nichts und setzen Sie nichts voraus. Machen Sie sich vertraut und hören Sie zu, was die kleine geflügelte Botin aus der Anderswelt Ihnen mitzuteilen hat. Achten Sie aber darauf, beim ersten Mal nicht zu lange zu bleiben und klar wieder zurückzukommen.

Befinden Sie sich wieder vollständig in der alltäglichen Wahrnehmung, heben Sie wie gewohnt den magischen Kreis auf.

Lassen Sie sich nach Ihrer Rückkehr unbedingt Zeit das Erlebte zu verarbeiten. Schreiben Sie auf, was Ihnen widerfahren ist, wem Sie begegnet sind und was dieses Insekt Ihnen mitgeteilt hat. Setzen Sie sich auf keinen Fall hinter das Steuer Ihres Autos. Bevor Sie auch nur ein scharfes Messer anfassen, sollten Sie sich absolut sicher sein, gut geerdet wieder im Hier und Jetzt angelangt zu sein. Sollten Sie Zweifel hegen, essen Sie etwas Brot, buddeln Sie im Garten oder machen Sie einen kurzen Spaziergang (Achtung beim Überqueren von Straßen!).

Diese Reise führt Sie an die Schwelle der Anderswelt, dort wo Schamaninnen reisen, wenn sie heilen wollen oder nach Informationen fragen. Alles, was Sie dort tun, hat unmittelbare Auswirkungen auf Ihre alltägliche Welt und auf Ihre Mitwesen.

Führt Ihnen zu diesem Zeitpunkt eine schamanische Reise zu weit, laden Sie die Wesen der Anderswelt mit dem folgenden Ritual ein. Sie benötigen dafür einige kleine ‚luftige' Geschenke wie Federn, Aromaöle, Honig oder Räucherwerk. Überlegen Sie sich, wen Sie einladen wollen und wählen Sie das Geschenk passend aus, so wie Sie es bereits bei der Meisterschaft der Luft getan haben (ab S. 22). Führen Sie dieses Ritual am besten draußen oder zumindest bei geöffnetem Fenster aus, die Luftgeister lieben Bewegung.

🧙 Ritual 🧙
Von Luft und Liebe – Einladung an andere Wesenheiten

Legen Sie alles bereit und schließen Sie den magischen Kreis. Entzünden Sie das vorgesehene Räucherwerk oder verträufeln Sie Aromaöl. Visualisieren Sie dabei, wie Sie diesen Duft oder Ihren Luftgegenstand als Geschenk auf die Reise schicken. Sie senden es auf energetischen Schwingen zu der Wesenheit, die sie einladen wollen. Steht Ihnen keine unmittelbar vor Augen, schicken Sie eine allgemeine Einladung aus, die Ihnen den bestmöglichen Partner für Ihre augenblickliche Situation vorbeischicken möge. Hegen Sie keine bestimmten Erwartungen, sondern warten Sie offen ab, ob eine Sylphe, eine Motte oder der Winddrachen kommen. Schätzen Sie Ihren Besuch nicht gering, egal wie klein und unscheinbar er sein sollte. Das Äußere vermag zu täuschen.

Wollen Sie es nicht nur bei Ihrem mentalen Ruf belassen, besingen Sie den fernen Gast oder beginnen mit ihm oder ihr eine Unterhaltung. Lassen Sie sich von Ihrer Eingebung leiten und bleiben Sie hartnäckig.

Sobald sich die Wesenheit zeigt – Sie sehen entweder etwas oder nehmen die Anwesenheit wahr – gehen Sie so ähnlich vor wie auf der oben beschriebenen schamanischen Reise. Machen Sie sich miteinander vertraut und verständigen Sie sich. Bleiben Sie auch hier nicht zu lange im Austausch. Bedanken Sie sich für die Verbindung und verabschieden Sie sich.

Kehren Sie in die alltägliche Wahrnehmung zurück und erden Sie sich ausreichend. Öffnen Sie den magischen Kreis.

Das Blaue vom Himmel – Zaubersprüche und Affirmationen

Wie Musik in Ihrem Kraftlied und der Rauch von Ihrem Räucherwerk, so tragen auch Worte magische Energie in die Welt. Haben Sie etwas für Sprache übrig, so dichten Sie Ihre eigenen Zauberspüche und Affirmationen, sind Sie nicht zum Dichter geboren, benutzen Sie vorgefertigte.

Wie bei jedem Handwerkszeug kommt es auch hier darauf an, dass Sie das Richtige einsetzen. Ein kurzes Segensritual benötigt kein zehnseitiges Gedicht – das Sie im Zweifelsfalle sowieso nicht auswendig gelernt bekommen. Und auch bei größeren Vorhaben liegt in kurzen Sprüchen die sprichwörtliche Würze. Reime eignen sich gut, weil sie leichter zu lernen und zu behalten sind. Vermutlich erinnern Sie sich noch an die Nebenflüsse der Donau oder die Präpositionen beim Ablativ, weil Sie diese mit gereimten Eselbrücken gelernt haben. Auch ohne Dichterpreis werden Ihre Zaubersprüche so erinnerungswürdig.

Übung
Reim Dich oder ich fress Dich

Diese Übung ist ganz praktisch und hilft Ihren dichterischen Anlagen auf die Sprünge. Legen Sie sich mehrere Blatt Papier und einen Stift bereit und legen Sie ein flottes Stück Musik auf, egal ob klassisch oder Pop. Es sollte nur ordentlich Schwung haben. Bewegen Sie sich zur Musik bis Sie entspannt sind. Lassen Sie nun die Bewegungen kleiner werden und nehmen Sie den Stift zur Hand. Sind Sie rechtshändig, schreiben Sie zuerst mit der linken Hand, Linkshänder zuerst mit der rechten. Malen, schreiben oder kritzeln Sie nach Beblieben. Lassen Sie sich dabei führen ohne zu viele Gedanken daran zu verschwenden, ob Sie Sinnvolles zu Papier bringen. Wie Sie diesen Abstand bekommen, haben Sie bereits in der Übung zur Offenheit gelernt (S. 70).

Wiegen Sie sich einen Augenblick mit geschlossenen Augen im Takt der Musik und nehmen nun den Stift in die ‚richtige' Hand. Schreiben Sie das Wort auf, das Ihnen als erstes in den Sinn kommt. Schreiben Sie dann eines, das sich darauf reimt, dann ein weiteres und so weiter. Sie allein entscheiden, wie Ihr Reim aussieht: Gleiche Anfangsbuchstaben, Rhythmus, Silben, Endungen – es liegt bei Ihnen. Bilden Sie weiter Ketten, bis Ihnen spontan nichts mehr einfällt, egal ob Sie drei Worte auf dem Papier haben oder die ganze Seite voll ist.

Tanzen Sie noch ein bisschen mit der Musik und kommen Sie dann wieder ganz in die alltägliche Wahrnehmung zurück.

Sie haben Ihre Kreativität angeregt und gestärkt. Wollen Sie Zaubersprüche für Ihre Rituale nutzen, führen Sie diese Übung durch, bevor Sie sich ans Dichten machen. Beschränken Sie Ihre kreative Dichtung nicht auf akute Anlässe, sondern dichten Sie, wo und wann Ihnen etwas in den Kopf kommt: im Park, in der Kneipe, abends im Bett, in der Badewanne, in der U-Bahn.... wichtig ist nur, dass Sie immer einen Stift und einen kleinen Block dabei haben.

Ähnlich wie Zaubersprüche wirken Bekräftigungen, auch Affirmationen genannt. Sie eignen sich vor allem, um Ihre vorprogrammierten Vorstellungen über diese Welt zurechtzurücken. Stört Sie eine Befindlichkeit, die Sie nicht mögen, die sich dennoch ständig wiederholt und die Sie loswerden wollen, formulieren Sie ihr Gegenteil. Neigen Sie dazu, Ihr Leben im Sinne von *Bei mir läuft aber auch alles schief* zu sehen, so ersetzen Sie es durch eine Affirmation wie: *Alles ist gut, so wie es ist* oder *Heute ist ein guter Tag*. Achten Sie darauf, ohne Verneinung auszukommen, da Sie sonst den Sinn Ihres Satzes ins Gegenteil verkehren. Ihre spirituelle Wahrnehmung erkennt diese Verneinung nicht.

Wind bekommen – Weissagen

Weissagungen aller Art gehören in den Energiebereich des Elements Luft. Sie treten mit Hilfe von Tarotkarten oder Pendel zwar nicht unbedingt mit einem bestimmten Wesen in Verbindung, gleiten aber in jedem Fall in die außeralltägliche Wahrnehmung um Antworten zu bekommen. Welches Mittel zur Weissagung Sie nutzen, liegt ganz bei Ihnen. Probieren Sie aus, ob Ihnen eher Runensteine zusagen oder Tarotkarten, ob Sie lieber schamanisch reisen oder den Flug der Vögel beobachten.

In der nordischen Sagenwelt wie in der Antike gab es berühmte Seherinnen und Orakel, deren Stelle immer Frauen ausfüllten. Die Seidr nehmen in der nordischen Tradition wie in der Edda eine herausragende Stellung ein. Sie und die griechische Sibylle, eine dieser berühmten Wahrsagerinnen, vermögen Ihnen die Tradition von Weissagung nahe zu bringen. Die Sybille empfing das Wissen der Göttern in einer Höhle. Sie schrieb ihre Prophezeiungen auf Blätter und verstreute sie vor dem Höhleneingang. Hob diese niemand auf, verwehte sie der Wind.

Beginnen Sie ein Zwiegespräch mit der Sybille und erfragen Sie, welchen Weg Sie in Bezug auf Ihre wahrsagerischen Ambitionen einschlagen sollen. Legen Sie sich Schreibzeug bereit, damit die Antworten nicht im Wind vergehen. Legen Sie außerdem Räucherwerk bereit, dass Sie der Prophetin zum Geschenk und Dank anbieten (dieses Ritual lässt sich auch auf die Seidr anwenden, allerdings benötigen Sie dann anderes Räucherwerk, siehe Gottheiten Seite 145 und Räucherwerk Seite 122).

🦋 Übung 🦋
Gespräch mit der Sybille

Setzen oder stellen Sie sich an einen Kraftplatz unter einem Vertreter Ihres Lieblingsbaumes. Lehnen Sie sich an den Baum, schließen Sie die Augen und erden Sie sich. Lassen Sie sich rückwärts in den Baum sinken. Sie steigen im Baum auf, der immer höher wächst und Sie mitnimmt. Sie erreichen seine obersten Spitzen, liegen auf seinen Blättern wie auf einem Kissen. Die Blätter bewegen sich leise und flüstern. Über Ihnen wölbt sich zartblauer Himmel und es weht ein sanfter Wind. Rufen Sie nun die Sybille und warten Sie ab. Sobald Sie ihre Anwesenheit wahrnehmen, bitten Sie um Auskünfte über Ihren magischen Weg. Hören Sie gut zu und achten Sie auf alle Eindrücke ohne zu bewerten. Haben Sie Fragen, stellen Sie diese ohne zu drängeln und respektlos zu wirken.

Sind Sie fertig, bedanken Sie sich und lassen sich behutsam wieder in den Baum hinabsinken, erreichen den Stamm in der Gegenwart. Treten Sie aus dem Baum heraus und kehren Sie vollständig in die alltägliche Wahrnehmung zurück. Schreiben Sie auf, was Ihnen die Sybille mitgeteilt hat.

In jedem Fall sollten Sie für jede Art der Weissagung sehr gut geerdet sein (siehe S. 154). Sie öffnen sich hier einem Wissen, das in seiner Vielfalt leicht verwirrt und den Bezug zur alltäglichen Wirklichkeit ausdünnt. Sollten Sie bereits regelmäßig meditieren, greifen Sie auf diese Erfahrung zurück. Nachdem Sie sich ganz in einen ruhigen Meditationszustand begeben haben, kommen Sie zurück und beginnen mit der von Ihnen gewählten Weissagetechnik. Besitzen Sie noch keine Erfahrung, beginnen Sie jede Orakelsitzung mit der folgenden einleitenden Meditation. Ob Sie alleine sind oder das Orakel für jemanden anderen befragen: die Meditation erdet, öffnet und schützt Sie gleichzeitig.

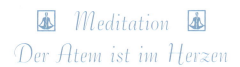
Meditation
Der Atem ist im Herzen

Führen Sie diese Meditation und Ihre Orakelsitzung, vor allem die ersten Male, in einem magischen Schutzkreis durch. Machen Sie es sich bequem, erden Sie sich und gehen Sie in die Ruhe. Achten Sie auf Ihre Atmung und öffnen Sie sich dann der Frage, ob heute ein guter Tag für die Aufnahme von Informationen ist. Bei einer bejahenden Antwort fahren Sie fort, bei einem Nein meditieren Sie so lange Sie mögen und kommen dann zurück. Probieren Sie es mit dem Kartenlegen oder Pendeln zu einem späteren Zeitpunkt erneut.

Sind Sie in diesem Augenblick darauf eingestellt, sich verborgenem Wissen zu öffnen, so richten Sie Ihre Achtsamkeit auf Ihr Herz. Ihr Mitgefühl und Ihre Anteilnahme für andere Wesen und Fragende sind für Ihr Orakel wichtig. Beginnen Sie damit, indem Sie visualisieren wie Sie einem wissenden Wesen gegenüberstehen. Sollte es schwierig sein, Ihrem Gegenüber unmittelbar in die Augen zu blicken, bleiben Sie zumindest energetisch in der Nähe. Bitten Sie um Unterstützung und Klarheit. Bauen Sie zunächst nur eine gefühlsmäßige Verbindung auf. Atmen Sie eine Weile bewusst durch Ihr Herz ein und aus; erden Sie sich gleichzeitig.

Kommen Sie nun langsam aus Ihrer Meditation zurück, damit ein Teil Ihrer Wahrnehmung mit der Anderswelt verbunden bleibt. Atmen Sie weiter, bleiben Sie dabei mit Achtsamkeit bei Ihrem Herzen. Nehmen Sie dabei wahr wie Sie die fließende Energie zwischen Himmel und Erde hält.

Beginnen Sie nun mit Ihrer Orakelsitzung.

Zum Schluss schließen Sie noch einmal kurz die Augen wie zum Beginn Ihrer Meditation. Bedanken Sie sich für alle Hilfe, die Sie während Ihrer Sitzung bekommen haben und kehren Sie vollständig in die alltägliche Wahrnehmung zurück.

Die in diesem Buch bereits mehrfach angesprochene teilweise Wahrnehmung sollten Sie zu diesem Zeitpunkt unbedingt beherrschen, vor allem wenn Sie vorhaben für andere Menschen zu orakeln.

Vergessen Sie beim Kartenlegen oder Runenorakel niemals, dass die Informationen nicht von Ihnen stammen, sondern nur in Sie hineinfließen und Sie damit zur Botin, zum Übermittler machen. Zudem ist es auf jeden Fall angebracht behutsam mit den Menschen umzugehen, die Sie um eine Sitzung bitten und Ihre Worte sorgfältig wählen. Beginnen Sie am Besten mit guten Freunden, die sich zur Not wehren oder Sie auf den Teppich zurückholen. Unterschätzen Sie niemals, wie leicht es ist Menschen zu manipulieren, wenn diese sich mit Entscheidungen schwer tun. Je näher Ihnen jemand steht, desto offener lässt sich miteinander sprechen – doch desto leichter ist es auch, eigene Meinungen unbewusst in eine Orakelsitzung einfließen zu lassen.

Sehen Sie etwas Unerfreuliches für die Zukunft in den Karten, so denken Sie daran, dass es sich dabei nur um EINE mögliche Zukunftsaussicht handelt. Seien Sie sich darüber im Klaren, dass Ihnen Ihre Karten oder Runen nur Tendenzen aufzeigen, deren letztendlicher Verlauf immer noch vom freien Entscheidungswillen aller Beteiligten abhängen. Es ist nichts in Stein gemeißelt. Wecken Sie keine überflüssigen Ängste oder Erwartungen. Weissagungen sollen unterstützend, nicht lähmend wirken. Gehen Sie selber zu einem Medium, einer Kartenlegerin oder einem Runenleser, treten Sie sofort den Rückzug an, falls Ihnen dort jemand Angst macht oder Sie dazu bringen will, oft und regelmäßig zu kommen. Legen Sie Ihr Geld dann lieber in beruhigendem Badeöl an und warten Sie ab, was Ihnen die Zukunft tatsächlich bringt. Oder treten Sie mit den Luftwesen in Kontakt und lassen sich von diesen helfen.

In den meisten Fällen geht es gar nicht darum, was genau in der Zukunft passiert, sondern eher um Ihre Gestaltungsmöglichkeiten in der Gegenwart. Jede Handlung, die Sie oder andere in diesem Augenblick durchführen, zieht bestimmte Konsequenzen nach sich. Diese folgen, ob Ihnen die Zusammenhänge bewusst sind oder nicht. Orakelwerkzeuge verhelfen Ihnen zu einer besseren Übersicht und zeigen Ihnen Motive, Ursachen oder Verbindungen, die Sie sonst übersehen hätten oder deren Sie sich nicht bewusst waren.

Mit windgeblähten Segeln – Handwerkszeuge der Weissagung

Je nach Neigung wählen Sie Mittel aus, die Sie bei Ihren Entdeckungen unterstützen. Bevor Sie sich in Unkosten stürzen, stöbern Sie in Geschäften oder im Internet. Nehmen Sie Karten- und Runensätze zur Hand, breiten Sie sie vor sich aus. Spricht Sie ein Satz Karten oder Runen tief drinnen an, sprechen das Material, manche Symbole, das Tarotthema oder der Zeichenstil Sie spontan und viel stärker an als alle anderen, obwohl Sie von der Benutzung noch gar keine Ahnung haben – so haben Sie Ihr Set gefunden.

Sprechen Sie danach mit Menschen, die sich dieser bedienen und lesen Sie darüber nach. Haben Sie ein Kartenset oder einen Satz Steine gefunden, reinigen und segnen Sie diese wie üblich, bevor Sie Ihre neuen magischen Werkzeuge für eine Sitzung verwenden. Im Folgenden finden Sie einen Einblick in Tarotkarten, Steinorakel, Runen und Vogelflug. Für andere Systeme wie I Ging beachten Sie bitte die Lesehinweise im Anhang.

Dem Weisheit Leben einhauchen – Tarotkarten

Tarotkarten gehören zu den populärsten Werkzeugen der Erkenntnissuche. Sie finden auf dem Markt eine verwirrende Zahl verschiedenster Karten mit Bezügen, die von Gottheiten bis zu Romanhelden reichen. Die drei wohl bekanntesten sind das Marseille-, das Rider-Waite- und das Crowley-Tarot, aber wie oben bereits gesagt, sollten die Karten mit Ihnen sprechen.

Die ersten Karten für Weissagung waren Spielkarten, die es in Europa seit dem 14. Jahrhundert gibt. Es wird vermutet, dass zunächst aus der islamischen Welt im 14. Jahrhundert ein Satz von 52 Spielkarten nach Europa kam, der aus vier Farben bestand und den Karten der kleinen Arkana entsprach.

Ein traditionelles Tarot besteht aus 78 Karten, die sich in die großen und kleinen Arkanen (von lat. *arcanum* Geheimnis) aufteilen. Außerdem gibt es Decks, die lediglich aus den 22 Trumpfkarten der großen Arkanen bestehen, die zur Zeit der Entstehung des Tarots geläufige Sinnbilder zeigten. Die Kartenbezeichnungen variieren bei den Decks der großen Tarot-Traditionen nur wenig, während andere, die sich auf eine bestimme Kultur, ein Thema oder ein spirituelles System beziehen, diese Bezeichnungen entsprechend anpassen. Die Nummerierung und Reihenfolge der Karten hingegen folgt, bis auf wenige Ausnahmen, der alten Tradition.

Die kleinen Arkanen bestehen aus vier mal vierzehn Karten in vier unterschiedlichen Farben oder Reihen, die jeweils aus zehn Zahlenkarten (1 (=Ass) bis 10) und vier Hofkarten bestehen.

Meistens werden die vier Farben mit den vier klassischen Elementen Feuer, Wasser, Luft und Erde verbunden. Gelegentlich wird das fünfte Element Spirit (Leben, Seele und Geist) aufgenommen, welches dann mit dem großen Arkanum assoziiert wird. In einigen Decks werden diese Elemente noch bestimmte Fähigkeiten, Tendenzen oder Eigenschaften zugeordnet. Als Besonderheit seien hier noch die Krafttierkarten erwähnt und das Baumtarot. Es handelt sich dabei nicht um eine uralte Überlieferung der indianischen Ureinwohner oder Kelten, sondern eine spannende Neuschöpfung moderner Autoren wie im letzteren Fall von Robert Graves (Autor „Die weiße Göttin") und Frederik Hetman. Diese haben keltische Baumverehrung, skandinavische Runen und Elemente der Kabbala in einem neuen Weissagungsmodell verschmolzen. Schauen Sie sich auch diese an und lassen Sie Ihr Gefühl entscheiden, ob Sie gut damit arbeiten können. Für die folgenden Tarotzauber spielt es keine Rolle, für welches Legesystem oder welchen Kartensatz Sie sich entschieden haben.

Neben den Legesystemen fürs Weissagen (Sie finden dazu Buchhinweise im Anhang), lassen sich Tarotkarten auch für Ihre Rituale verwenden. Sie benötigen dafür einige Karten, die für bestimmte Elemente in Ihrem Ritual stehen.

Für das folgende Ritual bedarf es nur der Karte der Kraft/Stärke, des Turmes (oder der entsprechenden Karten aus Ihrem Spiel) und der Acht der Kelche (bzw. Entsprechung). Außerdem kommen Ihre üblichen Zutaten für den magischen Kreis dazu und eine Nuss, die noch in ihrer Schale liegt. Legen Sie alles bereits, am besten auf einem sauberen Tuch in der Mitte des Kreises.

Ritual
Sturmfront – Unerwünschte Plagen abwehren

Gehen Sie in die Ruhe und schließen Sie wie üblich den magischen Kreis. In der Mitte legen Sie verdeckt die Karten Turm, Stärke und Acht von links nach rechts nebeneinander.

Setzen oder hocken Sie sich nun davor und beginnen Sie Kraft zu summen. Haben Sie ein Maß an Energie erreicht, das Ihnen ausreichend erscheint, drehen Sie als erstes die Karte in der Mitte um. Die Stärke steht für Ihre innere Kraft, die die Plagegeister aufhält und gleichzeitig für die Kräfte, die Sie dabei um Unterstützung bitten und die Ihnen zusätzlichen Schutz und Abwehrkräfte gewähren. Visualisieren Sie die unüberwindliche Kraft, die Sie mit einem Wall aus Energie umgibt.

Drehen Sie nun den Turm, die Karte zur Linken um. Visualisieren Sie hier, wie sich die Absicht, die sich gegen Sie richtet, auflöst und zerfällt. Nichts hält vor Ihrem Energiewall Stand. Achten Sie darauf, dass Sie hier auf keinen Fall eine bestimmte Person im Auge haben. Halten Sie Ihre Visualisierung allgemein auf die KRÄFTE gerichtet, die Sie ausgrenzen wollen.

Drehen Sie nun die dritte Karte um und sehen Sie das Ergebnis: Die gegen Sie gerichteten Energien wenden sich ab und laufen ins Leere. Nichts bleibt bei Ihnen zurück.

Verweilen Sie noch einen Augenblick bei diesem Bild und lassen Sie es dann verblassen. Schieben Sie die Karten zusammen und drehen Sie sie gemeinsam um. Sprechen Sie dabei folgenden Zauberspruch.

*Meine Karten wirkten geballt,
nichts fand daran Halt,
nichts ist durchgedrungen,
die Abwehr ist gelungen.*

Öffnen Sie nun wie gewohnt den magischen Kreis und legen Sie die Karten zurück zu Ihrem Tarotdeck.

Bei diesem Ritual ist es sehr wichtig, es nicht gegen eine bestimmte Person zu richten. Es ist hingegen ‚erlaubt', Energien, die sich gegen Sie richten oder Ihnen einfach nicht gut tun, ohne Ansehen einer bestimmten Person an den Adressaten zurückzuschicken. Führen Sie das aber nur durch, wenn Sie sich wirklich sicher sind, dass Sie dabei keinerlei Schadenfreude oder Gedanken wie ‚das geschieht ihm/ihr jetzt recht' empfinden. Beides macht Ihr Ritual zu schwarzer Magie, einem Schadenszauber.

Das folgende Ritual dient dazu, Ihnen zu mehr Konzentration und Einsicht zu verhelfen, sei es für Ihre alltäglichen Aufgaben oder für Ihre magische Arbeit. Sie benötigen dafür wieder ausgewählte Karten aus Ihrem Tarot. Diesmal stehen der Magier und die Hohepriesterin im Mittelpunkt. Sie stellen Ihren Wunsch nach mehr Fokus und Handeln (Magier) dar sowie die tiefer gehende Einsicht (Priesterin) darüber, was nötig ist, wie es anwendbar ist und welchen Sinn es hat. Möchten Sie andere Anteile hervorheben, wählen Sie passende Kartenkombinationen aus. Die Wahl sollte ganz Ihrem Wunsch für das Ritual entsprechen. Die drei unterstützenden Karten kommen aus den Stäben (feurige Antriebskraft, die Sie für die Erreichung Ihrer Ziele brauchen), den Münzen (erdige Kraft, die für die praktische Umsetzung sorgt) und den Kelchen (die Ihre Gefühlsbindung an Ihr Vorhaben vertieft). Sie verwenden in jedem Fall das Ass. Damit haben Sie in diesem Ritual alle vier Elemente gleichzeitig. Zusätzlich wählen Sie Räucherwerk aus, das zu Ihrem Vorhaben passt und eine Feder, die groß genug ist, um damit Rauch zu fächeln. Legen Sie wieder vor Beginn alles im Kreis zurecht.

Ritual
Kräfte im Aufwind

Beginnen Sie damit sich zu erden und gehen Sie in die Ruhe. Schließen Sie Ihren magischen Kreis und begeben Sie sich in die Mitte. Legen Sie auch diesmal die Karten verdeckt aus. Magier und Hohepriesterin kommen in die Mitte. Unterhalb legen Sie die Asse der Stäbe und Kelche, oberhalb das Ass der Münzen.

Legen Sie die Hände über die Karten und visualisieren Sie, wie sich die Energien einem Tanz gleich austauschen und verbinden. Drehen Sie nun die mittleren Karten um und visualisieren Sie den von Ihnen vorher festgelegten Wunsch.

Drehen Sie eines der beiden unterhalb liegenden Asse um – zum Beispiel das der Stäbe. Visualisieren Sie, wie die Kräfte des Feuers Ihren Wunsch mit Leben füllen und sprechen Sie:

Durch Feuer sei meinem Wunsch Leben verliehen.

Drehen Sie nun die zweite Karte um – in diesem Fall die Kelche. Visualisieren Sie wieder, wie die Kräfte des Wassers Ihre Gefühlsbindung an die neue Wendung der Dinge verstärken und vertiefen. Sprechen Sie dazu:

Durch Wasser sei meinem Wunsch Tiefe gewährt

Das Ass der Münzen drehen Sie als letztes um. Hier visualisieren Sie, wie sich Ihr Wunsch im Alltag gestaltet und zur Reife kommt. Sprechen Sie dazu:

Durch Erde sei meinem Wunsch Gestalt gegeben

Zu guter Letzt nehmen Sie Ihr Räucherwerk zur Hand und fächeln den Rauch über die Karten. Visualisieren Sie dabei wie sich die Energien aus Ihrem Ritual eine Verbindung mit den Karten eingehen, die Ihren Wunsch wahr werden lässt. Sprechen Sie dazu:

Durch Luft ist mein Wunsch Wahrheit geworden.

Ist Ihr Ritual abgeschlossen, legen Sie alles beiseite und öffnen Ihren magischen Kreis. Lassen Sie das Räucherwerk ausbrennen.

Haben Sie Tarotkarten für ein bestimmtes Ritual verwendet, reinigen Sie Ihr Kartenset, bevor Sie es das nächste Mal zum Legen verwenden. Sie verhindern so, dass Kräfte aus Ihrem Ritual in Ihre Weissagung einfließen.

Und sie bewegt sich doch – Steinorakel

Dieses Orakel stellen Sie leicht selber her. Es eignet sich vor allem, wenn Sie noch nicht so recht wissen, mit welcher der zahlreichen Möglichkeiten an Karten, Runen oder Pendeln Sie arbeiten wollen.

Sie benötigen sieben Steine. Verwenden Sie Kieselsteine, so bietet sich Ihnen die Möglichkeit diese mit Acryl- oder Ölfarbe zu bemalen. Farbige Halbedelsteine eignen sich ebenso. Die Steine sollten nicht viel größer sein als Ihr Daumennagel, damit Sie sie alle gleichzeitig in der Hand halten können. Die Farben entsprechen den sieben Chakren und den damit verbundenen Lebensthemen:

- Rot steht für elementare Lebenskraft, das Ich, körperlich/gesundheitliches Überleben, Leidenschaft und Sex;
- Orange für Verbindungen zur Familie, sehr engen Freunden, den Klan;
- Gelb für die innere Sonne/Lebenskraft und die Art, wie Sie auf die Welt zugehen – der Übergang vom Ich zur Umwelt;
- Grün für Herzensenergie und -liebe;
- Blau für Kommunikation, Austausch und Kreativität: der Übergang vom handelnden Selbst zur höheren Weisheit;
- Indigo (manchmal auch Violett) für spirituelle Einsicht und Erkennen;
- Violett oder Weiß für die Verbindung zum höheren Selbst, das Universum.

Erweitern Sie Ihr Wissen zu diesen Themenbereichen, indem Sie mit den Steinen meditieren. Auf diese Weise stärken Sie Ihre persönliche Verbindung zu Ihrem Steinesatz und ermöglichen vertiefte Erfahrungen beim Auslegen (zu Buchtipps siehe Anhang S. 156).

Bevor Sie die Steine für magische Rituale verwenden, reinigen und segnen Sie diese (S. 54). Bewahren Sie die Steine vorzugsweise in einem Seidenbeutel auf.

Meditation
Stein der Weisheit

Machen Sie es sich wie üblich bequem und legen Sie sich vor Beginn etwas zum Schreiben bereit. Gehen Sie in die Ruhe und nehmen Sie einen der Steine zur Hand. Visualisieren Sie die Farbe des Steines und lassen Sie sich von der Farbe, von dem Material des Steines nähere Informationen geben. Kommen Sie zurück in die Halbwahrnehmung (S. 15) und schreiben Sie auf, was Sie erfahren haben. Sind Sie noch fit genug, nehmen Sie den nächsten Stein und so weiter.

Fällt es Ihnen schwer, zwischen den Energien klar zu trennen, halten Sie pro Meditation immer nur einen Stein. Stellen Sie zum Schluss sicher, dass Sie vollständig zurück in die alltägliche Wahrnehmung kommen.

Verwenden Sie die Steine bei jeder Art von Fragestellung. Möchten Sie lediglich ein klares Ja oder Nein, verwenden Sie nur zwei Steine, zum Beispiel rot und grün. Dank unserer Konditionierung (Straßenampeln) lassen sich diese beiden Farben leicht und eindeutig einsetzen. Zusätzlich benötigen Sie noch einen neutralen Stein – zum Beispiel einen schwarzen Kiesel. Legen Sie diesen auf die Fläche vor Ihnen. Nehmen Sie die beiden Wahrsagesteine in die Hand und schütteln Sie sie. Denken Sie an Ihre Frage und lassen Sie die Steine über dem neutralen Stein fallen. Liegt Rot näher, haben Sie ein Nein, liegt Grün näher, ein Ja.

Bei schwierigeren Fragen füllen Sie die Steine in einen Beutel und führen das folgende Ritual durch. Sie benötigen dafür ein Seidentuch, auf dem Sie Ihre Steine auslegen, Ihr →Buch der Schatten, eine Kerze für jede Himmelsrichtung in jeweils passender Farbe (finden Sie keine rote, grüne, gelbe und blaue Kerze, nehmen Sie vier weiße) und Räucherwerk (Rosmarin und Salbei sind empfehlenswert). Arbeiten Sie mit den Steinen als würden Sie Tarotkarten in Form des →keltischen Kreuzes auslegen. Zusätzlich sollten Sie ein Dankgeschenk für die Wesen oder Gottheiten bereitlegen, die Sie rufen. Räucherwerk eignet sich für dieses Ritual am besten.

Ritual
Weisheit des Orakels

Legen Sie alles in der Mitte bereit und schließen Sie den magischen Schutzkreis. Entzünden Sie im Osten beginnend die vier Kerzen für die Himmelsrichtungen. Bitten Sie dabei um die Unterstützung göttlicher Helfer: →Gabriel, der Erzengel des Wissens, →Vör, die nordische Göttin der Weisheit oder →Apollo, der griechische Gott der Wahrsagung (Weitere Gottheiten im Anhang ab Seite 145). Stellen Sie Ihre Frage und legen Sie den neutralen Stein in die Mitte. Er steht stellvertretend für Ihre persönliche Energie. Greifen Sie nun in den Steinebeutel und nehmen Sie einen Stein heraus. Er symbolisiert die Kräfte, die Ihnen im Zusammenhang mit Ihrer Frage bewusst sind. Legen Sie ihn oberhalb des neutralen Mittelsteines ab. Nehmen Sie den nächsten Stein, der Ihnen aufzeigt, was Ihnen verborgen ist und legen ihn unterhalb ab. Der dritte Stein wird links abgelegt und steht für die Kräfte, die zur jetzigen Situation geführt haben. Der letzte Stein entspricht jenen Kräften, die in die Zukunft weisen und liegt rechts.

Legen Sie den Beutel mit den restlichen Steinen beiseite und betrachten Sie das Bild.

Schließen Sie die Augen und rufen Sie Ihre Ratgeber und Helfer um Rat an. Bitten Sie um Einsichten und Erkenntnisse und lassen Sie diese in sich aufsteigen. Wechseln Sie hin und wieder in die →Halbwahrnehmung und schreiben Sie auf, was Sie erfahren.

Sind Sie soweit, entzünden Sie Ihr Räucherwerk und bedanken sich für die göttliche Unterstützung. Löschen Sie dabei den Kreis der inneren Kerzen.

Bleiben Sie noch einen Augenblick still und lassen Sie das Erlebte auf sich wirken. Öffnen Sie anschließend wie gewohnt den Schutzkreis.

Verwenden Sie dieses Orakel ohne den Götterkreis für simplere Fragen. Wundern Sie sich nicht, wenn Ihnen trotzdem kraftvolle Antworten und tief greifende Erkenntnisse zufliegen.

Zeichen der Zeit – Runen

Die Arbeit mit Runen ähnelt derjenigen mit Steinen, lässt aber ungleich vielschichtigere Fragen und Antworten zu, da dieses System bereits seit Jahrhunderten Anwendung findet. Wollen Sie mit Runen arbeiten, stehen Ihnen wie beim Tarot zahlreiche Bücher und Runensätze zur Verfügung. Wie so oft im Umgang mit spiritueller Energie ist es auch in diesem Fall sinnvoll – und recht einfach – sie selber herzustellen. Bemalen oder ritzen Sie Steine (Speckstein ist weich genug, dass schon ein Nagel ausreicht, die Symbole zu übertragen), Holz- oder glattgeschliffene Muschelstücke für Ihre Zwecke.

Die älteste bekannte Runenzeichnung findet sich auf der Meldorfbrosche, die an der Küste Jütlands gefunden wurde und etwa aus dem Jahre 50 stammt. Sie ist mit den Zeichen des alten Runenalphabets *Futhark* beschrieben. Der Bezeichnung Rune lässt sich von *rūn-* (gotisch *runa*) ableiten, was wiederum Geheimnis bedeutet. Verwandt damit sind auch die deutschen Wörter „raunen" und „Geraune". Ein Götterlied der Lieder-Edda (Hávamál) berichtet, wie Odin, neun Tage kopfüber an der Weltenesche Yggdrasil hängend, sich selbst und eines seiner Augen opferte, um Kenntnis über die Macht der Runen zu gewinnen.

Die älteste überlieferte Runenreihe bestand aus 24 Zeichen. Sie war anfangs nur bei nordgermanischen Stämmen, in der Völkerwanderungszeit vereinzelt auch bei Ost- und Westgermanen in Benutzung. Die Angelsachsen erweiterten das Futhark aufgrund der reichen Entwicklung des Altenglischen schrittweise auf 33 Zeichen. In Skandinavien wurden die Runen erst im 19. Jahrhundert vollständig von der lateinischen Schrift verdrängt.

Die Verwendung der Runen zu magischen Zwecken ist besonders im Norden bezeugt. Sie waren nicht nur Buchstaben, sondern auch Begriffe. So bedeutete die Rune für *Vieh*, auch gutes Jahr, Gabe, Ritt und einen Segenswunsch, umgekehrt sollten *Not, Geschwür* eine Befürchtung bannen oder einen Fluch aussprechen. Dies entspricht antiken Vorstellungen, denn Segens- und Fluchtäfelchen waren in der gesamten klassischen Antike weit verbreitet und beliebt. In den jüngeren skandinavischen Denkmälern werden Zauberrunen für bestimmte Zwecke erwähnt, so Siegrunen, Bierrunen, Bergerunen (zur Geburtshilfe), Seerunen (zum Schutz der Schiffe), Rederunen (um klug zu sprechen), Löserunen (bei Gefangenschaft), Runen zum Besprechen (Stumpfmachen) der Schwerter und dergleichen.

In der weissagenden Tradition arbeiten Runenmeisterinnen sowohl mit dem älteren als auch dem jüngeren Futhark. Hinzu kommt die traditionelle Auslegung, die sich auf Odin stützt, wie auch eine wesentlich weiblichere Auslegung (siehe Bücher im Anhang, ab S. 156). Wie so oft ist auch hier richtig, was sich richtig anfühlt.

Runen verwenden Sie in Ritualen ähnlich wie Tarotkarten. Bestimmte Runen sind für bestimmte Vorhaben einsetzbar und sollten im Ritual entsprechend gereinigt, aufgeladen und verwendet werden. Tragen Sie danach die Runensteine in einem →Medizinbeutel bei sich oder bewahren Sie sie an einem Ort auf, der zu Ihrem Ritual passt.

🧘 Meditation 🧘
Runenorakel

Legen Sie sich vor dieser Meditation einen Kreis aus Ihren Runensteinen, in dem Sie sitzen oder liegen können. Stellen/setzen/legen Sie sich dann in die Mitte und gehen Sie in die Ruhe. Lassen Sie sich von Ihren Händen zu einem der Runensteine ziehen und nehmen Sie diesen zwischen Ihre Hände.

Gehen Sie wieder ganz in die Ruhe und lassen Sie die Kräfte aus dem Stein auf sich wirken. Nehmen Sie wahr, was Sie empfinden – unabhängig davon, welche Bedeutung dieser Rune in der Literatur zugewiesen wird. Fühlen und beobachten Sie weiter, bis Sie alles aufgenommen haben.

Kehren Sie nun in die alltägliche Wahrnehmung zurück und schreiben Sie Ihre Erfahrungen auf.

Verwenden Sie Runensteine wie Steine oder Tarotkarten. Legen Sie diese im keltischen Kreuz oder anderen Varianten aus. Genau wie bei Tarotkarten oder Steinen stellen sie im Verlaufe Ihrer Arbeit mit Runen fest, dass auch scheinbar ‚zusammenhanglose' Informationen später einen Sinn ergeben. In der Welt der magischen Energien spielen Zeit und Ort keine Rolle und bringen uns damit durchaus auch einmal durcheinander. Informationen, die Sie über Tarot, Runen oder andere Mittel der Informationsfindung erlangen, sind nicht immer sofort chronologisch einzuordnen. Für Ihr magisches Handwerkszeug ist jede Zeit jetzt und jeder Ort hier. Machen Sie sich deshalb keine Gedanken, wenn Informationen zunächst oder sogar für Wochen oder Monate keinen rechten Zusammenhang zeigen. Erliegen Sie keinesfalls der Versuchung, sie so zu interpretieren, dass sie sofort und unbedingt irgendwie Sinn ergeben.

Was pfeifen die Spatzen von den Dächern – Antworten aus der Natur

Seit Anbeginn der Zeit beobachten die Menschen die Welt um sich herum und versuchen einen Sinn in ihr zu sehen. Alles um uns herum ist energetisch mit uns und unserem Handeln verbunden, auch wenn wir uns dessen nicht dauernd bewusst sind. Dabei sagt den meisten von uns schon die Vernunft, dass umweltverträgliches Handeln der sinnvollere Weg ist, um weiterhin mit und auf unserer Welt leben zu können. Magisch gesehen gehen diese Verbindungen und gegenseitigen Abhängigkeiten viel weiter. Jeder Stein, jeder Vogel, jede Blume und jedes Insekt gibt Auskunft über energetische Bewegungen in unserer Umgebung. Daher lernten Seher und Schamaninnen diese Zeichen der Erde zu deuten. Jeder Teil der Natur ist dazu geeignet. Ob es sich dabei um Ihr Haustier handelt (das mit Sicherheit über sehr fein ausgeprägte Fähigkeiten verfügt, um Energien auszuspüren), den Baum vor Ihrem Fenster oder die Wolkenformationen am Himmel macht dabei keinen Unterschied.

Im Folgenden finden Sie einige traditionelle Interpretationsmöglichkeiten zur Vogelenergie, die besonders eng mit dem Element der Luft verbunden ist. Selbst Laufvögel tragen noch immer viel dieser elementaren Kraft in sich.

Arbeiten Sie mit Federn, fließen die Energien und Kräfte der entsprechenden Vögel in Ihre Rituale (siehe dazu auch S. 111). Seien Sie sich allerdings bewusst, dass viele Greifvögel unter Naturschutz stehen und der Verkauf und Erwerb derer Federn nicht legal ist. Sollte Ihnen bei einem Spaziergang allerdings ein Greifvogel eine seiner Federn freiwillig zu Füßen taumeln lassen, so nehmen Sie dieses Geschenk an, seien sich aber auch des Privilegs bewusst. Ansonsten bietet die gefiederte Welt genügend Alternativen, die für Ihre Rituale ebenso geeignet sind. Bestehen Sie unbedingt auf der Kraft eines bestimmten Vogels in Ihrem Ritual, dessen Federn sich nicht in Ihrem Besitz befinden und auch nicht legal in diesen zu bringen sind, so nehmen Sie statt dessen ein Bild des Tieres mit in Ihren Kreis.

🧘 Meditation 🧘
Laue Luft kommt blau geflossen – Federflüstern

Haben Sie die passenden Federn für Ihr Ritual ausgewählt, so beginnen Sie mit einer Meditation. Machen Sie es sich bequem und nehmen Sie behutsam die Feder zur Hand. Schließen Sie die Augen und erden Sie sich. Gehen Sie ganz in die Ruhe und beginnen Sie dann behutsam mit der Feder Luft zu fächeln. Halten Sie die Augen dabei weiter geschlossen.

Spüren Sie der dabei entstehenden Energie nach, selbst wenn Sie eine kleine Feder gewählt haben und kaum einen unmittelbaren Lufthauch spüren. Wechseln Sie von der linken zur rechten Hand oder umgekehrt und spüren Sie nach, ob sich die Kräfte dabei verändern.

Möchten Sie Ihr Ritual abschließen, so lassen Sie Ihre Hände mit der Feder zur Ruhe kommen und kommen in die alltägliche Wahrnehmung zurück.

Halleluja bei Gegenwind –
Heilen mit Luft

Halleluja bei Gegenwind – Heilen mit Luft

Heilung mit dem Element Luft beginnt auf den feinstofflichen Ebenen – hier geht es um Bewegung, Anfang und Verbindung. Mit Hilfe der Luft lässt sich besonders gut der Anfänge einer Krankheit wehren, wenn sich diese noch nicht im Körper manifestiert hat. Sind Sie auf Ihren gesunden Energiehaushalt eingestimmt, fallen Ihnen Unregelmäßigkeiten schnell auf, auch wenn diese nur kleine Abweichungen darstellen. Die einfachste Möglichkeit sich mit der eigenen verfeinerten Lebensenergie zu verbinden ist der Atem. Durch einfache Atemübungen und Atemmeditationen lassen sich Energien ausgleichen, stärken oder abwehren. Beginnen Sie also jeden Ausgleichs- oder Heilungsprozess mit Hilfe des Elements Luft und Ihrem Atem.

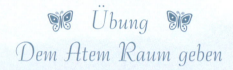

Übung
Dem Atem Raum geben

Wählen Sie einen Ort der Ruhe und erden Sie sich. Beginnen Sie bewusst tief und gleichmäßig zu atmen. Füllen und leeren Sie Ihre Lunge vollständig und nicht nur oberflächlich (wie wir es gewöhnlich tun). Achten Sie darauf, langsam zu atmen, damit Ihnen von der erhöhten Sauerstoffzufuhr nicht schwindelig wird. Sollte Ihnen mulmig werden, kehren Sie zwischenzeitlich zu einer flacheren Atmung zurück und probieren es nach einer Weile noch einmal.

Nach dem ersten Dutzend Atemzüge ziehen Sie die Luft in jeden Körperteil, so als bliesen Sie einen Ballon auf. Füllen Sie Arme, Beine, Zehen, Finger und Organe bis zum Bersten mit Luft. Spüren Sie, wie sich die Luft austauscht, von Ihrer Leber in den kleinen Zeh, von den Haaren in Ihre Fingerspitzen. Lassen Sie der Luft dabei ihre Beweglichkeit. Drängt es Sie dazu, sich diesem Fluss anzupassen, bewegen Sie sich ebenfalls. Achten Sie dabei weiterhin auf eine tiefe gleichmäßige Atmung. Bleiben Sie nur so lange dabei wie es angenehm ist.

Kommen Sie dann wieder zur Ruhe und erden Sie sich erneut.

Mit Hilfe dieser Übung erweitern Sie nicht nur Ihre Erfahrungen, sondern tun auch Ihrem Körper etwas Gutes. Ein so ‚durchlüfteter' Körper fühlt sich leichter an, die Durchblutung ist gestärkt und Sie fühlen sich wohler. Das alles sind gute Voraussetzungen für Ihre Gesundheit, denn auch beim Heilen mit Luft geht es darum Störungen vorzubeugen, bevor sie entstehen.

Erweitern Sie die Übung zum Atemraum weiter, indem Sie ganz bewusst in Ihre Chakren atmen und diese so mit Lebensenergie aufladen. Gleichen Sie täglich Ihren Energiehaushalt aus, haben Viren und Bakterien keine Chance.

Sich Luft zu machen ist ebenso wichtig wie der richtige Atem. Schon die Sprache verrät, dass Sie aufgestauten Ärger mit Hilfe von luftigen Energien loswerden und ausgleichen können. Die Luft bietet Ihnen die Gelegenheit meditativ, beinahe geruhsam mit Wut umzugehen, im Gegensatz zu den anderen Elementen wie Feuer oder Wasser.

Meditation
Sich Luft machen

Wählen Sie einen Ort, an dem Sie ungestört bleiben. Erden Sie sich und machen Sie es sich bequem. Atmen Sie nacheinander Energie in jedes Ihrer →Chakren, beginnend mit dem ersten. So energetisch geladen und ausgeglichen lassen Sie sich auf Ihren Ärger ein. Spüren Sie was Sie ärgert, lassen Sie Situationen in sich aufsteigen, in denen Sie Wut oder Ärger verspürt haben. Dabei spielt es keine Rolle, ob Sie diesen Gefühlen zum damaligen Zeitpunkt nachgegeben haben oder nicht. Wichtig ist allein, ob immer noch verletzter Stolz, Zorn und Wut in Ihnen schwelen.

Wählen Sie eine Situation aus, die Sie jetzt bearbeiten wollen.

Halten Sie Sicherheitsabstand, lassen Sie sich nicht voll auf die Gefühle ein. Sie betrachten sich sozusagen von außen, wie Sie die jeweilige Situation gemeistert haben. Sind Sie im Geiste einmal den gesamten Ablauf durchgegangen, gehen Sie noch einmal zum Anfang zurück. Lassen Sie erneut die Handlung ablaufen, aber stoppen Sie sie dort, wo Sie gefühlsmäßig Wut oder Ärger empfanden. Sollten Sie diesen Zeitpunkt verpassen,

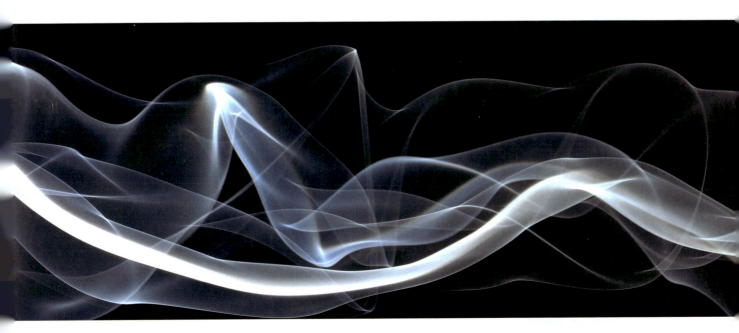

beginnen Sie so oft von neuem, bis Sie den Augenblick abpassen. Halten Sie dort inne und entscheiden Sie, welche Handlung Ihrerseits Ihre Wut verringert hätte und zu einem erfolgreicheren Ergebnis für ALLE Beteiligten (oder wenn es für so viel Weisheit noch nicht reicht, auch nur Ihre eigene Seele) geführt hätte. Wählen Sie unterschiedliche Handlungsmöglichkeiten, die Sie nacheinander vor Ihrem geistigen Auge ausspielen. Treten Sie dabei als Beobachter weiter und weiter von der eigentlichen Situation zurück. Spielen Sie so viele Varianten durch wie Ihnen einfallen, bis Sie den ganzen Ablauf wie einen Kinofilm erleben, der Sie nicht weiter aus der Bahn wirft. Lassen Sie diese bestmögliche Abfolge mehrmals an sich vorüberziehen, bis Sie merken, dass sie sich im Idealfall an die Stelle Ihrer tatsächlichen Erinnerung setzt.

Kommen Sie aus Ihrer Meditation zurück und erden Sie sich.

Sollte es sich für Sie schwierig gestalten, sich in der einen oder anderen Situation außen vor zu lassen und sich nicht in der damaligen Wut zu verstricken, so wählen Sie zunächst Abläufe, in denen Ihnen dieses leichter fällt. Fangen Sie nicht mit verwickelten Familienkonflikten an, sondern mit der nervigen Parkplatzsuche oder dem schlechten Wetter am letzten Wochenende und warum Sie das so herunter gezogen hat.

Am Ende Ihrer Meditationen sollten Sie möglichst viele Varianten durchgespielt haben, damit Ihnen klar wird, dass Sie zwar nicht entscheiden, was in Ihrem Leben geschieht, aber dennoch die letzte Kontrolle darüber haben, wie Sie auf die entsprechende Situation reagieren. Die Buddhisten sagen: Schmerz ist unvermeidlich, Leiden ist freigestellt. Letzteres wirft Sie früher oder später energetisch aus der Balance, was dazu führt, dass sich dieses Ungleichgewicht in Ihrem Körper als Krankheit breitmacht. Lassen Sie es gar nicht erst so weit kommen und lüften Sie Ihren Kopf und Ihre Gefühle rechtzeitig und wiederholt durch.

Auf Wolke sieben schweben – Sauna und heiße Luft

Eine besonders angenehme Art vorbeugend wirkender heißer Luft sind Sauna und Dampfbad. Sollten Sie glücklicher Besitzer eines solchen sein oder bei Freunden saunieren können, führen Sie die folgende Meditation das erste Mal vorzugsweise allein in der Sauna durch, obwohl sich diese simple Atemmeditation selbst in einer öffentlichen Anlage durchführen lässt, ohne dass Sie unangenehm auffallen. Sie sollten allerdings vorher mehrmals ‚auf dem Trockenen' geübt haben, damit Sie einen engen und sicheren Schutzkreis ziehen können. Achten Sie außerdem darauf, dass Sie nicht in einer überfüllten Sauna Platz nehmen.

Meditation Wüstenatem

Führen Sie diese Meditation in der Sauna oder im Dampfbad durch. Sollten Sie dazu nicht die Gelegenheit haben, begeben Sie sich zumindest an einen Ort, wo Ihnen so warm wird, dass Sie ins Schwitzen geraten (Jogging, Nordic Walking, Mittagshitze im Urlaub).

Machen Sie es sich bequem und gehen Sie in die halbe Wahrnehmung der Anderswelt (siehe S. 75), da Sie in einer öffentlichen Sauna nicht unbedingt allein sitzen. Lassen Sie

sich auf Ihren Atem ein und spüren Sie wie die Hitze mit jedem Atemzug durch Ihren Körper fließt. Jede Zelle Ihres Körpers ist von Wärme erfüllt. Wie bei einem gesunden Fieber sorgt die Hitze dafür, dass alle schädlichen Energien weggebrannt werden. Die Asche aus dieser Verbrennung atmen Sie aus, die unnützen Energien gehen in der umgebenden Hitze auf und verpuffen. Atmen Sie ruhig und gleichmäßig, vermeiden Sie jede Anstrengung. Ihr Körper kennt diesen Vorgang und benötigt keinen weiteren Anstoß, um ihn perfekt durchzuführen.

Kommen Sie am Ende Ihres Saunaganges vollständig in die alltägliche Wahrnehmung zurück und nutzen Sie die kalte Dusche, um ganz im Körper anzukommen.

Sauna und Dampfbad lassen sich außerdem sehr gut zur Vorbereitung auf ein Ritual verwenden. Sie fühlen sich hinterher tiefengereinigt und die Ruhe während und nach dem Saunagang beruhigt zusätzlich übereifrige Gedanken. Sollten Sie während Ihrer Meditation in der Sauna gestört werden, schließen Sie kurz die Augen, holen tief Luft, bewegen schnell Zehen und Finger und kommen so in die alltägliche Wahrnehmung zurück. Es empfiehlt sich, diese ‚Notabschaltung' vorher mehrfach zu üben, damit sie im Ernstfall reibungslos klappt und Sie nicht wie eine Schlafwandlerin halb in der andersweltlichen Energie hängen bleiben oder einen unangenehmen Rückholschock abbekommen.

Jahreszeiten
der Luft

Jahreszeiten der Luft

Luft – Winteraltar

Zu Beginn des magischen Jahres trifft die Luft im traditionellen nordischen Winter von November bis Januar auf das Element Erde, eine nicht sehr ausgeglichen wirkende Verbindung. Die Luft bewegt zwar Feuer und Wasser, aber weniger augenfällig das Element Erde. Doch gerade die Erdenschwere verträgt anregende Luftenergie, ohne gleich sämtliche Verankerungen zu lösen. Möchten Sie Erfahrungen mit der Stärke der Luftenergie sammeln, so wählen Sie diese Jahreszeit dafür. Hier besteht genügend Verankerung, um nicht abzuheben. Möchten Sie etwas experimentieren, tun Sie das auch am besten dann, wenn die haltende Kraft der Erde am stärksten ist. Verwurzeln Sie den Altar mit Erdfarben (grün, braun) und Steinen und lassen Sie dann Ihren Wünschen bezüglich der Luftgegenstände freien Lauf bis zum Überfluss: Federn, Räucherwerk (oder Aromaöle), gelbe und blaue Flatterbänder mit oder ohne Text, Gebetsfahnen, Glöckchen, Mobiles und Windspiele. Testen Sie Ihre eigenen Grenzen, indem Sie neue Wege beschreiten, ungewohnte Rituale und Techniken ausprobieren. Die Luft inspiriert Sie dabei, während die Erde Sie nicht zu sehr abheben lässt.

Luft – Frühlingsaltar

Der Frühling ist die Jahreszeit des Elements Luft. Es wehen laue Lüfte ebenso wie wilde Stürme. Beides lässt sich auf Ihrem Altar verbinden. Achten Sie nur darauf, dass Ihnen die Luftkräfte nicht um die Ohren fliegen, denn in der Zeit von Februar bis April kennt die Energie dieses Elements keine Einschränkungen. Achten Sie auf ausreichende Verankerung. Je mehr Bewegung Sie in Ihren Altar bringen, desto mehr betonen Sie die stürmische Seite – was Ihnen wiederum verstärkt Energie in Ihre vier Wände und Ihr Leben bringt. Kanalisieren Sie diese Kräfte durch Tanzbewegungen, die denen von Kranichen oder Schwänen ähneln, um ihnen etwas von ihrer Wucht zu nehmen. Bleiben Sie bei Gegenständen wie luftbewegten Steinen oder Farben, verankern Sie die rastlosen Kräfte. Wählen Sie als Farben, was Sie mit Frühling verbinden: Pastelltöne von gelb über weiß bis blau. Zartes Grün sorgt für einen Hauch Erde. Als Gegenstände eignet sich alles, was mit den Wesen der Lüfte zu tun hat: Bilder von Wolken, Fahnen oder Vögeln; Federn, Drachen, Windspiele, fliegende Samen und Räucherwerk.

Luft – Sommeraltar

Im Sommer begegnet die Luft dem Feuer, was eine ausgesprochen kraftvolle Energiemischung zur Folge hat, die Sie unbedingt bremsen sollten, bevor Sie energetisch unkontrollierbare Feuerstürme entfachen. Verwenden Sie Kerzen, da diese leicht vom Wind gelöscht und nicht angefeuert werden. Verwenden Sie Farben der Luft (siehe oben). Betonen Sie die lebensspendenden Kräfte der Luft: die Bestäubung der Pflanzen, das Summen geschäftiger Insekten, die Rufe der Vogeljungen, den Lebensatem. In dieser Zeit der schnellen Energie treffen außerdem Einfallsblitze auf Denkvorgänge, eine ausgezeichnete Gelegenheit für frische Ideen. Legen Sie auf Ihrem Altar Dinge aus, die Sie zum Denken und Fantasieren anregen, vom verschlungenen Gehäuse einer Schnecke über eine schimmernde Feder bis zu einem Puzzlespiel.

Luft – Herbstaltar

Das Herbstelement des Wassers bietet einen besonders guten Ausgleich zu Luftbewegungen. Obwohl ebenfalls ein bewegtes Element, verleiht es doch der Flüchtigkeit der Luft die nötige Tiefe. Ein Altar, der diese beiden im Gleichgewicht hält, ist deshalb besonders harmonisch. Machen Sie sich Gedanken über die richtige Mischung. Gehen Sie entsprechend behutsam vor, damit der Wind keine Wellen schlägt. Fügen Sie bewusst über einige Tage hinweg dem Altar weitere Teile hinzu und achten Sie darauf, wie sich die Energien verändern. Sie erreichen die Harmonie der Elemente, indem Sie Gegenstände wählen, die eine Verbindung zwischen den beiden Elementen ermöglicht: eine zart blaue Wasserschale, eine Muschel als Gefäß für das Räucherwerk, die Feder eines Wasservogels. Da Wasser den Himmel und damit das Element Luft reflektiert, bietet es Ihnen die Gelegenheit Blau und Gelb, also beide Farben der Elemente zu verwenden. Achten Sie auf ausreichende Erdung wie beim sommerlichen Feueraltar.

Luftmagische Verknüpfungen

Mit Luft zaubern – Grundausstattung für Luftrituale

Bei Ritualen mit dem Element Luft verwenden Sie grundsätzlich die gleichen Gegenstände für Ihren magischen Kreis wie sonst auch. Sie betonen lediglich die Verbindung zur Luft.

Bänder und Gebetsfahnen

Jede Art von Tuch lässt sich zu einem rituellen Gewand, einem magischen Band oder einer Gebetsfahne machen. Sie benötigen Stofffarbe zum Bemalen und wasserfeste Stifte für Beschriftungen. So gestaltete Tücher sind nicht nur als Schmuck für Ihren Altar oder Meditationsraum geeignet, sondern lassen Ihre Wünsche auch draußen im Wind flattern, wenn Sie sie an einem Ast im eigenen Garten oder an Ihrem Ritualplatz aufhängen.

Kraft summen und singen

Bei Luftritualen ist alles einsetzbar, was Töne verursacht. Ihre Stimme stellt dabei etwas ganz Besonderes dar, denn mit dieser bringen Sie ungleich mehr persönliche Anteilnahme in Ihr Ritual als wenn Sie auf den Knopf einer Stereoanlage drücken. Gesungene Texte eignen sich nur, wenn diese sich unmittelbar auf Ihr Vorhaben beziehen. Ansonsten ist Summen oder Tönen (lautes Singen ohne Melodie) besser.

Ist es Ihre Absicht, die Energie in einem Ritual anzuheben oder zu halten, beginnen Sie mit leisem Summen. Lassen Sie dieses passend zum Ritual an- und abschwellen. Sind mehrere Menschen beteiligt, lässt sich beim gemeinsamen Summen die Energie der Grupppe sehr gut erfassen ohne Ihre Arbeit durch klärende Worte unterbrechen zu müssen.

Trommel

Für die Arbeit mit Krafttieren ist es sinnvoll eine Handtrommel anzuschaffen. Wie alle Musikinstrumente gehören auch Trommeln erst einmal zum Element Luft, besitzen aber eine ebenso starke Verbindung zum Element Erde. Sie ist der Herzschlag des Planeten, Ihr eigener Puls. Verwenden Sie die Trommel nur für Rituale, nicht für alltägliche Musik oder zum Spaß. Sie ist ein heiliger Gegenstand, den Sie entsprechend behandeln sollten, damit Sie mit Hilfe Ihrer Trommel die gewünschten Ergebnisse erzielen. Mehr zur Trommel und anderen magischen Instrumenten finden Sie im Band 5 – *Spirit*.

Rassel

Ähnlich wie die Trommel verhilft Ihnen auch die Rassel zu einem erweiterten Bewusstsein und unterstützt Ihre Visionsreisen und Rituale. Der große Vorteil der Rassel besteht darin, sie leicht überall hin mitnehmen zu können. Außerdem lassen sich einfache Formen problemlos selber herstellen. Die simpelste Form einer Rassel ist eine Filmdose (falls Sie solche antiquierten Dinge noch besitzen sollten) oder ein ähnlich kleiner Behälter mit Deckel, den Sie mit kleinen Steinchen, Reis oder Getreide füllen. Für eine persönlichere Rassel lassen Sie Einfallsreichtum und handwerklichen Fähigkeiten freien Lauf. Entdecken Sie gefüllte Hohlräume, Lederriemen oder Seidenbänder und Stiele aller Art.

Reinigen Sie sich mit Hilfe einer Rassel, indem Sie diese durch Ihre Aura führen und mit Klang und Bewegung von unerwünschten Energien befreien.

Federn

Federn eignen sich für jede Art von Luftritual. Industriell gerupfte Federn sollten Sie allerdings meiden. Bei gekauften Federn ist größte Vorsicht geboten, da es oft nicht möglich ist, deren Herkunft nachzuvollziehen. Nicht nur seltene Vögel, auch deren Federn unterliegen dem Artenschutzabkommen, da sie bereits stark gefährdet sind. Möchten Sie farbige Federn, fragen Sie bei Besitzern von Papageien oder Wellensittichen, im Zoo oder Vogelpark an, ob Sie dort nach der Mauser die eine oder andere Feder bekommen. Ansonsten tun es Rabenvögel, Elstern, Möven, Enten, Schwäne und was sich sonst noch in unendlicher Vielfalt in der heimischen Luft tummelt. Für Rituale eignen sich natürlich ausgefallene am Besten. Halten Sie beim nächsten Spaziergang die Augen besonders offen für gefiederte Geschenke und Sie werden erstaunt sein, was Ihnen so alles vor die Füße fällt.

Sind die Federn für Rituale bestimmt, reinigen Sie diese vorher durch Räuchern (zum Beispiel mit Weihrauch, Salbei oder Beifuß). Um die Energie aus einer Ritualfeder zu entlassen, hängen Sie diese in einem Baum, am Balkon oder irgendwo auf, wo der Wind Ihre Absicht leicht davon tragen kann.

Vögel

Ihr Flug, ihr Gesang, ihre Schwingen oder Federn spielten zu allen Zeiten, in allen Religionen und Herrschaftsformen, in Mythen, Sagen, Legenden und Märchen eine große Rolle. Die ältesten Vogeldarstellungen sind dreißigtausend Jahre alt und finden sich im Höhlensystem von Trois Frères. Es sind Schneeeulen.

Die alten Ägypter verehrten u.a. den Sonnenfalken, die schützende Geiergöttin und den Ibis als Bringer aller Weisheit und der Schrift. Die römischen Auguren wie die griechischen Wahrsager lasen die Zukunft aus dem Flug oder dem Verhalten der Vögel. Bei den Maya und Azteken durften bestimmte Federbälger und Federn nur vom Adel bzw. vom Herrscher getragen werden und der Quetzal war ihr heiligster Vogel. Den indischen Göttern dienen Vögel als Reittiere oder Boten, auch die chinesischen und japanischen Gottheiten bedienen sich ihrer.

Den Ureinwohnern Amerikas sind Adler, Rabe und Krähe heilig, Odin begleiten zwei Raben, die keltische Rhiannon gebietet gar über alle Vögel. Auch im Christentum sind Vögel zu finden, darunter die Taube Gottes und der Adler des Apostels Johannes. Die Liste ließe sich endlos weiter führen.

Aber auch eine einzelne Feder vermag von großer Bedeutung zu sein: Federn sind ein Symbol der Wahrheit, die auf jeden Fall ans Licht kommt. Eine Federkrone symbolisiert in vielen Kulturen die Strahlen der Sonne und/oder den Himmel. Für die Naturvölker Nordamerikas stehen die Federn des Adlers für den Großen Geist und den Donnervogel, die gefiederte Sonne der Azteken gewährt Lebenskraft und Majestät. Die Tolteken verwendeten in ihren Ritualen mit Federn geschmückte Stäbe, um zu beten oder innere Einkehr zu halten. Im Taoismus ist die Feder Attribut der Priester, der gefiederten Weisen, die mit anderen Welten und Sphären kommunizieren. Und im Christentum steht sie für Einkehr und festen Glauben.

Ein Federkleid steht für Macht, Kraft und Triumph, Ehre und Sieg. Bei den Azteken symbolisierte es Macht und Seele. Die Maya-Königin trug den Federmantel des Regengottes. In Ägypten war er göttliches Schutzsymbol. Die Priesterinnen und Priester der Kelten hüllten sich in Federmäntel oder Federmasken, wenn sie in die Anderswelt reisten. Feen lieben ebenfalls mit Federn verzierte Gewänder. Im Schamanismus dient es der Kommunikation mit der Geisterwelt und dem Aufstieg in den Himmel und andere höhere Sphären.

Flügel gelten überwiegend als Sonnenattribute, die darüber hinaus Göttlichkeit und Spiritualität repräsentieren. Sie stehen für den unablässigen Schutz und die alles durchdringende Macht der göttlichen Kräfte. Zeit, Gedanken und Worte sind geflügelt wie auch die Boten der Götter, die Engel und die Göttinnen Ägyptens. Ausgebreitete Flügel gewähren höheren Schutz für das eigene Land, Heim und besonders Kinder (Glucke, Vogelmütter, Schutzengel).

Die geflügelte Sonne symbolisiert die unermüdliche Reise über den Himmel, den Sieg des Lichtes über die Dunkelheit, die Macht des Himmels und des Göttlichen.

Ein geflügeltes Pferd ist ein Sonnensymbol, das oft von Wind/Donnergöttern geritten wird und Helden bei den ihnen auferlegten Aufgaben unterstützt, wie der berühmte Pegasus. In China ist er das Kosmische Pferd, das Prinzip des Yang. In den meisten schamanischen Kulturen geleitet ein geflügeltes Pferd die Seelen der Verstorbenen hinüber ins Licht.

Die folgende Liste gibt Ihnen Aufschluss über die magischen Eigenschaften und Verbindungen der einzelnen Vögel zu den **Elementen**, **Planeten**, **Himmelsrichtungen** und **Symbolen**. **Pflanzen** und passende **Gottheiten** sind ebenfalls aufgeführt.

Adler
Element: Luft-Feuer-Wasser-Spirit
Planet: Sonne
Himmelsrichtung: Süden
Pflanzenverbindung: Edelweiss, Eibe, Eiche, Enzian, Lorbeer, Salbei
Symbol: die Rune Ioh (Eibe), Yang
Gottheiten: Bhasi, Buddha, Donnervogel, Horus, Imdugud, Indra, Ixlexwani, Jupiter, Mithras, Odin, Pan, Ninurta, Taranis, Tatei-Werika, Vischnu, Yondung Halmoni, Zeus

Adler sind das ultimative Mittags-, Sonnen- und Herrschafts-, aber auch Sturm- und Kriegssymbol. Sie stehen für Losgelöstsein, Sieg, Stolz, Königtum, Autorität, Weisheit, Gerechtigkeit, Stärke, Freiheit und Furchtlosigkeit, Blitzschlag und Donner, Streiter und Wächter gegen die Dunkelheit sowie die Elemente Luft, Feuer, Wasser und Spirit. Sie verkörpern die höchste Stufe der Spiritualität und Verbundenheit mit den Gottheiten, dem Himmel und anderen Sphären. Sie dienen als Boten, Führer und Lehrer zwischen allen Welten. Adler und Schlange in Frieden vereint bilden die Einheit von Geist und Körper, die harmonische Verbindung aller fünf Elemente.

Die Kelten Schottlands glaubten, der Adler braue die Stürme und suchten seinen Flug als Omen zu deuten. Im babylonischen Glauben brachte Imdugud, der löwenköpfige Adler nach der Dürre den ersehnten Regenguss und stand Ninurta, dem Sonnengott bei. In Sibirien gilt der Adler als Urahn aller Yondung Hen.

Der Adler triumphiert auch in aussichtsloser Lage über das Böse und den Tod. Würdigen Helden steht er bei ihren Aufgaben bei. Er führt zu heilenden Wassern, trägt Vischnu, Buddha sowie Indra, den Sturmgott, und zieht den Streitwagen Jupiters. Er sitzt in den Zweigen Yggdrasils als Wächter Odins.

Amsel
Element: Luft-Feuer
Planet: Jupiter
Himmelsrichtung: Osten
Pflanzenverbindung: Linde, Efeu, Wein
Gottheiten: Gendenwitha, Herne, Rhiannon

Sie kündigt zusammen mit den Schwalben den Sommer an, gilt aber auch als einer der drei Mittwintervögel (Rotkehlchen, Zaunkönig). Singt eine Amsel während einer Liebeserklärung, einer Verlobung oder Trauung wird die Verbindung glücklich. In England war es üblich, zu Mittwinter eine leere Pastete zu backen und hinterher 24 Amseln darin zu verstecken. Wurde der Deckel später abgehoben, flogen die Amseln hinaus, vertrieben so die Dunkelheit des Winters und halfen der Sonne bei ihrem Aufstieg zum Zenit.

Bachstelze
Element: Luft-Wasser
Planet: Neptun
Himmelsrichtung: Süden
Pflanzenverbindung: Moos, Wasserkresse, Wasserlilie
Gottheiten: Apsaras, Aura, Nereiden, Nymphen, Sylphen, Gottheiten der sanften Brisen

Die Bachstelze ist Spielgefährtin der Nereiden, Nymphen, Sylphen und Apsaras, hält sich aber auch gern in menschlicher Nähe auf. Ist gern bei der Kontaktaufnahme mit Elementegeistern behilflich.

Buchfink
Element: Luft-Spirit
Planet: Neptun
Himmelsrichtung: Spirit
Pflanzenverbindung: Buche
Gottheiten: Dione, Mardeq Avalon

Wacht über die heiligen Buchenhaine und das Orakel von Dodona

Drossel
Element: Luft-Wasser
Planet: Saturn
Himmelsrichtung: Westen
Pflanzenverbindung: Apfel, Eiche, Linde, Mistel, Schwarzdorn
Symbol: Ogham Straif
Gottheiten: Baldur, Freya, Irpa, Rhiannon, alle Morgengottheiten

Die Drossel kündigt wie Lerche und Amsel den Sonnenaufgang an, die Misteldrossel darüber hinaus aber auch Regen. Sie singt selbst bei schlechtem Wetter weiter und heißt deshalb auf den britischen Inseln bis heute Sturmdrossel. Da sie sich überwiegend von Mistelbeeren ernährt ist sie den Druiden heilig. Durch die Oghamrune steht sie auch für Durchhaltevermögen, gerechte Strafe, Autorität und Abwehr schwarzer Magie.

Eisvogel
Element: Luft-Wasser
Planet: Uranus
Himmelsrichtung: Weltenachse/Spirit
Pflanzenverbindung: Schilf, Seerose, Wasserlilie
Gottheiten: Anemotis, Gentle Annie, Halkyone, Wakahirume

Der Eisvogel soll der Sage nach am Mittelmeer zu Mittwinter brüten. Daher schicken die Götter zu dieser Zeit nur milde Winde. Dafür dient er ihnen gerne als Bote. Als Halkyones Mann auf See blieb und sie sich aus Kummer darüber ertränkte, verwandelten die Götter beide in Eisvögel, um ihnen ein neues Leben zu schenken. Seither bringen der Anblick oder die Federn eines Eisvogels Glück und Segen, schützen vor schlechtem Wetter, negativer Energie und Schwarzmagie. Er symbolisiert den Regenbogen, unsterbliche Liebe, Schönheit, Schnelligkeit und Bescheidenheit.

Elster
Element: Luft-Erde
Planet: Sonne, Mond
Himmelsrichtung: Weltenachse/Spirit
Planzenverbindung: Pappel
Gottheiten: Bacchus, Benten, Musen, Skadi, Zi Nu

Aufgrund der regelmäßigen Gefiederfärbung dient sie als Botin zwischen Unterwelt und höheren Sphären, ist sowohl ein Sonnen- wie auch ein Mondvogel. Eine ungerade Zahl an Elstern gilt als schlechtes Zeichen oder Verneinung, eine gerade Zahl aber als gutes Omen oder positive Aussage.

In China und Japan bilden die Elstern einmal im Jahr, in der siebenten Nacht des siebenten Mondes eine geflügelte Brücke über die Milchstraße, damit der himmlische Hirte und seine Regenbogen webende Gattin zueinander kommen können - sie waren so verliebt, dass sie ihre Arbeit vergaßen und die Reisfelder drohten, weggeschwemmt zu werden. Seither gilt die Elster als gutes Omen für die Rückkehr geliebter Menschen, als Symbol der Freude und des Glücks, aber auch als Mahnung, die tägliche Arbeit nicht zu vernachlässigen. Eine keckernde Elster verheißt Gäste oder gute Nachrichten.

In England hält sich bis heute der Glaube, dass sich Elstern nicht auf baufälligen Gebäuden niederlassen. In Norwegen ehrt man sie als Glücksboten und zur Wintersonnenwende bindet man Kornähren an die Hausgiebel, damit auch die Elstern ihre Gabe bekommen. Sie gelten als zuverlässige Wächtervögel, die vor allem Bösen schützen. Bei schlechtem Wetter fliegt nur ein Elterntier aus dem Nest. Für Seeleute war daher die Sichtung eines einzelnen Vogels ein sicheres Zeichen für schlechtes Wetter.

Die Elster ist der Vogel der Tagundnachtgleichen und Mittlerin zwischen Menschen und Geisterwelt. Sie spricht gerne in Rätseln und liebt schimmernde Geschenke.

Ente
Element: Luft-Wasser
Planet: Merkur
Himmelsrichtung: Osten
Pflanzenverbindung: Bohne, Schilf, Wasserkresse
Symbol: Die Rune Luis (Eberesche), Yin
Gottheiten: Isis, Luonnotar, Sequana, Zi Nu

In der keltischen Tradition ist die Ente ein Symbol für Ehrlichkeit, Einfachheit, Empfindsamkeit und Einfallsreichtum. Sie gilt anmutig und beweglich, besonders als Schwimmerin. Sie lehrt uns die perfekte Anpassung an die Natur.

Im Alten Ägypten ist die Ente der Vogel der Isis. Im finnischen Schöpfungsmythos hilft sie der Göttin Luonnotar bei der Erschaffung der Welt, bei den Inuit verkündet sie den Beginn des Sommers. Die Fruchtbarkeitsgöttin der nordamerikanischen Ureinwohner, *Alte Frau, die niemals stirbt*, schickt im Frühling ihre Boten aus: die wilden Gänse verkünden die Pflanzzeit des Mais, die wilden Schwäne mahnen das Pflanzen der Kürbissetzlinge an und die Enten erinnern an die Bohnen. Außerdem vermittelt die Ente zwischen den Kräften der Luft und des Wassers. Im Alten Ägypten legt die Ente das Weltenei und ihr Flug über den Nil wird mit den reinen, erlösten Seelen gleichgesetzt. In China und Japan symbolisiert sie eheliche Freuden und Treue, Glück und Schönheit, da die Mandarinente sich ihr Leben lang bindet. Drache und Ente repräsentieren die Vereinigung Liebender, die alle Widerstände überwinden sowie gegenseitige Rücksichtnahme. Andere Entenarten stehen für Homosexualität oder den Kampf gegen das Böse.

Eule
Element: Luft
Planet: Mond
Himmelsrichtung: Norden
Planzenverbindung: Buche, Efeu, Eiche, Fichte, Kiefer, Tanne

Gottheiten: Athene, Blodeuwedd, Demeter, Hekate, Lilith, Minerva, Nut, Yama

Die Eule ist der Vogel der Nacht, Mysterien, tiefen Erkenntnis, Weisheit und Weissagung, des Schlafes, Schutzes und Todes. Sie warnt vor ungebetenen, bösen Nachrichten, Besuchern und Kräften, vor Prüfungen oder einem bevorstehenden Tod. Die japanischen Ainu vertrauen auf ihre Kräfte, um Dämonen und Lügner abzuwehren. Sie wird verehrt, aber auch gefürchtet, da sie mächtigen Göttinnen und Kräften dient. Sie symbolisiert sowohl den Voll- als auch den Neumond und damit die Menstruation/den Zyklus und die Fruchtbarkeit der Frau und gilt als Hexenvogel. Als Vogel der Blodeuwedd verkörpert die Eule eine willensstarke Frau, die ihre Freiheit verteidigt und bereit ist, die Konsequenzen daraus zu tragen.

Falke
Element: Luft-Feuer
Planet: Sonne/Uranus
Himmelsrichtung: Osten
Pflanzenverbindung: Eiche, Linde
Gottheiten: Bunjil, Cuchulain, Finist, Freya, Gendenwitha, Horus, Isis, Odin, Vilen

Bei den Kelten galt der Falke als Übermittler zwischen dieser und der Anderswelt. Auch in der slawischen Mythologie ist der Falke (Sokol) eine Gestalt der Sonne und des Lichts: Die Helden der russischen Märchen verwandeln sich gerne in Falken, um schwierige Aufgaben zu bewältigen. Das bekannteste Beispiel ist der Märchenheld Finist (Strahlender Falke). Odin ist in der Lage, als Falke über die Welt zu gleiten und Freya besitzt einen magischen Mantel aus Falkenfedern.

Der Falke repräsentiert Ehrgeiz, Sieg, Triumph und die Bewältigung aller Hindernisse. Er war somit ein Prestigezeichen des mittelalterlichen Adels und Klerus. Auf der anderen Seite symbolisiert er aber auch Schnelligkeit, Kraft sowie Freiheit und ist damit Hoffnungsträger aller Unterdrückten, sei deren „Gefangenschaft" physischer, psychischer, moralischer oder spiritueller Art. Er bringt Kreativität und Neues zu furioser Blüte.

In Ägypten galt er wegen „seiner Kraft, Schönheit und seines hohen Flugs" als göttliches Symboltier. Der Falke ist Horus, der Sohn des Sonnengottes Re, der die finsteren Mächte besiegt. Seine Flügel sind der Tageshimmel und wehren Feinde ab, genau wie die Göttin Isis mit ausgebreiteten Falkenschwingen. In China ist der Falke ein Krieger der Sonne und kündet von Krieg, während die Inkas ihn ebenfalls als Sonnenboten und schützendes Wesen verehrten.

Fasan
Element: Luft-Erde-Feuer
Planet: Uranus
Himmelsrichtung: Süden
Symbol: Ogham Beth (Birke), Yang
Pflanzenverbindung: Birke, Getreide, Ginster, Heidekraut, Wacholder
Gottheiten: Danu, Li (chines. Braut, Morgenröte), Rhiannon, Siris, Vör

Der ursprünglich aus China stammende Vogel warnt vor Überschwemmungen, Gewittern und anderen schlechten Omen. Er symbolisiert Tugend, Licht, Wohlstand und Glück, Schutz und mütterliche Liebe, im Keltischen zudem Reinigung und Erneuerung.

Fischreiher
Element: Wasser-Luft
Planet: Neptun
Himmelsrichtung: Westen
Symbol: Ogham Coll (Haselnuss), Yang
Pflanzenverbindung: Hasel, Lilie, Schilf, Seerose, Weide
Gottheiten: Baal-Marqod, Grazien, Maria, Osiris

Fischreiher folgen dem Mondzyklus. Den Kelten galt der Reiher als Vogel der Weissagung und der Weisheit, der Geheimnisse und des Tanzes. In der christlich-westlichen Mythologie ist er der Gralsvogel, der dem suchenden Ritter den rechten Weg zu weisen vermag. Für die mittelalterlichen Christen gehörte er zur Jungfrau Maria. Er steht für Wachsamkeit, spirituelle Stille und Hingabe an eine Aufgabe. Für die Japaner und Chinesen ist er der Denker, Symbol des Yang. Er repräsentiert das Licht, Ernsthaftigkeit, Stille, Konzentration und Hingabe. Für die alten Ägypter kündigte er die Rückkehr des Osiris an und wurde damit zum Vogel des Lebens und der Wiedergeburt, folgte auf sein Kommen doch die Nilflut.

Fledermaus
Element: Luft, Yin
Planet: Mond
Himmelsrichtung: Norden
Pflanzenverbindung: Efeu, Pflaume, Pfirsich
Gottheiten: Persephone, Fu Hsing, Nanabozho.

Die Fledermaus ist zwar kein Vogel, aber gerade deshalb besitzt sie in vielen Ländern große Symbolkraft. In der keltischen Mythologie steht die Fledermaus mit der Unterwelt in Verbindung und unterstützt die Kommunikation zwischen Alltags- und Anderswelt. In Afrika symbolisiert die Fledermaus sowohl Dunkelheit und Verschwiegenheit als auch Klarsicht und Wahrheit. Den Stämmen Nordamerikas gilt die Fledermaus als Regenbringerin. In Australien ist sie einerseits männliches Stammestotem, andererseits verdanken die Ureinwohner ihr die Entdeckung der Ahninnen. Sie begleitet Persephone während ihres Aufenthaltes in der Unterwelt und führt sie zu Frühlingsbeginn aus der Dunkelheit zurück auf die Erde. In China gehört sie zu Fu Hsing, dem Gott des Glücks, langen Lebens und Friedens.

Gans
Element: Wasser-Luft
Planet: Merkur
Himmelsrichtung: Westen
Symbol: Ogham Ngetal (Schilf)
Pflanzenverbindung: Mais, Kiefer, Schilf, Weide
Gottheiten: Bau, Benten, Epona, Freya, Gengen Wer, Hera, Isis, Juno, Mars, Peithos, Percht, Schu, Yondung Halmoni

Als Zugvogel symbolisiert die Gans den Lauf der Sonne. Sie ist das Leben, der Atem, der Wind, Achtsamkeit, Wehrhaftigkeit, Liebe und häusliche Fürsorge. Sie ist Botin der Liebenden, der Familie, der Inspiration. Da Gänse einen Lebenspartner wählen und sich hinterher sehr wehrhaft gebärden gelten sie als Symbol der Treue, schützen das Haus und die Familie. Sie sind die Begleiterinnen der Göttinnen der Beredsamkeit. Da sie mit dem Nordwind reisen, stehen sie mit Freya in Verbindung und der Percht, die beide die Wilde Jagd anführen. Schamanen verlassen sich darauf, dass die Gans sie sicher in die Anderswelt und zurück geleitet. Die Germanen, Gallier, Kelten und Römer sahen die Gans als Symbol des Krieges oder als Wächterin, die vor Verrätern warnte. Im Norden durften Gänse nur zu Samhain geschlachtet werden, was auf den heutigen St. Martinstag verlegt wurde.

Die alten Ägypter vermochten sich nicht zu einigen, ob nun die Ente oder die Gans das Weltenei legte, aus dem die Schöpfung schlüpfte. Klarheit herrschte allerdings darüber, dass die Seele auf der Reise durch die Unterwelt von der Gans bewacht wird. Für die amerikanischen Mandan und Minnitaree ist sie die Botin der Göttin, die niemals stirbt, die Fruchtbarkeit des Südens und des Frühlings. Gänse bringen den Mais, Enten die Bohnen und Schwäne die Kürbisse.

Geier
Element: Luft-Erde
Planet: Pluto
Himmelsrichtung: Norden
Pflanzenverbindung: Akazie, Edelweiss, Enzian, Kaktus, Tanne
Gottheiten: Aluzza, Fata Morgana, Isis, Naila, alle ägypt. Geiergottheiten

In Europa werden Geier mit einem gewissen Misstrauen betrachtet, da sie unnahbar wirken und sich vom Tod ernähren. In vielen Religionen aber gelten sie als Schutz vor bösen Mächten, sie reinigen die Toten und ermöglichen den Aufstieg der Seelen.

Die Geierhenne symbolisierte in Ägypten die Muttergottheiten und größten Zauberinnen, innere und magische Reinigung, Schutz, Liebe, ewiges Leben und den Herrschaftsanspruch. Der Pharao trug in der Schlacht die Geierkrone. Geier verkörpern das weibliche Prinzip im Gegensatz zum männlichen Falken.

Hahn
Element: Luft-Feuer
Planet: Sonne
Himmelsrichtung: Osten
Pflanzenverbindung: Eiche, Getreide, Obstbäume
Gottheiten: Amaterasu, Apollo, Ares, Äskulap, Athene, Attis, Brigid, Jesus, Merkur, Persephone, Vulkan

Der Hahn begleitet die Sonnengötter in die Unterwelt und weckt sie im Frühjahr mit seinem Krähen auf, damit sie wieder an die Oberfläche der Welt steigen. In der skandinavischen Mythologie weckt der Unterwelthahn Fralar die Helden Walhallas rechtzeitig zur letzten Schlacht. Der Hahn Vithafmir hingegen sitzt oben in der Weltenesche und wehrt Böses ab.

Er diente und dient in Asien, Afrika und ganz Europa als Wächter. Hähne oder ihre Federn wurden unter Türschwellen vergraben oder die Federn in Fenster gehängt, um Böses abzuwehren. Dämonen und Geister hassen den Hahn, da mit seinem Krähen ihre Macht sofort gebrochen ist. Auch die alten Ägypter schätzten ihn wegen seiner Vorausschau und Wachsamkeit. Hahnfiguren wurden im römischen Reich in Obstgärten gehängt, als Wächter gegen böse Geister und Verkörperung der Fruchtbarkeit. In Japan ist er das heilige Tier der Amaterasu. Die Chinesen ehren ihn als Yang-Aspekt, der für Mut, Barmherzigkeit, Tatkraft und Treue steht sowie vor Dämonen schützt. Die Wächterfunktion ist auch im Christentum erhalten geblieben: Klöster halten Hähne, sie dienen als Windfahnen auf Kirchtürmen oder als Dachreiter auf Kirchendächern. Zudem ist er ein weiteres Tiersymbol Christi.

Hänfling
Element: Luft-Spirit
Planet: Merkur
Himmelsrichtung: Norden
Pflanzenverbindung: Flachs
Gottheiten: Frigga, Mama Uqulla, Rana Neida, Tatsuta-Hime, Wakahirume, Zi Nu

Der Hänfling ist der heilige Vogel Friggas, die die Menschen lehrte, Leinen aus Flachs zu spinnen, und ihrer Zofe Hlin. Hilft, Verbindungen zu festigen, schwierige Kommunikation zu bewältigen. Symbol höchster Webkunst auf allen Ebenen.

Huhn
Element: Erde-Luft
Planet: Saturn
Himmelsrichtung: Westen
Symbol: Ogham Quert (Apfel)
Pflanzenverbindung: Apfel, Getreide, Salat
Gottheiten: Cerridwen, Demeter, Hebe, Herkules, Kore, Ostara

Für die Kelten bedeutete die Henne Wiedergeburt und ewiges Leben. In der christlichen Mythologie symbolisiert die Henne mit ihren Küken Christus und seine Gemeinde. Eine sehr ausdrucksfähige, laute Henne steht für weibliche Unabhängigkeit. Das Gackern der Hennen galt im antiken Europa als Omen, teilweise wurden auch ihre Nahrungsaufnahme und ihr Scharren entsprechend gedeutet.

In China und Korea fürchten sich böse Mächte vor Hühnern, die ihren Bann brechen.

Kormoran
Element: Luft-Wasser-Spirit
Planet: Uranus
Himmelsrichtung: Westen
Symbol: Die Rune Onn (Ginster)
Pflanzenverbindung: Weide, Pappel
Gottheiten: Dogoda, Fei Lien, How Chu, Matnau, Pogoda, Shinatsuhime, Stribog

Der Kormoran geleitet in keltischen und osteuropäischen Mythen Schamanen, Helden, Seelen und andere Suchende in die Anderswelt, indem er mit ihnen in Quellen, Seen, Flüsse oder das Meer taucht.

Kuckuck
Element: Luft
Planet: Venus
Himmelsrichtung: Osten
Pflanzenverbindung: Buche, Birke, Kirsche
Gottheiten: Dziewanna, Freya, Hera, Hrede, Kama, Lada, Ma Gu, Maia, Nerthus, Rafu-Sen, Venus, Zeus

Der Ruf des Kuckucks tönt in unseren Breiten um Beltane herum und gilt daher als Vogel der Liebe, der Fruchtbarkeit und des Ackerbaus. Wer am ersten Mai einen Kuckuck rufen hört, sollte schnell mit seinem Geld klimpern, das sichert finanzielle Unabhängigkeit. Kinder, die zur Zeit des ersten Kuckucksrufes geboren werden, leben lange und glücklich. Zeus verwandelte sich in einen Kuckuck als er um Hera warb, deren Zepter dieser Vogel ziert. Kama, den Liebesgott der Hindus, begleiten Bienen und ein Kuckuck, desgleichen die nordische Liebesgöttin Freya.

Krähe
Element: Luft-Erde-Feuer
Planet: Mars
Himmelsrichtung: Norden
Symbol: die Rune Huath (Weissdorn)
Pflanzenverbindung: Buche, Pappel, Weissdorn
Gottheiten: Amaterasu, Apollo, Athene, Badb, Branwen, Hera, Macha, Morrigan, Varuna

Krähen gelten in vielen Kulturen als Todes- oder Unglücksbotinnen, sieht eine Schwangere aber einen Schwarm in der Nähe des Hauses, so sind Mutter und Kind gesund. Bei den Kelten ist die Krähe das Attribut der Kriegsgöttin Morrigan, aber auch der Fruchtbarkeitsgöttinnen. Sie verkörpert Weisheit, Hellsichtigkeit,

Heilkunst und Tod. Sie wacht über die heiligen Chroniken, in denen das Schicksal der Welt geschrieben steht. Feen nehmen oft Krähengestalt an, um die Menschen zu beobachten. Zwei Krähen bei einer altägyptischen oder römischenHochzeit prophezeiten eine glückliche Ehe, drei eine zänkische Schwiegermutter. Die Krähe ist die Götterbotin Apollos und der Athene heilig. Bei den Aborigines ist die Krähe der Trickster: Ein Krähenschwarm stiehlt den Sieben Schwestern am Himmel das Feuer, um es den Menschen zu bringen. Eine entnahm eine glühende Kohle, während die anderen Asche aufstieben ließen, um die Schwestern zu verwirren – daher sind manche Krähen grau und schwarz von der Asche, andere wiederum schwarz gebrannt von der Nähe des Feuers. Den Inuit brachte die Krähe das Tageslicht, wofür sie bis heute in Ehren gehalten wird. Manche nordamerikanischen Stämme verehren die Krähe als Schöpfer, als Hüterin der heiligen Gesetze, Botin zwischen den Welten, Verkünderin von Veränderungen und Gestaltwandlerin. Die Japaner nennen sie Yatagrasu, die Chinesen Yangwu (Sonnenkrähe). Sie repräsentiert eheliche Treue und mütterliche Opferbereitschaft. Im Taoismus symbolisiert sie die drei großen Kräfte des Kosmos: Himmel, Erde und Menschheit. Im Christentum steht die Krähe für Zurückgezogenheit im Kloster und Warnung vor der Sünde, im Volkglauben für Tod und Winter.

Kranich
Element: Luft-Wasser-Spirit
Planet: Saturn
Himmelsrichtung: Westen
Symbol: die Rune Coll (Haselstrauch)
Pflanzenverbindung: Hasel, Kiefer, Weide, Schilf, Seerose
Gottheiten: Aife, Baal-Marqod, Corra, Jorojin, Pwyll, Vajravraki, Tanzgottheiten

Der Kranich steht für gerechtes Regieren, das Umsorgen der Alten und Schwachen sowie den Zusammenhalt in der Familie/Gemeinschaft. Er kündigt sowohl den Frühling als auch den Herbst an. Kraniche sind die Hüter des heiligen Tanzes. Bei den Kelten forderten Kraniche die Männer dazu auf, mutig in die Schlacht zu ziehen. Sie kündigten Kriege und Verrat an, standen für Weisheit, Wissen und Wachsamkeit und geleiteten die Seelen ins Jenseits. Pwyll, der Gott der Unterwelt nahm oft die Gestalt eines Kraniches an. Im chinesischen Glauben hüten die Kraniche die Insel der Seligen und geleiten die würdigen Seelen dorthin, in Japan begleiten sie Jorojin, den Gott des Glückes und des langen Lebens.

Kraniche waren und sind in vielen Religionen Boten der Götter. Sie erleichtern die Kommunikation mit sämtlichen Sphären und Welten. Die Chinesen sehen sie als Inbegriff des Taktgefühls, der Diplomatie und der Eleganz und verehren sie als Symbol der Unsterblichkeit, der schützenden Mutter und Spiritualität, des Wohlstands und Glücks. Im Christentum verkörpern sie Wachsamkeit, Loyalität, Güte und ein geordnetes, spirituelles Klosterleben.

Lerche
Element: Luft-Feuer
Planet: Jupiter
Himmelsrichtung: Süden
Symbol: Ogham Ur (Heidekraut)
Pflanzenverbindung: Ginster, Heidekraut, Gräser und Getreide, Wacholder
Gottheiten: Apollo, Hathor, Meret, Musen, Notos, Oniata, Saules Maita

Die einzig wahre Art, den Botschaften der Lerche zu lauschen, ist auf dem Rücken in einem Feld. Sie verheißt Glück, Lebenslust, Hoffnung und neue Anfänge.

Meise
Element: Luft
Planet: Uranus
Himmelsrichtung: Osten
Symbol: Ogham Muin
Pflanzenverbindung: Apfel, Holunder, Schneeglöckchen, Wein
Gottheiten: Brighid, Ostara, Siris, alle nordisch/keltischen Frühlingsgöttinnen

Die Meise ist der erste Singvogel, der gegen Ende des Winters seine Stimme hören lässt. Sie verkörpert den Frühling, Aufbruch, Lebenslust, innere Entwicklung, Zusammentragen und Lernen von Wissen. Ihr Feiertag ist Imbolg am 1. Februar, das Lichterfest.

Möwe
Element: Luft-Wasser
Planet: Neptun
Himmelsrichtung: Westen
Symbol: Ogham Fearn (Erle)
Pflanzenverbindung: Erle, Kiefer, Sanddorn, Seetang
Gottheiten: Aiolos, Dziewanna, Fand, Gna, Hyrokkin Louhi, Tatsuta-Hime, Venilia

In den westlichen Kulturen Europas symbolisiert die Möwe die Freiheit der Seele, den Übergang zwischen Hier und Jetzt und anderen Sphären. Sie geleitet die Seelen ertrunkener Matrosen ins Paradies. Bei den Inuit bewies die Möwe dem Raben, dass sie älter war als er, woraufhin er ihr die Herrschaft über das Wetter zubilligte.

Nachtigall
Element: Luft
Planet: Venus, Mond
Himmelsrichtung: Westen
Pflanzenverbindung: Rose
Gottheiten: Alfr, Amaunet, Anna Perenna, Asklepiós, Bhaga, Carnola, Flora, Hathor, Hekate, Hypnos, Kore, Lada, Ma Gu, Maia, Nerthus, Rhiannon, Zeus

Sie schmeichelt und tröstet mit ihrer herrlichen Stimme, verbindet Liebende, lehrt Bescheidenheit aber auch Stolz auf die eigene Stimme. Sie schenkt Hoffnung und Vertrauen in tiefster Dunkelheit, vertreibt alles Böse.

Papagei
Element: Luft-Wasser
Planet: Neptun
Himmelsrichtung: Osten
Pflanzenverbindung: Bananenbaum, Bromelie, Eukalyptus, Farn, Ficcus, Jasmin, Kokosnusspalme, Orchidee, Teestrauch
Gottheiten: Alaghom Naom, Bullai-Bullai (austral. Papageiengöttin), Kwan-Yin, Laka, Paka'a, afrikanische, indische, aztekische und Inka-Luftgottheiten

Zur Familie der Papageien gehören auch alle Sittiche und Loris. Den Ton geben in Zweierbeziehungen wie Schwärmen die Weibchen an. In allen Kulturen, in deren Ländern Papageien und ihre Verwandten leben, gelten diese als Symbol der Weisheit, Treue, Zärtlichkeit, ewigen Liebe und Wächter der Familie. Sie schenken ihren Rat jedem, der ihnen die Freiheit lässt und sie nicht einsperrt. Helden dienen sie, indem sie anbieten, deren Seelen oder Herzen für eine Weile in sich zu tragen, damit diese eine unmögliche Aufgabe erfolgreich bewältigen. In Indien ist der Papagei das Reittier Kamas, des Liebesgottes und in China begleitet er Kwan Yin, die Göttin des Mitgefühls und des Trostes.

Pirol
Element: Luft-Feuer
Planet: Uranus
Himmelsrichtung: Süden
Pflanzenverbindung: Ginster
Gottheiten: Apollo, Dhatarattha, Lan Cai-Ho, Meret, Musen, Uzume

Der Pirol verbreitet mit seinem wunderbaren Gesang, Freude und Glück. Er ist der Schutzvogel der Barden und anderer wandernder Sänger. Bringt Bewegung in Festgefahrenes.

Pfau
Element: Luft-Spirit
Planet: Sonne/Uranus/Chiron
Himmelsrichtung: Spirit
Pflanzenverbindung: Pfingstrose
Symbol: Yang
Gottheiten: Brama, Hera, Isis, Juno, Kama, Kwan Yin, Lakshmi, Maria, Pan, Saraswati (ind. Göttin der Weisheit, Treue, Dichtkunst und Musik)

Der Pfau wird mit der Sonne in Verbindung gebracht, dem Baum des Lebens, dem Sternenhimmel (sein Rad gleicht dem Himmelsrund), dem Wendepunkt im Leben oder einem großen Tun, der Astralebene und inneren Vision. Er symbolisiert Unsterblichkeit, Langlebigkeit und Liebe. Für die Römer verkörperten Juno und der Pfau zusammen das Element Luft. Im Buddhismus und in China steht er für Treue, Wachsamkeit und Mitgefühl, aber auch Würde, Rank und Schönheit. Im gesamten Orient und Fernen Osten wacht der Pfau über das Herrscherhaus, in Persien stand einst der Pfauenthron. Im Christentum ist er die unverdorbene Seele und Wiedergeburt, die Seele, die sich über alles Weltliche erhebt. Die Augen des Schwanzes stehen für die alles sehende Kirche und die Heiligen.

Rabe
Element: Luft-Wasser-Spirit
Planet: Sonne/Uranus/Neptun/Mond
Himmelsrichtung: Norden
Pflanzenverbindung: Pappel, Pinie
Gottheiten: Apollo, Asklepiós, Athene, Badb, Epona, Freya, Hel, Hulda, Mari, Morrigan, Nantosuelta, Percht, Odin, Yama, Yondung Halmoni

Der Rabe ist zwiespältig und vielfältig, er symbolisiert Sonne, Langlebigkeit, Gerechtigkeit, Kinderliebe und Treue, aber auch Weissagung, Unterwelt, Blut und Tod. Raben sind Schwellenvögel, sie lehren und schützen uns auf den Reisen zwischen den Welten. Raben fliegen oftmals Wolfsrudeln voraus und helfen ihnen damit bei der Jagd. Daher werden beide von Schamanen als gemeinsame Bruderschaft angesehen. Aber auch Pferde und deren Gottheiten sind eng verbunden mit ihnen (Epona, Mari, Odin). Andere Gottheiten schätzen Raben als Ratgeber, darunter Badb, Morrigan, Lugh, Bran und Odin. Im nordischen Volksglauben ist der Rabe eines der Hexenreittiere, aber auch eine Form, die Hexen selber annehmen. Für die Basken hingegen ist er der Mondvogel der Göttin Mari. Als Vogel des Samhain-Festes begleitet er Hel, Hulda, die Percht, Herne und Odin auf der Wilden Jagd.

In vielen Kulturen ist es der Rabe, der den Menschen das Feuer bringt und durch die unvorstellbare Hitze sein Gefieder schwärzt. In Nordamerika ist er häufig Mitschöpfer und Trickster. Er gilt zudem von den nordamerikanischen Ureinwohnern über Europa bis China als ausgezeichnetes Orakel, aber auch als Vogel der Kriegs- und Todesgöttinnen. Diese besitzen oftmals eine

Verbindung zum Wasser wie Badb, Morrigan, Nanabozho und Nantosuelta. In dieser Eigenschaft zeigen Raben Kriegern nicht nur ihren Tod an, sondern den Bedrängten und Suchenden auf See den Weg zum festen, oftmals gesegneten Land.

Rebhuhn
Element: Luft-Erde
Planet: Venus
Himmelsrichtung: Süden
Pflanzenverbindung: Heidelbeere, Brom- und Himbeere
Gottheit: Aphrodite, Artemis, Diana

Das Rebhuhn ist einer der heiligen Vögel der Aphrodite. Es steht für eine lange, innige und beständige Liebesbeziehung. In China hingegen symbolisiert es versteckte, unangemessene Beziehungen, wenn die Henne zur Zeit der Frühlingsschwemme einen Hahn umgluckt.

Rotkehlchen
Element: Luft-Feuer-Spirit
Planet: Sonne
Himmelsrichtung: Norden/Osten
Pflanzenverbindung: Apfel, Efeu, Eiche, Haselnuss
Gottheiten: Gendenwitha, Herne, Rhiannon, Semargla, Thor

Das Ei des Rotkehlchens ist so blau wie der Sommerhimmel und daher ein gutes Omen. Sein Gesang kündigt in der nordischen Mythologie Stürme an. Bei den Kelten begleitet das Rotkehlchen Herne, den Eichengott des Sommers und wacht über die Obst-, besonders die Apfelgärten. Im Winter symbolisiert es die Wiederkehr der Sonne. Seit der Steinzeit genießt das Rotkehlchen Verehrung als Botin der Muttergöttin und des ewigen Lebens, da seine Brust ockerrot ist. Ansonsten rührt seine rote Brust entweder daher, dass es versuchte, den Menschen das Feuer zu bringen oder die Nägel aus Jesu Händen und Füßen zu ziehen, wobei es sich mit seinem und dem eigenen Blut beschmierte. Im Christentum steht das Rotkehlchen für Lebenskraft, Tod, Wiedergeburt und Mitgefühl.

Der nordamerikanische Rabe erschuf das Rotkehlchen, um sich zur Mittagsstunde seines Gesangs zu erfreuen, der Glück und Frieden bringt.

Schnepfe
Element: Luft-Feuer-Erde
Planet: Jupiter
Himmelsrichtung: Süden
Symbol: Ogham Nuin (Esche)
Pflanzenverbindung: Heidekraut, Kiefer, Sanddorn, Wacholder
Gottheiten: Boreas, Coatrischie, Divje Devojke, Hyrokkin, Ilmarinen, Irpa, Ocypete, Rarog, Sarkany, Tempestates, alle anderen europäischen Sturm-/Regengottheiten.

Die Schnepfe symbolisiert die Wiedergeburt, ist die Verbindung zwischen den Welten. Ihr Zickzackflug wird mit dem Blitz gleichgesetzt und ihr trommelartiger Ruf mit dem Donner und prasselndem Regen. Sie ist der Geist des Gewitters.

Schwalbe
Element: Luft
Planet: Sonne/Mars
Himmelsrichtung: Osten
Pflanzenverbindung: Kiefer, Sanddorn, Seetang, Weide
Gottheiten: Africus, Aphrodite, Freya, Isis, Kono-Hana-Sakuya-Hime, die Penaten, Venus

Als Zugvogel symbolisiert die Schwalbe seit frühester Zeit den Frühling, das Leben, Hoffnung und Glück. Bei den Chinesen verkörpert sie darüberhinaus Kühnheit, Treue, positive Veränderungen, Kinder und Erfolg – vor allem, wenn sie am Haus brüten, bei den Japanern Häuslichkeit und Mütterlichkeit. Die Rauchschwalbe war aufgrund ihres roten Halsflecks seit der Steinzeit heiliger Vogel der Großen Mutter wie auch im antiken Griechenland, im römischen Reich und Altägypten. In katholischen Gebieten heißen Schwalben bis heute Muttergottesvögel. Auch im Islam ist die Schwalbe heilig, da sie jedes Jahr nach Mekka pilgert.

Schwan
Element: Luft-Wasser-Spirit
Planet: Neptun/Chiron
Himmelsrichtung: Westen
Symbol: Rune Elhaz/Algiz, Ogham Gort (Efeu) und Eadha (Zitterpappel)
Pflanzenverbindung: Efeu, Kürbis, Schilf, Seerose, Weide, Zitterpappel
Gottheiten: Aphrodite, Brahma, Brighid, Erato, Caer, Clio, Cygnus, Fiongalla, Freyr, Freyja, Kunnawara, Kyrene, Musen, Percht, Rundra Ilona, Saraswati, Vassilissa, Vilen, Walküren, Wunschelwybere, Yian Hou.

Schwäne werden seit der Bronzezeit als heilige Vögel verehrt. Sie tauchen in der Sagenwelt ganz Europas auf, von der Kalevala Finnlands über das Nibelungenlied bis zu König Artus. Nordische und keltische Göttinnen nehmen häufig Schwanengestalt an. Die Schwanenmädchen vieler europäischer Märchen sind menschlich, wurden aber durch ihre Sehnsucht nach Freiheit willentlich oder durch einen Fluch in Schwäne verwandelt. Sie sind Mittler zwischen der hiesigen und der Anderswelt, stehen Helden oder Heldinnen bei.

Schwäne werden auch gerne als Klüverfiguren an Schiffen angebracht, da sie vor dem Untergehen schützen. Es bringt Glück, einem Schwan auf See zu begegnen.

Da Apollo Schwanengestalt annahm, gehen die Seelen der begnadeten Dichter seither auf Schwäne über. Diese sind Symbol der Liebe, Treue und Loyalität, da sie sich mit ihrem Partner auf Lebenszeit verbinden, aber auch verwitweten Schwänen beistehen, ihre Jungen großzuziehen. Andererseits warnen sie vor zu großer Leidenschaft – verwandelte sich doch Zeus aus wildem Begehren in einen Schwan. Bei der Herbstwanderung fliegen sie nach keltischem Glauben der Wilden Jagd voraus und kündigen diese an. Die nordamerikanischen Stämme erinnert der Schwan daran, den Kürbis anzubauen. Er setzt den Willen des Großen Geistes um, ruft die vier Winde herbei. In Australien sind schwarze Schwäne die Schwestern des Schöpfergottes und Ahninnen aller Frauen.

Bei den Hindus lebt das Schwanenpaar Ham und Sa im Großen Geist und ernährt sich vom Honig des Lotus der Weisheit. Er lehrt die heilige Atemtechnik, mit Hilfe derer man in Meditation versinkt und symbolisiert das reine, klare Selbst. Brahma reitet einen Schwan.

Der Schwan steht für die perfekte Verbindung zwischen Luft und Wasser, für die Morgendämmerung, Einsamkeit, Rückzug aus der Welt, Poesie und überirdische Musik.

Spatz
Element: Luft-Erde
Planet: Jupiter
Himmelsrichtung: Osten
Pflanzenverbindung: Buche, Eiche, Hainbuche, Hopfen, Lorbeer, Weissdorn
Gottheiten: Abhramu, Anna Perenna, Aphrodite, Cernunnos, Freya, Herne, Ilmarinen, Ma Gu, Lada, Lesbia, Venus

Der Spatz steht der nordischen Überlieferung nach für Liebe und Ehe des einfachen Volkes, für Fruchtbarkeit, Loyalität, Freundschaft, Ehre und Familie, Gewitztheit, Mut, aber auch die Wiedergeburt der Sonne. Er ist der zweite Begleiter des Eichenkönigs/Hirschgottes Herne oder Cernunnos. Als Lieblingsvogel Lesbias und Helenas steht er für ungewöhnliche Leidenschaft, während er im Christentum der Heiligen Anna die Empfängnis der Maria mitteilte. In Europa warf der Säer die erste Handvoll Korn hinter sich als Opfer für die Spatzen, die die Fruchtbarkeit des Feldes sicherten. Das chinesische Mah Jong bedeutet übersetzt „Spatzensteine", da ihr Geklapper dem Tschilpen von Spatzen ähnelt. Ein guter Spieler ist der Spatzenkönig.

Specht
Element: Luft-Spirit
Planet: Jupiter
Himmelsrichtung: Spirit
Pflanzenverbindung: Buche, Kiefer, Olive, Zeder
Gottheiten: Herne, Ischtar, Jupiter, Mars, Nanabozho, Rhiannon, Thor

Als Mittsommervogel gilt der Specht als Druidenvogel mit großen magischen und prophetischen Kräften, als Hüter der Bäume und Könige. In der römischen Mythologie wachte er über die Zwillinge Romulus und Remus. Der Grünspecht ist die Axt Ischtars, behütet den heiligen Hain und die Gerechtigkeit. Er kündigt zudem Regen an, da er vornehmlich kurz zuvor sein Klopfen hören lässt, was ihn zum Vogel der nordamerikanischen und nordischen Regengottheiten macht.

Star
Element: Luft-Feuer
Planet: Sonne/Mars
Himmelsrichtung: Süden
Symbol: Ogham Tinne (Stechpalme), Ao (Kiefer)
Pflanzenverbindung: Efeu, Kiefer, Kirsche, Stechpalme, Wein
Gottheiten: Africus, Auster, Barbmo-Akkan, Euros, Hermes, Ilmarinen, Laddis-Edne, Lips, Loki, Merkur, Notos, Peitho, Vör

Dieser Zugvogel steht für Feuer, Mut, Unverfrorenheit, Frechheit, Vaterschaft und väterliche Liebe, Verständigung und Durchblick sowie den Südwind.

Storch
Element: Luft-Feuer-Wasser
Planet: Sonne/Mond
Himmelsrichtung: Süden
Pflanzenverbindung: Olive, Pappel, Weide
Gottheiten: Africus, Artemis, Hera, Juno, Lan Caiho

Wo immer der Storch auftaucht, von China über das alte Ägypten bis zum heutigen Europa, gilt er als Verteidiger der Schwachen, als Vernichter des Bösen und damit als Sonnenvogel. Er steht für Langlebigkeit, Glück im hohen Alter, Würde, Reinheit, Wachsamkeit, respekt- und liebevolle Kinder. Als Zugvogel, der im Frühling zurückkehrt und feuchte Lebensräume bevorzugt, gehört er auch zum Mond und repräsentiert Wiedergeburt, Fruchtbarkeit, Kinderreichtum und Wandel. Im antiken Griechenland verkörperte der weibliche Storch die archetypische Frau, die Lebensspenderin und Versorgerin, aber auch Verteidigerin des Heimes, unabhängig und doch in Liebe gebunden.

Strauß
Element: Erde-Luft
Planet: Saturn
Himmelsrichtung: Süden
Pflanzenverbindung: Affenbrotbaum, Dattelpalme
Gottheiten: Aluzza, Amenti, Fata Morgana, Ma'at, Naila, Tiamat

Der Strauß ist ein Freund des Djinn und ebenso unberechenbar. Überzeugt man ihn mit einem eigenen Tanz, gewährt er einen Wunsch. Er selbst tanzt zu Ehren würdiger Toter und hilft beim Übergang in andere Welten. Der Strauß gilt als mächtiger Verteidiger der Familie, höherer Werte und absoluter Gerechtigkeit. Seine Feder ist das Symbol der Ma'at. In koptischen Kirchen wie auch muslimischen Moscheen hängen seine Eier als Sinnbild der Schöpfung, des Lebens und der Wiedergeburt. Seine Eierschalen gelten in Afrika bis heute, in runde Scheiben geschliffen, als Zahlungsmittel oder aufgefädelt als magisches Schutzamulett.

Taube
Element: Luft-Spirit
Planet: Jupiter/Uranus
Himmelsrichtung: Osten
Pflanzenverbindung: Apfel, Birke, Erdbeere, Granatapfel, Olive, Veilchen
Gottheiten: Adonis, Aphrodite, Anahita, Astarte, Atargatis, Athene, Bacchus, Euronyme, Freya, Hachiman, Ischtar, Maria, Nantosuelta, Semiramis, Sophia, Tanit, Venus, Xochiquetzal, Yama, Zeus.

Die Taube ist der heilige Vogel und Botin aller europäischen Mutter- und Himmelsgöttinnen. Der Wagen der Venus wird von Tauben über den Himmel gezogen und eine Taube führte Äneas zum Mistelzweig. Im Alten Ägypten saßen Tauben im Baum des Lebens, bewachten seine Früchte und versorgten ihn mit Wasser aus ihren Schnäbeln. Bei den Minoern symbolisierte das heilige Paar aus Schlange und Taube die Erde und den Himmel.

Der ägyptischen Kriegsgöttin Anat, der gallischen Kollegin Nantosuelta, der griechischen Athene wie auch dem japanischen Kriegsgott Hachiman diente die Taube als Friedensbotin, die das Ende des Krieges verkündet. Tauben retteten Semiramis vor dem Hungertod, daher nahm ihre Seele nach dem Tod die Gestalt einer Taube an. Im Hinduismus dient die Taube zusammen mit der Eule als Botin des Todesgottes Yama.

Im christlichen Glauben symbolisiert die Taube den Heiligen Geist, der Maria aufsucht. Sie verkörpert den lebendigen Geist, die Seele, den Übergang von einer Welt in die nächste, Licht, Unschuld, Reinheit, Sanftheit, Treue und Frieden, Vergebung und Gnade. Eine Taube mit Ölzweig steht für Wiedergeburt, die Verkündigung, Vergebung und Frieden. In Märchen wiederum dienen Tauben oft als unwillentlicher Aufenthaltsort für das Herz oder die Seele eines bösen Zauberers.

Wachtel
Element: Luft-Erde
Planet: Sonne/Mond
Himmelsrichtung: Süden/Osten
Pflanzenverbindung: Ginster, Gras, Heide, Rose
Gottheiten: Barbmo-Akka, Ashvins, Asteria (griech. Sternengöttin), Loddis-Edne, Tomam

Die Wachtel ist ein Zugvogel. Sie wird mit Morgen und Abend, dem Frühling und glücklichem Geschick in Geld- und Liebesdingen in Verbindung gebracht. In China steht sie für den Sommer, Armut, aber auch Mut, sich über die ehemalige Stellung durch harte Arbeit zu erheben. Für die Römer symbolisierte sie ebenfalls Mut und täglichen Sieg über alle Fährnisse. Für die Griechen hingegen verkörperte sie den Frühling und neues Leben. In russischen Legenden repräsentiert die Wachtel ebenfalls den Frühling und die Morgenröte, aber auch die Sonne und damit den Zaren.

Zaunkönig
Element: Luft-Spirit
Planet: Sonne, Pluto
Himmelsrichtung: Norden
Pflanzenverbindung: Efeu, Stechpalme, Weissdorn
Gottheiten: Chione, Herne, Irdlirvirisissong, Maria, Taliesin, Zimarsla

Der Zaunkönig ist der König der Vögel, da er der Gewitzteste und Mutigste von allen ist. Er stahl das Himmelsfeuer und brachte es den Menschen. Da er in Hecken und überwachsenen Zäunen lebt, gilt er als Hexenvogel, der vor Schadensmagie schützt. Die Druiden lasen aus seinem Verhalten gute oder schlechte Omen. Als Mittwintervogel darf er nur an diesem Tag als Symbol des sterbenden alten Jahres getötet und mit großem Zeremoniell zu Grabe getragen werden.

Ziegenmelker
Element: Luft
Planet: Mond
Himmelsrichtung: Norden
Pflanzenverbindung: Heckenrose, Jelängerjelieber
Gottheiten: Alfr, Amaunet, Asklepiós, Hathor, Hekate, Hypnos, Persephone

Der Gesang des Ziegenmelkers warnt vor Bösem sowie nächtlichen Dämonen und verscheucht sie. Er weist den rechten Weg in dunkelster Nacht und vertreibt die Angst.

Für alles ist ein Kraut gewachsen – Botschaften aus Blüte, Blatt und Borke

Die hier folgende Liste ist keineswegs vollständig. Sie soll Ihnen lediglich einen Überblick verschaffen, welche überwiegend einheimischen Kräuter, Hölzer oder Harze für die hier angesprochenen Themen geeignet sind. Wie schon in den vorhergehenden Bänden werden wichtige Verbindungen zu weiteren Elementen, den Planeten wie auch Gottheiten angegeben. In Klammern finden Sie außerdem Hinweise, welche Pflanzenteile zur Verwendung kommen. Auch Informationen über ihre Herkunft und ihre magische Bedeutung fehlen nicht. Zum Schluß folgen Anregungen für gern verwendete Mischungen, die gut für bestimmte Rituale geeignet sind. Sie finden hier überwiegend leicht zu sammelnde oder preiswert in jeder Apotheke/jedem Bioladen zu erstehende Pflanzen. Bis auf wenige Ausnahmen sind geschützte, giftige oder nur unter hohen Umweltbelastungen zu beschaffende Gewächse in dieser Liste nicht enthalten. Harze bilden allerdings eine Ausnahme, da sie bis auf Fichten- oder Tannenharz aus wärmeren, weiter entfernten Gefilden stammen. Wenn etwas von Ihnen Gesuchtes hier fehlt, schlagen Sie in anderen Kräuterbüchern nach oder nutzen Sie die Gelegenheit, der fehlenden Pflanze genauer nachzuspüren. Gottheiten der Luft, die den Pflanzen oder dem Räucherwerk zugeordnet sind, finden Sie mit näherer Beschreibung ab S. 145. Gehören die Pflanzen noch anderen Elementen an, so sind hier nur die wichtigsten Gottheiten mit Namen aufgeführt. Leben Sie Ihren Forscherdrang in dieser Hinsicht also aus.

Andorn
Marrubium vulgare
Energie: Luft
Planet: Merkur
Gottheiten: Adeona, Ilmarinen, Isis, Kishimogin, Tate, Thor, Yondung Halmoni, nordische und ägyptische Luftgottheiten
Herkunft und Ernte: Der Andorn stammt ursprünglich aus Südeuropa, hat sich jedoch in den letzten Jahrzehnten auch bei uns ausgebreitet.
Magische Bedeutung: Schutz, geistige Kraft, Heilung, Abwehr. Für Schamanen und Medizinmänner/frauen unerläßlich, da er die Seele reinigt und den Geist klärt. Im alten Ägypten wappnete man sich mit dem Rauch gegen Zauberei, Illusionen und gegen alle Gefahren, die Kindern drohten. Die Germanen schützte Andorn als Rauchopfer vor Feinden, Gespenstern, Wald- und Berggeistern.

Alantwurzel
Inula helenium
Energie: Luft-Wasser
Planet: Merkur
Gottheiten: Antevorta, Aricia, Corra, Seidr, Mater Matuta, Odin, Palato
Herkunft und Ernte: Auch Glockenwurz, Odinskopf, Sonnenwurz, Schlangenwurz genannt. Bis zu zwei Meter hoher Busch, der Ufer und feuchte Wälder bevorzugt, aber auch Trockenheit verträgt.
Duft: Fruchtig, warm wie frischgebackenes Brot.
Magische Bedeutung: Verwenden Sie Alant um eine klare, helle und schützende Atmosphäre zu schaffen. Die Wurzel vertreibt Traurigkeit und Melancholie und hilft Ihnen, ruhig und unverschleiert den Weg zum Ziel zu erkennen. Die helle und wärmende Energie sorgt während der kalten Jahreszeit für Geborgenheit in Ihren vier Wänden. Schafft Klarheit bei allen Arten der Wahrsagung.

Angelika, Engelwurz,
Angelicaarchangelica, Angelica officinalis
Energie: Luft-Erde-Feuer
Planet: Sonne
Gottheit: Agathós, Argestes, Aja, Bhaga, Nephtys, Ushas, Verbti
Herkunft und Ernte: Engelwurz, Brustwurz, Brautwurz, Heiliggeistwurz, der Namen gibt es viele. Genutzt werden Wurzel und Blütenblätter. Ursprünglich in Europa und Sibirien beheimatet, wird die mehrjährige Pflanze heutzutage in Belgien, Ungarn und Deutschland angebaut.
Duft: Wurzel - Erdig, warm mit scharfer Grundnote. Blätter - Erdig mit zarter Süße.
Magische Bedeutung: Ein gestreuter Ring aus gemahlener Wurzel oder zerkleinerten Blättern schützt vor negativen Energien. Streuen Sie etwas Pulver in die vier Ecken ihres Heimes, wenn Sie vorhandene Energien bannen möchten. Geben Sie die Wurzel allen Mischungen für Schutz- und Reinigungsrituale bei. Als Räucherwerk wie als Tee bündelt sie Ihre Aufmerksamkeit und stärkt Ihr Ich. Bei Ritualen gegen Mutlosigkeit und Existenzangst helfen sowohl Wurzel als auch Blütenblätter. Die Energie der Blätter ist lediglich sanfter und wirkt langsamer.

Baldrian
Valeriana officinalis (Wurzel)
Energie: Luft-Wasser
Planet: Uranus
Gottheiten: Anemotis, Bastet, Feng Po-Po, Heket
Herkunft und Ernte: Baldrian gedeiht gerne im Garten und auf dem Balkon. Rechnen Sie mit sehr regem Katzenbesuch, denn die Tiere lieben den Geruch der Wurzel und graben sogar danach. Wächst gerne in der Nähe von Wasser.
Duft: eindringlich, süßlich, sinnlich und entspannend. Zu intensiv verwendet wird er oft als unangenehm empfunden. Duftet Ihnen die Wurzel zu stark, so nehmen Sie die Blütenblätter.
Magische Bedeutung: Baldrian lehrt, dem instinktiven Element zu vertrauen und in sich zu ruhen. Er erleichtert Hingabe und Entspannung. Seine Energie steht den nächtlichen Kräften des Mondes nahe, besänftigt das innere Tier und öffnet die Augen für das Feinstoffliche.

Baumfarn
Polypodium vulgare
Energie: Luft-Wasser
Planet: Neptun
Gottheiten: Dames Vertes, Diana, Kishimogin
Herkunft und Ernte: auch Tüpfelfarn genannt. Der Baumfarn wächst gerne in lichten Wäldern, an schattigen Felsen und Mauern sowie am Fuß alter Bäume. Abgesehen vom Süden ist er überall in Europa zu finden sowie in Nordasien und Nordamerika.
Duft: der frische, waldige und farnige Duft wird durch Zusatz von Kampfer und Efeu noch unterstützt.
Magische Bedeutung: als Räuchermittel bei Reinigungs- und Schutzritualen sowie zur Klärung der Energien.

Beifuß
Artemisia vulgaris
Energie: Luft-Feuer-Spirit
Planet: Sonne
Gottheiten: Artemis, Diana, Euros, Heket, Lips, Manitowuk, Mater Matuta, Nechbet, Neoga, Notos, Pirts Mate, Tate, Zi Nu
Herkunft und Ernte: Edelraute, Gänsekraut, Wilder Wermut. Die mehrjährige stark verzweigte Pflanze, mit ihrem bis zu 1,50 m hohen Stängel, wächst wild in allen gemäßigten Zonen der Welt.
Duft: bittersüß, starker Eigenduft.
Magische Bedeutung: Um die Geister des Vorjahres zu vertreiben, warfen die Germanen diese Pflanze zur Sommersonnenwende aufs Feuer. Volkstümliche

Namen weisen auf seine einstige kultische und magische Rolle hin: Sonnenwendgürtel, Johannisgürtel, Mugwurz, Schutzkraut. Als Grenzgänger geleitet dieses Kraut sicher über Schwellen und in andere Sphären. Daher wird es bei Reisen aller Art verräuchert. Der Duft wirkt entspannend, wärmend und beruhigend auf die Nerven, öffnet und bereitet den Boden für innere Sammlung und Stärkung. Am Übergang werden die Kräfte gebündelt und die Seele geläutert, bevor der Schritt ins Neue beginnt. Beifuß ist ein traditionelles Frauenkraut. Er hat eine wärmende und entkrampfende Wirkung auf die Gebärmutter, den gesamten Unterleib und fördert die Menstruation. Daher findet er sich auch im traditionellen Neun-Kräuter-Bündel der Frauen.

Bernstein (Harz)
Energie: alle 5 Elemente
Planet: Jupiter
Gottheiten: Dames Vertes, Dogoda, Freya, Kaukas
Herkunft und Ernte: Das fossile Material besteht aus dem Harz von Nadelbäumen, die vor 20 bis 200 Millionen Jahren wuchsen. Besonders ergiebige Vorkommen finden sich im baltischen Raum.
Duft: brennt sehr langasam, schwer, dunkel, leicht brandig.
Magische Bedeutung: Bernstein, auch Sonnenstein genannt, ist vor allem als Schmuck und Schutzstein bekannt. Das „Gold des Nordens" weist die Eigenschaften aller Elemente auf. Als elektrostatisch aufladbares Baumharz umschließt er die Energien der Luft, Millionen Jahre im Untergrund prägten ihn mit den Kräften der Erde. Als Geschenk des Meeres birgt er die Kräfte des Wassers, ist aber brennbar und damit unmittelbar mit dem Feuer verbunden. Seine Transparenz und seine Wirkung verbinden ihn mit Spirit. Er ist eine der ältesten Räuchersubstanzen, die bei rituellen Zeremonien eingesetzt wurde und darf in keinem „nordischen Weihrauch" fehlen. Er schafft eine Atmosphäre der Erneuerung und geistigen Erwärmung und eignet sich besonders gut für Meditationsmischungen. Bernstein beruhigt, gibt Gelassenheit und entspannt bei Nervosität, Gereiztheit und Streß. Er unterstützt jeden Neubeginn und das Loslassen alter Muster. Er stärkt Hoffnung, Vertrauen und den Glauben an den eigenen Erfolg.

Besenginster
Cytisusscoparius
Energie: Luft-Feuer
Planet: Mars
Gottheiten: Brigid, Freya, Thor
Herkunft und Ernte: Die Pflanze wächst in lichten Wäldern und Gebüschen in weiten Teilen Europas. Man findet sie vor allem an Bahnböschungen, trockenen Waldrändern, auf sonnigen Hügeln und den sandigen Niederungen der nordischen Tiefebene.
Duft: Honigartig, intensiv.
Achtung! Ginster darf niemals eingenommen werden. Das enthaltene Cytisin führt durch Atemlähmung sehr schnell zum Tod.
Magische Bedeutung: Die getrockneten Blüten werden ausschließlich in Rauchmischungen verwendet. Sie wirken entspannend, fördern euphorische Gefühle und festigen Liebesgefühle.

Birke
Betula alba, B. pendula oder *B. lenta*
Energie: Luft-Wasser
Planet: Venus
Gottheiten: Auseklis, Flora, Freya, Kore, Kostrubonko, Mardeq Avalon, Pirts Mate, Vilen, Zonget
Herkunft und Ernte: In Europa weit verbreitet wächst die Birke in lichten Laub- und Nadelwäldern, in Mooren, auf Magerwiesen, Heiden und anderen sauren, nährstoffreichen Böden.
Duft: holzig mit frischer Note.
Magische Bedeutung: Sie weckt die Lebensgeister und bringt das Lebensrad wieder in Schwung. Alte Schlacken und seelische Gifte werden ausgetrieben, man steht dem Leben wieder frisch und rein gegenüber. Birkenblätter wirken antibakteriell und ergeben einen

harntreibenden Tee. In der Sauna regen Schläge mit dem Birkenbüschel den Kreislauf an. Neben der Weide mit ihren Kätzchen ein Sinnbild des Frühlings und des Neuanfangs, des Losgelöstseins.

Borretsch
Borago officinalis
Energie: Luft
Planet: Jupiter
Gottheiten: Ashvins, Eutherpe, Hathor, Kyrene, Meret
Herkunft und Ernte: Auch Gurkenkraut genannt. Borretsch stammt ursprünglich aus dem Mittelmeerraum und liebt nahrhafte, durchlässige Böden. Er darf nicht zu eng gepflanzt werden, sonst befallen ihn Läuse und Mehltau. Eine unverzichtbare Hummelpflanze.
Duft: Blüten zart blumig, sonst erdig und etwas streng.
Magische Bedeutung: Verbreitet verräuchert gute Laune. Stärkt den Mut und die psychischen Kräfte.

Brennnessel
Urtica dioica
Energie: Luft-Feuer
Planet: Mars
Gottheiten: Agathós, Sekhmet, Thor
Herkunft und Ernte: Brennnessel gedeiht in der Nähe menschlicher Behausungen an Zäunen, Wegrändern, Schuttplätzen, Waldrändern und Gräben. Sie ist weltweit in gemäßigten Zonen verbreitet und wächst in dichten Gruppen.
Duft: erdig.
Magische Bedeutung: Die Wurzel wird ebenso wie die Blätter zum Räuchern verwendet, um vor bösen Zauberern, Hexen und Geistern zu schützen. An Walpurgis verräuchert schützt sie das Vieh vor Schadenszauber, zudem wehrt sie Blitz und Feuer ab. Als Tee reinigt und klärt sie.

Copal
Energie: Luft-Feuer (weißer Copal)-Wasser (Goldcopal)-Erde (schwarzer Copal)
Planet: Chiron
Gottheiten: Arsnuphis, Baal-Hadad, Heket, Laka, Marici, Nefertem, Nut, Paták, Tate, Vayu
Herkunft und Ernte: Der Begriff Copal umfasst Harze einer Vielzahl von Bursera-Arten aus Südamerika, Asien und Afrika. Der Name ist vom aztekischen *copal-coahuitl* abgeleitet, das vom mittelamerikanischen Balsambaum gewonnen wird. Sein helles Harz nannten die Maya die heilige „Nahrung der Götter". Der afrikanische Copal ist von härterer Struktur und milder im Duft.
Duft: Frisch, würzig und scharf. Der Duft zeichnet sich durch eine helle und klare Präsenz aus.
Magische Bedeutung: Copal wird häufig als Ersatz für den teureren Bernstein verwendet. Die Wirkung ist ähnlich, wobei Copal schärfer wirkt.

Weißer Copal: Die Aufmerksamkeit wird unmittelbar gefördert und nicht wie bei Bernstein sanft eingeleitet. Er reinigt die innere Haltung und unterstützt geistig-spirituelle Arbeit. Herzöffnend und geistklärend kommen Ruhe und Frische gemeinsam zum heilenden Einsatz.

Goldcopal (Südamerika): sein zarter und sensibler Duft ist wärmer als jener der weissen Variante. Er eignet sich für Inspiration fördernde und Fantasie anregende Räucherungen. Zusätzlich stärkt er den Kontakt und das Vertrauen zur eigenen Mitte sowie die Verbindung mit der alles durchdringenden Lebenskraft.

Schwarzer Copal: Dieses mystische und balsamisch duftende Räucherharz zeigt die eigenen Vorurteile, Schatten und Schwächen klar auf. Es hilft, Melancholie und Mutlosigkeit zu überwinden und wieder Boden unter den Füßen zu spüren.

Dammar
Canarium strictum, Shorea wiesneri
Energie: Luft
Planet: Uranus
Gottheiten: Amaunet, Marici
Herkunft und Ernte: Dieses weiße Harz stammt von einem in Südostasien recht häufig vorkommendem Baum. Allerdings werden unter dem Begriff Dammar auch andere Harze dunklerer Farben gehandelt.
Duft: frisch, leicht zitrusartig.
Magische Bedeutung: Mit einer Dammar-Räucherung bringen Sie Ihren Geist in Bewegung. Dieses Räucherwerk unterstützt nachdrücklich alle mentalen Prozesse und geistigen Arbeiten. Der frische Duft wirkt wie ein Lichtstrahl, klärt diffuse mentale Zustände und stärkt Hellsichtigkeit.

Efeu
Hedera helix
Energie: Luft-Wasser-Erde
Stern: Sirius
Gottheiten: Bacchus, Dionysus, Herne, Ilmarinen, Osiris, Saraswati
Herkunft und Ernte: Er wächst in lichten Wäldern, bildet dort entweder Polster oder klettert an Bäumen empor, häufig rankt er auch an Mauern und Gebäuden. Er ist fast überall in Europa und Vorderasien verbreitet.
Duft: holzig, erdig.
Achtung! Efeu ist giftig und daher nicht zum Verzehr geeignet.
Magische Bedeutung: Efeu ist eine uralte Kult- und Heilpflanze. Das griech. „Hedera" wird auf das altindische „ghedh" (fassen, umklammern) zurückgeführt und das germanische „iwe" (ewig), welches sich auf die wintergrünen Blätter bezieht. Im alten Ägypten war der Efeu die heilige Pflanze des Osiris. Beide Male wird der Efeu hier mit dem ewigen Leben und dem wiederkehrenden Licht in Verbindung gebracht. In Griechenland und Rom hingegen gehört der Efeu seit jeher zu Bacchus/Dionysos, dem Gott des Weines, und den Mänaden. Hat der Efeu Halt gefunden, vermag ihn nichts mehr von seinem

Partner zu trennen, daher gilt die immergrüne Pflanze als Symbol der Treue und Unsterblichkeit. In Griechenland überreichte der Priester dem Paar bei der Trauung eine Efeuranke. Zu Beltane pflegten die Mädchen einen Efeukranz zu tragen, dessen Zauberkraft den Geliebten herbeilocken sollte. Andererseits soll Efeu den ehelichen Frieden stören, wenn man ihn ins Haus trägt. Efeu gilt aber auch als Schwellenpflanze zwischen den Welten, die bei astralen oder schamanischen Reisen sicher im Hier und Jetzt verankert.

Eiche
Quercus robur
Energie: Luft-Feuer
Planet: Sonne
Gottheiten: Apollo, Bhaga, Hippogriff, Ilmarinen, Kyrene, Neoga
Herkunft und Ernte: Die Eiche ist fast überall in Europa zu finden und wächst in Laubmisch- oder reinen Eichenwäldern. Sie meidet Staunässe.
Duft: Eichenrinde, getrocknete Blätter, gemahlene wie getrocknete Eicheln haben einen holzigen, leicht strengen Duft.
Magische Bedeutung: Die Eiche ist ein uralter Kultbaum. Als Baum des Gottes hielt sie schwarzmagisch zaubernde Hexen und Teufel ab. Auch den Kelten war die Eiche heilig, sie nannten sie „Duir". Aus diesem Wort leitet sich der Begriff Druide ab. Die Eiche steht für Macht, Erfolg, Ruhm, Kraft und langes Leben, Heiligkeit, Schutz, Weihe und Mittsommer. Auf ihr wächst die machtvollste Variante der magisch-mystischen Mistel.

Eisenkraut
Verbena officinalis
Energie: Luft-Erde
Planet: Venus
Gottheiten: Alfr, Caer, Hypnos, Ho Xian-Gu, Isis, Nansche, Thor
Herkunft und Ernte: Isenkraut, Druidenkraut, Traumkraut. Die Pflanze wächst in ganz Europa und wird 50-70cm hoch.
Duft: Der Rauch von glimmendem Eisenkraut riecht wie ein herbstliches Laubfeuer.
Magische Bedeutung: Es wird in Tees und Räucherritualen für materiellen Erfolg, zur Reinigung und zum Schutz gegen negative Einflüsse aller Art eingesetzt. Es löst Blockaden, gibt Kraft und ermöglicht Kontakt mit dem inneren Kind und anderen Sphären. Wirkt zudem Traum fördernd und Alptraum verhindernd (hierfür aber am besten vermischt mit wohlriechenderen Schlaf- und Traumkräutern).

Fenchelsaat
Foeniculum vulgare
Energie: Luft-Feuer
Planet: Merkur
Gottheiten: Bhaga, Dionysus, Prometheus, alle schützenden Luftgottheiten
Herkunft und Ernte: Die wilde Form gedeiht nur in Südeuropa, die kultivierte Gartenpflanze ist in ganz Europa verbreitet.
Duft: anisähnlicher Duft mit einer leicht waldigen, süßlichen Note.
Magische Bedeutung: Zerdrückte oder zermahlene Früchte bzw. Samen werden in Tees und Reinigungsritualen verwendet, da Fenchel auf jeder Ebene desinfiziert. Löst Blockaden und Isolierung, klärt angestaute Probleme und Gefühle. Führt zu innerer Entspannung, Reinigung, Trost und Stabilität, verschafft Geborgenheit.

Fichte
Picea abies
Energie: Luft-Erde
Planet: Merkur
Gottheiten: Dames Vertes, Kaukas
Herkunft und Ernte: Die flachwurzelnde Fichte ist ein typischer Baum Europas von bis zu 70 m Höhe.
Duft: Nadeln - waldig-grüner Duft. Harz - intensiv waldig (in der Tiefkühltruhe aufbewahrt lässt es sich gut portionieren)
Magische Bedeutung: Fichtennadeln sind unerläßlicher Bestandteil bei Reinigungsräucherungen und -bädern, da sie Menschen, Tiere, Räume, Orte, Gegenstände und Sphären klären und schützen. Fichtennadeln unterstützen aber auch Aufbau und Stärkung. Ihr Duft verbindet Himmel und Erde und gibt Körper wie Seele Halt und Kraft.

Harz: Verräuchern Sie nur in kleinen Mengen und nicht in der Nähe offener Feuer, da das Harz sehr entzündlich ist und starken Rauch bildet. Der Duft wirkt aufbauend, stärkend und unterstützt Ihre Verbindung zu Himmel und Erde.

Hamamelis
Hamamelisvirginiana (Rinde und Blätter)
Energie: Luft-Feuer
Planet: Mond
Gottheiten: Anna Perenna, Asklepiós, Ilmarinen, Manitowuk, Tate
Herkunft und Ernte: Die auch als Zauberhasel bekannte Hamamelis liebt gemäßigte Zonen.
Duft: Beim Räuchern verströmen die Blätter eine feine zarte Note, die Rinde ist eher holzig im Duft.
Magische Bedeutung: Hamamelis unterstützt Räuchermischungen für Heilrituale. Schamanen nutzen sie, um mit den Geistern der Ahnen zu sprechen. In Lotionen und Tees klärt, reinigt und heilt Hamamelis ebenfalls.

Haselnuss
Coryllus avellana (Blätter)
Energie: Feuer-Luft
Planet: Mond
Gottheiten: Artemis, Diana, Freya, Gunnlöd, Hrede, Leannan Sidhe, Ogma, Ostara, Saga, Thor
Herkunft und Ernte: Haselnusssträucher wachsen in Wäldern, Hecken und Gärten. Sie sind in Europa, Westasien und Nordafrika verbreitet.
Duft: holzig, erdig.
Magische Bedeutung: Die Hasel ist eine altgermanische Zauberpflanze, auch Hexenhasel genannt. Die Germanen banden Haselruten an Stäbe und Unterkünfte oder räucherten Haselblätter bei ihren Zeremonien, damit die Götter ihnen Schutz vor Blitzschlag gewährten, Fruchtbarkeit, Erfüllung ihrer Wünsche und Stärkung der mentalen Kräfte. In der keltischen Mythologie gilt die Hasel als Vermittlerin von Wissen und Weisheit, sie gewährt Einblick in Geheimnisse und Bardenmagie. In dieser Rolle wird sie sowohl verräuchert als auch in Kuchen gebacken oder als Nuss verzehrt.

Heidekraut
Calluna vulgaris
Energie: Erde-Luft-Feuer
Planet: Jupiter
Gottheiten: Isis, Kostrubonko, Mardeq, Avalon, Vilen
Herkunft und Ernte: Heidekraut wächst in lichten Kiefernwäldern, auf Mooren, Felshängen, Magerweiden und in der Heide. Es ist fast überall in Europa, Westsibirien und in Nordamerika vertreten.
Duft: krautig, erdig.
Magische Bedeutung: Im Volksglauben gilt weißblühendes Heidekraut als Glücksbringer und schenkt, unter das Kopfkissen gelegt, wahre Träume. Ein Kranz aus Heidekraut um den Spiegel hält alles Unglück vom Haus fern. Im Mittelalter räucherten Bauern damit Ställe und Lebensmittelkeller aus, um Nahrungsmittel frisch zu halten, den Milchfluss des Viehs zu gewährleisten und vor Unheil zu schützen.

Hopfen
Humulus lupulus
Energie: Wasser-Luft
Planet: Neptun
Gottheiten: Corra, Dames Vertes, Gendenwitha, Heket, Hypnos, Lada, Mänaden, Mater Matuta, Naestsan, Pirts Mate
Herkunft und Ernte: Das mehrjährige Klettergewächs ist in Europa und Nordamerika heimisch. Hopfen wächst auf nährstoffreichen, feuchten Böden in Auwäldern, an Flussufern und Bächen, aber auch im eigenen Garten zu beträchtlichen Ausmaßen heran. Als wichtiger Bestandteil der Bierbraukunst wird er in Europa, Westasien und Nordamerika genutzt.
Duft: süßlich, ähnlich dem Baldrian, aber weniger erdrückend.
Magische Bedeutung: Wie Baldrian sollte auch Hopfen aufgrund seiner Intensität in sehr kleinen Mengen als beruhigende und schlafördernde Komponente verwendet werden. Er unterstützt feinstoffliche Kontakte mit den Naturkräften, löst schmerzhaft verfestigte Strukturen, führt zu Vergebung und Ausgleich und damit zum Überschreiten der bisherigen eigenen Grenzen. Wem er als Räucherung nicht zusagt, sollte Hopfenblüten als Bestandteil von Teemischungen verwenden (leicht bitter). Hopfen wirkt beruhigend, teils euphorisierend oder gar leicht betäubend. Im Volksglauben ist Hopfen ein Sinnbild der Fruchtbarkeit. Schwangere Frauen wurden mit Hopfenbüscheln beräuchert oder „geschlagen", damit Schwangerschaft und Geburt unkompliziert verliefen.

Jasminblüten
Jasminum grandiflorum, bzw. J. officinale (Blüten)
Energie: Luft-Wasser
Planet: Venus
Gottheiten: Ganesha, Grazien, Hathor, Kilili, Lada, Marici, Nephtys, Norwan, Nut, Vajravraki, Zi Nu
Herkunft und Ernte: Viele Jasminarten blühen auch in unseren Breiten. Ernten Sie nachts, wenn die Kräfte der Blüten am ausgeprägtesten sind.
Duft: zart blumig. Eignet sich für Tee oder für Räucher- und Duftmischungen, da sich der zarte Eigenduft sehr rasch verliert. Die Pflanze und ihre getrockneten Blüten setzen positive Schwingungen frei.
Magische Bedeutung: Jasmin steht für Erotik, Schutz und Segen in der Liebe. Jasmin verbreitet ein Gefühl von Zuversicht und Optimismus, wirkt gegen Niedergeschlagenheit und nervöse Erschöpfung und hilft darüberhinaus bei der Verarbeitung negativer und unangenehmer Dinge.

Johanniskraut
Hypericum perforatum
Energie: Luft-Feuer
Planet: Sonne
Gottheiten: Astarte, Freya, Marici, Mater Matuta, Lada
Herkunft und Ernte: Erscheint in Europa und Westasien auf Wiesen, an Wegrändern und Gebüschen mit eher trockenen Böden.
Duft: süß und sehr sonnig.
Magische Bedeutung: Als Sonnenbote vertreibt Johanniskraut Einsamkeit und Trübsinn und ist eine der bekanntesten Heilpflanzen der Volksmedizin. Es wirkt ausgleichend, schützt vor negativen Einflüssen und gehört traditionell zu den Sonnenwendkräutern. Galt im Mittelalter als Hauptmittel gegen bösen Zauber. Ein zur Sonnenwende gewundener Kranz, über das Hausdach geworfen, schützt vor Blitz, Feuer, Dämonen und dem Teufel. Auch als Liebesorakel verräucherbar. Im Winter als Tee mit Honig erhellend und stärkend.

Kamille
Matricaria chamomilla recutita
Energie: Luft-Wasser
Planet: Neptun
Gottheiten: Agathos, Ganesha, Marici, Ostara, Phönix
Herkunft und Ernte: Die Echte Kamille aus der Familie der Korbblütler (Compositeae) ist in ganz Europa, Nord- und Westasien heimisch. Kamillearten gedeihen problemlos im Garten oder auf dem Balkon. Ernten Sie bei abnehmendem Mond um die beruhigenden Kräfte zu betonen, bei zunehmendem um finanzielle oder rituelle Anliegen zu stärken.
Duft: Kamille verbreitet einen süßlich, warm-krautigen Geruch.
Magische Bedeutung: Kamille vermittelt Ruhe und Ausgeglichenheit. Sie ist empfehlenswert, wenn Ärger und Trauer den Geist verdunkeln, bei Segnungszeremonien und Gebeten um finanziellen Erfolg. Kamille wirkt kühlend und ausgleichend, fördert die Harmonie und Toleranz, besänftigt das Gemüt, mindert Streitlust und vermittelt Ruhe und Geborgenheit.

Kiefer (Holz und Harz)
Pinusarten
Energie: Feuer
Planet: Sonne
Gottheiten: Kostrubonko, Mardeq Avalon, Pirts Mate, Vilen
Herkunft und Ernte: Zahlreiche Unterarten weltweit.
Duft: balsamisch-warme, leicht zitronige, harzige (besonders beim Verräuchern von Kiefernharz zu riechen) Note
Magische Bedeutung: Kiefernräucherungen oder -bäder wirken wärmend, stärkend und aufbauend. Sie bringen die Seele und den Geist in Einklang, entspannen und kräftigen die Nerven, wirken reinigend, desinfizierend, lösend, öffnend und klärend. Für rastlose, betriebsame, überreizte Menschen, die sich zuwenig Ruhe und Muße gönnen, schenkt eine Kiefernsprossen-Räucherung tiefe Erholung und Stärkung. Die Dämpfe des Kiefernharzes stärken die Lungen und die Energie schwächlicher Kinder. Der Rauch wirkt antiseptisch und durchblutungsfördernd, der Duft schützt vor magischen, krankmachenden Praktiken und gilt als herzstärkendes Mittel. Der Eigenduft der Kiefer bleibt auch in Mischungen erhalten. Getrocknete Kiefernsprossen brennen lichterloh und sind deshalb bevorzugt zerkleinert in Mischungen zu verräuchern. Beachten Sie bei Kiefernräucherungen die gleichen Vorsichtsmaßnahmen wie bei Fichtenharz.

Königskerze
Verbascum thapsus (Blüte)
Energie: Luft-Feuer-Erde
Planet: Sonne
Gottheiten: Africus, Agathos, Anemotis, Auster, Euros, Neoga
Herkunft und Ernte: Die Königskerze ist ein typischer Kulturbegleiter, wächst auf Schuttflächen, Kahlschlägen, an Wegrändern und ist eine wichtige Nahrungspflanze für Insekten. Sie ist in Süd- und Mitteleuropa heimisch und lässt sich gut im eigenen Garten ziehen.
Duft: Blumig zart, verfliegt wie bei den meisten Blüten sehr schnell.
Magische Bedeutung: Eignet sich für Räucherungen und Tees, die Ruhe und Entspannung bringen. Überreiztheit wird sanft abgemildert, ein schweres Herz getröstet und aufgehellt. Im antiken Griechenland verräucherte man Blätter und Blüten zusammen, um böse Zauberkräfte und Dämonen fernzuhalten.

Koriandersaat
Coriandrum sativum
Energie: Luft-Wasser
Planet: Venus
Gottheiten: Freya, Ganesha, Phönix, Venus, Vör
Herkunft und Ernte: Diese einjährige aromatische Wiesenpflanze ist ursprünglich in Europa und Westasien beheimatet, hat sich inzwischen aber auch in Nordamerika ausgebreitet.
Duft: süß, holzig-würzig, leicht moschusartig.
Magische Bedeutung: Koriander stärkt das Gleichgewicht, innere Ruhe und Ausgeglichenheit. Er wirkt anregend und wärmend auf das Gemüt, reinigend und klärend auf den Geist. Er kräftigt die menschlichen Energien und hilft bei Problemlösungen. Verwenden Sie Koriander gemahlen oder im Ganzen beim Kochen und Backen, in Tees und Räucherungen. Mit dem feinen würzigen Aroma verbreitet sich aphrodisische Stimmung im Raum.

Lavendel
Lavandula angustifolia (Blüten)
Energie: Wasser-Luft
Planet: Jupiter
Gottheiten: Auseklis, Gentle Annie, Pirts-Mate, Sao Ceng Niang
Herkunft und Ernte: Lavendel ist ursprünglich im Mittelmeerraum zuhause, wird heute aber in der ganzen Welt angebaut. Achten Sie vor der Ernte auf einige richtig heiße Sonnentage. Pflücken Sie kurz nach der Mittagszeit, um möglichst viel wärmende Kraft zu bekommen, am Abend Geerntetes hingegen betont die beruhigende Wirkung.
Duft: frisch, süß bis zart kampferartig.
Magische Bedeutung: Lavendel bringt Licht ins Dunkel und gibt friedliche Impulse, die sanft in Richtung Klärung und Verbindung führen. Er beruhigt aufgewühlte oder schwankende Gefühle und entspannt die Nerven. Sein Duft vermittelt eine Aura von Reinheit, Frische und Ordnung. Als Bienen-, Hummel- und Schmetterlingspflanze zieht Lavendel auf spiritueller Ebene positive Kräfte an. In Räucherungen wirkt er stark desinfizierend, reinigend und klärend.

Lärche
Larix decidua
Energie: Luft-Feuer-Erde
Planet: Uranus
Gottheiten: Auseklis, Gedenwitha, Mater Matuta, Tatsuta-Hime
Herkunft und Ernte: Europaweit in Misch- und Nadelwäldern; Wählen Sie herabgefallene Nadeln für Rituale, mit denen Sie letzte Reste alter Energien beseitigen, bevor Sie in Ihrem Ritual Neues einladen. Bitten Sie den Baum vorher um Erlaubnis und ernten Sie frische Nadeln für Rituale des Neuanfangs.
Duft: Bei der Räucherung verströmt die Lärche einen feinen, balsamischen Duft.
Magische Bedeutung: Die Lärche besitzt unter den Nadelbäumen Europas eine Sonderstellung, da sie im Herbst Ihre Nadeln abwirft. Daraus leitet sich auch die Bedeutung dieses Baumes ab. Die Lärche steht für Abschluss, Erneuerung, Neuanfang, Spontaneität und Wagemut. Verwenden Sie Holz, Nadeln und Harz entsprechend im Herbst und Frühling.

Liebstöckel
Levisticum officinale (Blätter, gerebelt und Wurzel)
Energie: Luft-Feuer
Planet: Venus
Gottheiten: Dziewanna, Freya, Kore, Lada
Herkunft und Ernte: Die ursprüngliche Heimat des Liebstöckels ist Südeuropa. Er wächst auf tiefgründigen, nährstoffreichen Böden. Ziehen Sie diese Würzpflanze auf dem Balkon oder im Garten.
Duft: leicht krautig, würzig.
Magische Bedeutung: Im Volksglauben wird Liebstöckel als Zauberpflanze verbrannt, um böse Geister zu vertreiben. Er lässt sich zudem gut für Liebeszauber verwenden. Wer ein Blatt der Pflanze bei sich trägt oder mit Liebstöckel kocht, findet Glück in der Liebe.

Linde
Tilia europaea (Blüte)
Energie: Feuer-Luft
Planet: Sonne
Gottheiten: Freya, Frigga, Ilmarinen, Kyrene, Litai, Sphinx
Herkunft und Ernte: In Europa, Westsibirien und Kleinasien heimisch, wachsen Linden in sommerwarmen Laubmischwäldern oder extra angepflanzt als Allee- und Dorfbäume.
Duft: feine honigartige Süße, die schnell verfliegt.
Magische Bedeutung: Die nervenberuhigende und krampflösende Wirkung hilft auch als Tee bei Unruhezuständen und Nervosität. Als Hustentee mit Honig klärt sie die Atemwege und beruhigt die Lunge.
Die Linde ist Frigga heilig, der Göttin des häuslichen Glücks und der Liebe, als Bienenbaum aber auch den Schamanen und Bienengottheiten. Die Germanen und Slawen verräucherten Lindenblüten, um Glück und Wohlstand zu erreichen oder Dämonen und Hexen abzuwehren. Unter der Linde hielt man Gericht oder versammelte sich zum Feiern, Tanz und Spielen.

Lorbeer
Laurus nobilis (Blätter)
Energie: Luft-Spirit
Planet: Chiron
Gottheiten: Apollo, Aricia, Hypnos, Ifa, Mefitis, Nansche, Sybille
Herkunft und Ernte: Lorbeer lässt sich im eigenen Garten ziehen, verträgt aber keinen Frost. Ernten Sie immer nur so viele Blätter, wie Sie benötigen, denn Lorbeer wächst langsam.
Duft: Leicht holzig und aromatisch.
Magische Bedeutung: Lorbeer wirkt stimmungsaufhellend und klärend, steigert die Wahrnehmungskraft für außersinnliche Kräfte, hilft gegen negative Gedanken und Einflüsse. Er stärkt das Selbstwertgefühl und erleichtert die Verarbeitung von Belastungen aus der Vergangenheit, schenkt geistige Anregung und Öffnung, die einen positiven Blick nach vorne ermöglichen. Er verbreitet eine belebende, feierliche und würdevolle Stimmung. Die Seherinnen von Delphi schliefen auf Lorbeerblättern um ihre Sehergabe zu stärken. Vor dem Schlafen verräucherter Lorbeer erzeugt oft prophetische Wahrträume bzw. schärft die Traumerinnerung.

Löwenzahn
Taraxacum officinalis
Energie: Luft-Erde
Planet: Saturn
Gottheiten: Arsnuphis, Kostrubonko, Mater Matuta
Herkunft und Ernte: Pusteblume, Hundeblume, in nördlichen Regionen Deutschlands Butterblume. Wächst

wild in jedem Garten, auf dem Balkon und dem Topf auf dem Fensterbrett. Der Milchsaft der Stängel ist unangenehm klebrig, weshalb man sie nicht verwendet. Blüten, Blätter und Wurzeln sind essbar und als Teemischung geeignet (zu drei gleichen Teilen). Junge Löwenzahnblätter machen sich gut im Salat, die Blüten als Honig (Blütenblätter mit Zuckerwasser, etwas Zitrone und Vanille aufkochen, 20 Minuten ziehen lassen, abseihen und sanft einkochen).

Duft: krautig.

Magische Bedeutung: Die Pflanze beruhigt Wut, Aufgewühltheit und andere überbordende Gefühle. Schon im Altertum wurde Löwenzahn neben anderen Kräutern verräuchert, um Krankheitserreger zu vernichten, die Atmosphäre zu klären und vor Schadenszauber zu schützen.

Lungenkraut
Pulmonaria officinalis
Energie: Luft
Planet: Neptun
Gottheiten: Asklepios, Arsnuphis, Ifa

Herkunft und Ernte: Lungenkraut wächst im eigenen Garten und ist überall in Europa verbreitet.

Magische Bedeutung: Die alten Griechen verräucherten Lungenkraut in Krankenhäusern und Spitälern, mit Weihrauch gemischt in Tempeln und bei Bestattungen. Es soll keimtötend und desinfizierend wirken, Krankheitsgeister und Dämonen mit seinem Rauch vertreiben. Verwenden Sie es bei klärenden Ritualen und zur Meditationsvorbereitung.

Mädesüß
Filipendula ulmaria
Energie: Luft-Feuer-Erde
Planet: Jupiter
Gottheiten: Aife, Bhaga, Freya

Herkunft und Ernte: Gedeiht an Wiesenrändern und in Gräben, lässt sich aber auch im Garten ziehen.

Duft: süß wie Honig, zart.

Magische Bedeutung: Diese uralte Kult- und Kulturpflanze Europas gilt wie Mispel, Eisenkraut und Wasserminze als heilige Pflanze der Kelten. Gut in Mischungen, die der Entspannung dienen. Dieser Duft stärkt die Harmonie von Geben und Empfangen. Menschen, die sich durch einen Mangel an Urvertrauen in einem Dauerzustand der Anspannung, Besorgnis und Beklemmung befinden hilft er, dieses Vertrauen zurück zu gewinnen und dankbar anzunehmen.

Majoran
Origanum majorana
Energie: Feuer-Luft
Planet: Jupiter
Gottheiten: Hathor, Marici, Mater Matuta, Norwan, Vilen

Herkunft und Ernte: Majoran lässt sich in einer warmen, sonnigen Ecke im Garten/auf dem Balkon ziehen. Verwenden Sie einheimische Sorten, da mediterraner Majoran (Oregano) frostempfindlich ist.

Duft: Leicht süß, würzig, warm und kräftig.

Magische Bedeutung: Majoran findet sich schon in der Bibel und gilt als eine der ältesten Kulturpflanzen der Menschheit. Er vermittelt Kraft und Mut, bringt verausgabte Energien zurück und reinigt den Astralkörper. Er wirkt entspannend und beruhigend auf das Nervenkostüm, hilft bei Trauer, Leid, Angst und Verzweiflung und stabilisiert verlorenes Gleichgewicht. Sie können ihn als Tee, zum Kochen, in Duftpotpourries und Räucherungen verwenden.

Malve
Malva silvestris (Blüte)
Energie: Luft-Wasser
Planet: Venus
Gottheiten: Antevorta, Heket, Mater Matuta, Thesan

Herkunft und Ernte: Malven wachsen gut im Garten oder Topf. Die Blüten am besten in voller, frischer Blüte pflücken. Gut trocknen, da sie sonst leicht modern.

Duft: sehr zart blumig.

Magische Bedeutung: Die Energie der Malve ist sehr sanft und eignet sich vor allem als Tee für Kinder oder Kranke. Die Malve wird traditionell verräuchert, um Fruchtbarkeit zu erlangen, gesunde Kinder zu gebären und als Schutz vor Krankheit, Unglück und allem Bösen.

Mastix
Pistacia lenticus (Harz)
Energie: Luft
Planet: Jupiter
Gottheiten: Amun, Marici, Mefitis

Herkunft und Ernte: Immergrüner, im Mittelmeerraum beheimateter Strauch, der heiße, felsige Plätze bevorzugt.

Duft: harzig, holzig, wärmend.

Magische Bedeutung: Sein Duft weckt die Sinne und die Achtsamkeit, stärkt die geistigen Kräfte, verfeinert und klärt die Aura. Sein Duft hellt auf, unterstützt Hellsichtigkeit, stärkt Intuition und öffnet für Visionen. Eine Räucherung mit Mastix weckt bei depressiver Stimmungslage Leichtigkeit und Lebensfreude.

Melisse
Melissa officinalis
Energie: Luft-Feuer
Planet: Jupiter
Gottheiten: Irdlirvirisissong, Marici, Pirts-Mate

Herkunft und Ernte: Die Pflanze wuchs ursprünglich von Südeuropa bis Mittelasien. Diese sehr alte Arzneipflanze kultivierten bereits die Araber in Spanien. Liebt warme Ecken im Garten und auf dem Balkon.

Duft: Melisse verliert beim Räuchern ihren feinen, leichten, frischen, zitronigen Eigenduft sehr rasch.

Magische Bedeutung: Melisse stärkt die Abwehrkräfte, spendet Trost, baut Stress und Depression ab. Sie wirkt erfrischend und durchwärmt vom Herzen her. Melisse ist Bestandteil der traditionellen Sonnenwendkräuter. Zusammen mit Beifuß, Eisenkraut, Königskerze und Johanniskraut ergeben die im Sommer getrockneten Blüten gerade in der dunklen Jahreshälfte ein hervorragendes Tonikum gegen den Winterblues. Als Schutzräucherung wirkt sie gegen alle Arten von unerwünschten Einflüssen.

Muskatnuß
Myristica fragrans (Frucht, Blüte)
Energie: Erde-Feuer
Planet: Sonne
Gottheiten: Astarte, Ganesha, Hathor, Nansche, Shaushka, Vayu
Herkunft und Ernte: Der immergrüne Muskat wird heute in Indien, Ostindonesien und der Karibik kultiviert. Die Blüten des Baumes, Macisblüte genannt, werden wie die späteren Früchte getrocknet und haben ähnliche Eigenschaften in der Anwendung.
Duft: Blüte - süßlich zart, Frucht - süß, holzig
Magische Bedeutung: Muskat stärkt die Ich-Kraft und hilft bei Entscheidungsschwäche. Wirkt als Glücksbringer und Schutzkraft gegen negative Einflüsse, regt Liebesleben und Wahrträume an.

Myrte
Myrtus communis (Blätter)
Energie: Luft-Feuer
Planet: Venus
Gottheiten: Aphrodite, Astarte, Hathor, Kilili, Maria, Venus
Herkunft und Ernte: Dieser immergrüne Strauch oder kleine Baum liebt feuchte, kalkarme Böden, stammt aus Nordafrika und ist heute im gesamten Mittelmeerraum zuhause. Blätter und Blüten enthalten viel ätherisches Öl.
Duft: krautig-süß, warm balsamisch, angenehm frisch.
Magische Bedeutung: Im antiken Griechenland zierte die Myrte die Tempel der Aphrodite. Der Duft galt als Symbol für Reinheit, Schönheit, Anmut, Friede, Edelmut, Freude und Liebe. In der Antike dienten die Blätter der Pflanze als Kopfschmuck bei Taufe, Hochzeit und Tod. Noch heute bestehen traditionelle Brautkränze aus frischen Myrtenzweigen (daher der Ausdruck „grüne Hochzeit"). Aber auch für spirituelle und magische Initiationen eignet sie sich bestens.

Durch ihre traditionelle Verbindung zu den Liebesgöttinnen ist sie ein wirksamer Bestandteil in Liebes- und Schönheitsritualen. In einem Zauberbeutel getragen, soll sie die Liebe zwischen zwei Menschen festigen. Myrte ist seit jeher Bestandteil reinigender Mischungen. Der frische Duft, aber auch Räucherwerk helfen bei äußerer und innerer Klärung, vermitteln Gelassenheit, Ruhe und Frieden, lindern alle Schmerzen des Lebens und der Seele, und stärken das geistige Empfinden.

Myrrhe
Commiphora abyssinica (Harz)
Energie: Erde-Wasser
Planet: Mars
Gottheiten: Ifa, Nansche, Nefertem
Herkunft und Ernte: Der bis 10 m hoch strauchig wachsende Balsambaum ist vor allem am Roten Meer, in Nordostafrika und Südwestasien heimisch.
Duft: erdig, sanft, balsamisch, würzig.
Magische Bedeutung: Neben Gold und Weihrauch war Myrrhe die kostbarste Substanz des Altertums. 800 Jahre vor Noah bedankt sich Utnapischti, der Urahn der Menschen im Gilgamesch-Epos mit einem Rauchopfer für die Rettung aus der Sintflut. Dieses bestand aus Zeder, Süßholz und Myrrhe. Myrrhe verleiht Ihren Räuchermischungen Bodenhaftung, ohne Schwere zu erzeugen. Sie ist hervorragend geeignet, die geistige, seelische und materielle Welt in Einklang zu bringen. Sie öffnet die Tür zur geistigen Welt, zerstreut unsere Sorgen und besänftigt unsere Gefühle.

Nelken
Eugenia caryophyllata
Energie: Feuer-Erde
Planet: Uranus
Gottheiten: Flora, Ganesha, Hathor, Isis, Nike, Venus
Herkunft und Ernte: Heute auf den Philippinen, Molukken und Madagaskar kultiviert. Gewürznelken sind die getrockneten Blütenknospen dieses Baumes.
Duft: kräftig würzig, etwas zimtig und ein Hauch Orangenschale.
Magische Bedeutung: Die „Blume der Götter" kannten bereits die alten Ägypten als Duftstoff, Räuchermittel und Grabbeigabe. Sie gilt als Aphrodisiakum, regt die Sinnestätigkeit an, öffnet für Neues, vertreibt negative Schwingungen, Gedanken und Gefühle. Nelke sorgt für Ausgleich, lässt beide Seiten einer Medaille erkennen und hilft alte Verletzungen loszulassen. Sie unterstützt als Energieverstärker, gegen negative Energien und bei finanziellem Erfolg; eignet sich zum Spicken, Kochen, Verräuchern und als Beigabe in Gebäck, Marmelade, Glühwein, Tees und Duftpotpourries.

Odermennig
Agrimonia eupatoria (Kraut)
Energie: Erde-Luft
Planet: Jupiter
Gottheiten: Freya, Hathor, Isis, Maria, Odin
Herkunft und Ernte: Odermennig wächst auf mageren Wiesen, an sonnigen Waldrändern, in Gebüschen und an Wegrändern. In gemäßigten Zonen findet sich die Pflanze in fast ganz Europa. Verwendet wird das kurz vor oder während der Blütezeit gesammelte und getrocknete Kraut.
Duft: angenehm krautig.
Magische Bedeutung: Odermennig ist eine alte europäische, magische Heil- und Schutzpflanze, die

nicht nur zur Abwehr schwarzer Magie dient, sondern diese auch an den Absender zurückschickt. Für rituelle Heilungen und Aurareinigung sollte Odermennig mit Beifuß verräuchert werden.

Olibanum
Boswellia thurifera (Harz)
Energie: Spirit
Planet: Uranus
Gottheiten: Dedun, Kore, Laka, Litai, Quetzalcoatl
Herkunft und Ernte: Olibanum, der echte Weihrauch, ist das goldgelbe, wohlduftende Harz der strauchartigen Balsambäume (Burseraceae), auch Boswellia-Sträucher genannt. Diese gedeihen in großen Wäldern (Balsamgärten) am Roten Meer, in Südarabien, Somalia und Indien.
Duft: warm, balsamig waldig, lieblich, manchmal zitrusartig und würzig-frisch. Je heller der Weihrauch desto höher die Qualität.
Magische Bedeutung: Weihrauch wird seit über 4.000 Jahren in vielen Kulturen verwandt. Er kam vor allem in Tempeln und später in Kirchen zum Einsatz, da er nicht nur die Herzen und Köpfe für spirituelle Erkenntnisse öffnet, sondern auch für eine bessere Akustik sorgt. Beim Räuchern schlägt Weihrauch eine Brücke von der materiellen zur spirituellen Welt, öffnet die Seele, vermittelt die Gesetze des Lebens und fördert die Meditation. Er reinigt die inneren Räume, die feinen Energiekanäle und macht empfänglich für heilende, geistige und kosmische Schwingungsmuster. Setzen Sie ihn für Weihung, Segen, Reinigung und Schutz ein, bei Gebet, Meditation und innerer Sammlung. Weihrauch reinigt nicht nur von Keimen und unangenehmen Gerüchen, sondern auch hervorragend die Atmosphäre.

Orange
Citrus aurantium (Schale oder geriebene Schale)
Energie: Wasser-Feuer-Luft
Planet: Jupiter
Gottheiten: Brogla, Euros, Hathor, Kwan Yin, Norwan, Oya, Siris
Herkunft und Ernte: Die Orange kam ursprünglich aus dem Fernen Osten, ist heute aber auch im Mittelmeerraum heimisch sowie in den USA, Palästina und Südamerika.
Duft: fruchtig, frisch, belebend.
Magische Bedeutung: Belebend und tröstend, nimmt Problemen und Gefühlen die Schwere. Vermittelt Wärme, Heiterkeit und Mitgefühl, zerstreut die Angst vor neuen, unbekannten Situationen. Lehrt, unvoreingenommen aus dem Herzen zu handeln, über sich selbst und die Welt zu lachen.

Pappel
Populus
Energie: Luft-Wasser
Planet: Uranus
Gottheiten: Bhaga, Chaob, Ganesha, Vilen, Luft- und Wasserwesen
Herkunft und Ernte: Die Pappel liebt Auwälder und Flussufer, wächst im gemäßigten Klima von China über Europa und Ostafrika bis Mexiko, Nordamerika und Kanada.
Duft: erdig-feucht-frisch
Magische Bedeutung: In einem magischen Beutel getragen, in einer Büchse zu Hause oder als Räucherzusatz ziehen Pappelknospen und -blätter Geld an. Sie erleichtern astrale und schamanische Reisen und auch den Kontakt zu den Luftgeistern und Vögeln.

Perubalsam
Myroxylon pereirae (Harzessenz)
Energie: Feuer-Spirit
Planet: Neptun
Gottheiten: Amaru, Dione, Mama Uqulla.
Herkunft und Ernte: vornehmlich im Bergland Zentralamerikas.
Duft: balsamig warm mit Vanillenote.
Magische Bedeutung: Perubalsam wirkt sehr wärmend, streichelt verletzliche Gemüter und stärkt die Lebensgeister. Er ist „Balsam für die Seele", beruhigend, harmonisierend, aphrodisierend, antiseptisch und entspannend, wirkt gegen Nervosität und Depression. Perubalsam ist Bestandteil der Glücksräucherungen, die Wünsche nach Wohlstand, Kindern und Glück zum Inhalt haben, schützt vor seelischen Übergriffen, unterstützt kreative Phantasie und Traumarbeit.

Petersilie
Apium petroselinum crispum
Energie: Erde-Luft
Planet: Venus
Gottheiten: Auseklis, Bhaga, Ganesha, Hathor, Mater Matuta, Thesan
Herkunft und Ernte: Petersilie wächst in jedem Garten und Blumentopf.
Duft: krautig, erdig.
Achtung! Da Petersilie abtreibend wirkt, sollte sie bei Schwangerschaften nicht zur Anwendung kommen!
Magische Bedeutung: Petersilie wirkt reinigend, desinfizierend und harmonisierend als Essensbeilage, auf dem Fensterbrett oder im Garten, aber auch als Räuchermischung. Auf galizischen Hochzeiten hielt der Rauch der Petersilie böse Geister und Unglück von den frisch Vermählten und ihrem Heim fern, sorgte für Glück, Freude und Wohlstand. In großen Teilen Europas legte man Wöchnerinnen die Blätter unter das Laken, um sie vor Zauberei und Teufeleien zu schützen. Darüberhinaus wurden die Zimmer ausgeräuchert, um die Energien zu reinigen und die Geburt eines gesunden Kindes zu gewährleisten.

Pfefferminze
Mentha piperita
Energie: Luft-Erde
Gottheiten: Aluzza, Astarte, Hathor, Mu Kung, Naila, Hathor, Sao Ceng Niang

Herkunft und Ernte: Neben der Pfefferminze kommen unzählige weitere Sorten in Europa, Indien, China, Japan, Afrika, Kleinasien, Süd- und Nordamerika vor.

Duft: langanhaltender krautiger, typischer Pfefferminzgeruch mit verschiedenen weiteren Noten.

Magische Bedeutung: Pfefferminze beruhigt, erheitert, wärmt das Herz, nimmt Ängste und bringt Ausgleich, wirkt anregend und aphrodisierend, reinigt und klärt Ihre eigenen vier Wände, aber auch vor Ritualen. Bringt Bewegung in Stagnation und Mief. Reinigt und schärft den Geist, entspannt die Nerven, belebt den Körper, hält Dämonen und Geister fern und zieht positive Energien an. Minztee gilt in vielen Ländern als Willkommens- und Friedensgeste. Verwenden Sie die vielen Minzarten als Tee, als Zusatz beim Backen oder als Räucherbeiwerk. Minzrauch reinigt und öffnet den Geist für Meditationen.

Präriebeifuß
Artemisia ludoviciana, Artemisiamexicana, Artemisia tridentata
Energie: Luft-Erde
Planet: Sonne
Gottheiten: Amaru, Ehecatl, Manitowuk, Tlitcaplitana, Quetzalcoatl
Herkunft und Ernte: Die Bezeichnung Estafiate Sage, Green Wormwood, Indianersalbei, Kamaistra, Meisterkraut, Mexikanischer Wermut, White Sage oder Zapoteca wird häufig mit echtem Salbei gleichgesetzt. Dieser wächst in den trockenen, warmen Gebieten Yukatans, Arizonas und Neu Mexikos.
Duft: kraftvoll-herb, verbreitet einen intensiven Duft.
Magische Bedeutung: Aktiviert die Ich-Kräfte und vertreibt Schwäche und Mutlosigkeit. Mächtiger Schutzschild gegen Unheil und Böses jedweder Art. Reinigt Körper, Geist, Seele und jeden Raum.

Raute
Rutagraveolens
Energie: Feuer
Planet: Uranus
Gottheiten: Aradia, Aricia, Asklepios, Mater Matuta, Tate
Herkunft und Ernte: In Südeuropa beheimatete Garten- oder Weinraute. Liebt sonnige Orte im Beet oder Topf.
Duft: scharfer, krautig-fruchtiger Geruch, sehr ausgeprägt.
Magische Bedeutung: Im späten Mittelalter galt die Raute als Zaubermittel gegen Schadenszauber und Teufelsspuk. Büschel hingen in Haus und Stall oder wurden verräuchert. Sie passt in Mischungen, die schwarze Magie bannen und der Heilung dienlich sind. Als Tee sorgt Rautentee aus den Blüten für klare Visionen bei psychischer Arbeit oder Astralreisen.

Ringelblume
Calendula oflicinalis (Blüte)
Energie: Feuer
Planet: Venus
Gottheiten: Astarte, Freya, Hathor, Kilili, Venus
Herkunft und Ernte: Ringelblumen gedeihen problemlos in Gärten oder Balkonkästen Mittel-, Süd- und Osteuropas, aber auch in Nordamerika.
Duft: krautig-kräftig aufdringlich.
Magische Bedeutung: Die Blüten der Ringelblume eignen sich für Salate, Tees, Salben und Räucherungen, die sich um Heilung, Harmonie und Liebe drehen. Als Tee, Umschlag oder Salbe beruhigen sie und ziehen Hitze ab. Im Volksglauben spielt die Ringelblume als Liebesmittel und -orakel eine Rolle. Ringelblumenräucherungen festigen die Liebe. Außerdem sorgen sie für friedlichen Ausgleich und eine harmonische Atmosphäre.

Rose
Rosa Arten
Energie: Wasser
Planet: Uranus
Gottheiten: Eos, Feen, Freya, Maria, Phönix, Saules Maita, Venus
Herkunft und Ernte: Rosen existieren in kaum übersehbare Variationen, aber für alle magischen Dinge eignen sich die gute alte Heckenrose und ihr nahestehende Varianten am besten.
Duft: zart-blumiger Duft, der sich beim Räuchern sofort verliert.
Magische Bedeutung: Die Rose öffnet das Herz, heilt die Seele, wirkt beruhigend, entspannt und vermittelt inneren Frieden, aber auch Kontakt zur Feenwelt. Öffnung und liebevoller Kontakt entstehen. Der Duft der Rosenblüten unterstützt zudem die Selbstliebe, aber auch Gefühle und Sinnlichkeit. Rosenblätter bringen zarte, blumige Sinnlichkeit in jede Mischung, sei es bei Duftwasser, Tees, Duftpotpourries, Räucherungen, Gelees oder beim Backen. Sie wirken erlösend bei Verletzungen des Herzens. Ihre Wärme und milde Gutherzigkeit hilft beim Lösen alter Streitigkeiten.

Rosmarin
Rosmarinus officinalis
Energie: Feuer-Luft
Planet: Merkur
Gottheiten: Akeshobhya, Alaghom Naom, Euros, Palato, Sao Ceng Niang
Herkunft und Ernte: Bei ausreichend Platz und Sonne wächst Rosmarin schnell im Beet oder Topf heran. Er mag es, gestreichelt zu werden und benötigt im Vorfrühling und Herbst einen Schnitt.
Duft: würzig und erfrischend.
Magische Bedeutung: Schon im Altertum war Rosmarin den Ägyptern, Griechen, Hebräern und Römern bekannt. Sie verwendeten sie, um Ställe und Räume vor der Benutzung zu reinigen, da Rosmarin reinigt, klärt und schützt. Rosmarin verbreitet im ganzen

Raum einen sehr starken Duft, sei es bei Gesichtswasser, Duftpotpourries, Tees, beim Kochen oder Räuchern. Bei Räucherungen finden die getrockneten Zweige und Nadeln Verwendung. Rosmarin hilft Ihrer Konzentration auf die Sprünge. Riechen Sie vor oder während eines Rituals an den frischen Nadeln, um geistig wach zu sein. Auch als Tee oder Rauch verhilft Rosmarin zu gebündelter Aufmerksamkeit.

Stellen Sie Ihr eigenes Räucherbündel zusammen: Flechten oder binden Sie frischen Rosmarin, Salbei und Wacholder zu einem Büschel zusammen und lassen Sie die Kräuter trocknen. Entzünden Sie die Spitze und pusten Sie die Flammen aus, bis zarter Rauch emporkräuselt..

Salbei
Salvia officinalis
Energie: Luft-Feuer
Planet: Sonne
Gottheiten: Euros, Neoga, Pirts-Mate, Sao Ceng Niang, Tate, Verbti
Herkunft und Ernte: Von den zahlreichen Arten des europäischen Salbeis benötigen wir nur den ‚medizinischen' Salbei.
Duft: frisch und holzig, harzig, aromatisch.
Magische Bedeutung: Salbei wirkt – in Bündeln getrocknet und aufgehängt – in Gerichten, Tees und Räucherungen antiseptisch, stark reinigend und klärend. Vor allem aber löst er störende Energiefelder auf. Daher wurde und wird er bevorzugt zum Räuchern verwendet. Salbei bringt Klarheit, Neutralität und Sauberkeit in einen Raum. Leidenschaften hingegen dämpft er, was ihn zu einem hervorragenden rituellen Tee oder Räucherstoff für meditative Zwecke macht.

Salbei, Weisser
Salvia apiana
Energie: Luft-Feuer
Planet: Sonne
Gottheiten: Amaru, Ganesha, Manitowuk, Saraswati, Vör
Herkunft und Ernte: White Sage oder California White Sage wächst im Süden Kaliforniens an sonnigheißen Plätzen entlang der Küste, insbesondere zwischen Santa Barbara und der Baja-Halbinsel.
Duft: intensiv-aromatisch.
Magische Bedeutung: Ähnlich wie Beifuß (*Artemisia Arten*) eignet sich auch diese Salbeiart gut zur Reinigung von Objekten und Einstimmung auf rituelle Körper- und Tranceabeit. Er ist ein Kraut der weisen Entschlüsse und geistigen Klarheit.

Sandarak
Thuja articulata (Harz)
Energie: Erde-Feuer
Planet: Sonne
Gottheiten: Aluzza, Amun, Hathor, Naila
Herkunft und Ernte: Der Sandarakbaum ist in den heißen, trockenen Gebieten Nordafrikas (speziell Marokko) und Südostspaniens zu finden.
Duft: harzig, balsamisch, warm.
Magische Bedeutung: Sandarak wirkt stark entspannend auf das vegetative Nervensystem und eignet sich daher für beruhigende Abendräucherungen. Er stärkt Ihre innere Verbindung mit dem Ganzen, läßt den energetischen Fluß frei fließen und räumt innere Hindernisse aus dem Weg.

Sandelholz, weiss
Santalum album, Pterocarpus santalinus
Energie: Wasser-Spirit
Planet: Mond
Gottheiten: Astarte, Ganesha, Ilmarinen, Isis, Kilili, Litai, Nefertem
Herkunft und Ernte: Ursprünglich auf wenigen ostindischen Inseln, heute auf Plantagen in China und Indien.
Duft: erdig-schwer, würzig-süß.
Magische Eigenschaften: Echtes Sandelholz löst Anspannungen, weckt Sinnlichkeit, stärkt die psychische Achtsamkeit und wirkt klärend sowie als Heil- und Schutzalumett, ob als Perlenkette getragen, als Pulver verstreut oder Räucherung in Ritualen. Mit Weihrauch gemischt wirkt es stark auf der Astral- und schamanischen Ebene, zusammen mit Lavendel ruft es die Luftgeister herbei. Auf Räucherstäbchen oder Rinde geschriebene Wünsche schicken ihre Botschaft an die Götter.

Sandelholz, rot
Amyris balsamifera
Energie: Luft-Feuer
Planet: Uranus
Gottheiten: Amaru, Amun, Euros, Gengen Wer, Laka, Marici, Neoga, Zotz
Herkunft und Ernte: Rotes Sandelholz ist mit dem wertvollen weißen Sandelholz nicht verwandt. Ursprünglich vor allem auf Haiti kultiviert, ist *Amyris* heute in allen Tropenzonen der Erde anzutreffen, vor allem in Venezuela und auf Jamaika.
Duft: zart, holzig, würzig.
Magische Bedeutung: Es verfeinert die geistige Energie, regt die schöpferischen Kräfte an und stärkt die Phantasie. Bei Ritualräucherungen nimmt es sanft Sorgen und Lasten fort. Es ist Balsam für die Seele und weckt spirituelle Energien.

Schafgarbe
Achillea millefolium (Kraut)
Energie: Wasser-Feuer
Planet: Jupiter
Herkunft und Ernte: Die genügsame, in ganz Europa heimische Schafgarbe bevorzugt sonnige, trockene, stickstoffhaltige Böden auf Wiesen, an Wegen und Schuttplätzen.

Duft: frisch, süßlich nach Gras, leicht kampferartig.

Magische Bedeutung: Schafgarbe vertreibt negative Energien um eine Person, einen Ort oder Gegenstand. Sie lehrt, dass wir uns schwierige Wege aussuchen, um aus Ihnen zu lernen. Sie heilt Wunden ohne wertvolle Erfahrungen auszulöschen. Diese Pflanze verbindet Gegensätze, fördert Mut, Entschlossenheit, Hellsicht und psychisches Bewußtsein. Das moderne I Ging entwickelte sich in China aus einem vor dreitausend Jahren entstandenen Orakelsystem, dessen Stäbe aus Schafgarbe bestanden, die nach einem komplizierten System aus einem Bündel gezogen und ausgelegt wurden. Als Pulver, getrocknete Blüten oder Räucherung eignet sie sich auch ganz unkompliziert für Weissagungssitzungen.

Sternanis
Illicum verum
Energie: Wasser
Planet: Saturn
Herkunft und Ernte: Wird in ganz Asien kultiviert.
Duft: voller und süßer als einfacher Anis.
Magische Bedeutung: Er tröstet bei Kummer, fängt Sie mütterlich auf, versorgt und nährt. Anis schafft Vertrauen, entspannt und durchwärmt bei anstrengender Kopfarbeit. Verwenden Sie Sternanis in Maßen, da er starke Energien aussendet, Sie ‚für sich einnimmt' und Ihnen die Eigeninitiative raubt. Mit Weihrauch verbrannt, fördert er das Hellsehen.

Tanne
Abies alba (Harz)
Energie: Erde-Feuer-Luft
Planet: Jupiter
Gottheiten: Akshobhya, Freya, Hulda Irdlirvirisissong
Herkunft und Ernte: In Mittel- und Nordeuropa weit verbreitet. Ernten Sie das Harz selber, bewahren Sie es wie Fichten- oder Kiefernharz im Tiefkühlschrank auf, damit es sich leicht zerbröseln lässt.
Duft: balsamisch, grün, würzig.
Magische Bedeutung: Die Tanne galt sowohl bei Kelten als auch Germanen als Schutzbaum, der vor dem krankmachenden Einfluß dämonischer Kräfte schützte. Noch heute dient der Tannenbaum in der christlichen Welt als Symbol für Licht und Leben. Hildegard von Bingen schrieb vor 800 Jahren in ihrer Naturheilkunde: „Die Tanne ist mehr warm als kalt und enthält viele Kräfte. Sie ist ein Sinnbild der Stärke. Geister hassen Tannenholz und vermeiden Orte, an denen sich solches befindet." Eine Tannenräucherung reinigt und verbessert die Luft, stärkt die Nerven, macht kräftig, mutig und psychisch widerstandsfähig.

Thymian
Thymus vulgaris
Energie: Feuer
Planet: Jupiter
Herkunft und Ernte: Thymian existiert in vielen hübsch anzusehenden Züchtungen, die für den Garten, aber nicht magisch geeignet sind. Dafür verwenden Sie ausschließlich *thymus vulgaris* oder *officinales* -Arten.
Duft: süß, holzig, würzig und warm.
Magische Bedeutung: Thymian versorgt Sie vor oder während eines Rituals mit innerer Kraft und erhöhter Achtsamkeit, stärkt Ihr Selbstbewusstsein und Ihren Willen. Er hilft bei seelischen Schwächezuständen, eignet sich zur Reinigung der Aura, Wohnung, Kraftplätze und magischen Gegenstände (an Stelle von Salbei oder Beifuß). Zudem wirkt er aufbauend sowie ausgleichend auf der psychischen Ebene, kräftigt, beruhigt bei Stress und Nervosität, verleiht neuen Mut zur Tat. Thymian verwenden Sie als Kräuterbündel, beim Kochen, in Potpourries, Tees und Räucherungen.

Veilchen
Viola odorata
Energie: Erde-Wasser
Planet: Venus
Gottheiten: Astarte, Feen und Elfen, Kwan Yin, Maria, Pan, Saturn
Herkunft und Ernte: Veilchen wachsen an feuchten Wald- und Grabenrändern in Nordasien, Nord- und Mitteleuropa. Hierzulande lieben sie halbschattige, feuchte Beete und Töpfe und wachsen gerne unter Rosen oder neben Erdbeeren.
Duft: süß, tief, blumig.
Magische Bedeutung: In Rom trug man während der Saturnalien Veilchenkränze, in Griechenland verräucherte man sie auf den Altären Pans, sie symbolisierten Sinnlichkeit und Hingabe. Seit dem Mittelalter steht das Veilchen hingegen für Treue in der Liebe, Mitgefühl, Hingabe und stille Großzügigkeit. Die Blüten schmecken kandiert und als Marmeladenmischung mit Apfel ganz vorzüglich und stärken in Liebes- und Gelddingen. Veilchenwurzel zentriert und erdet. In Räuchermischungen zurückhaltend verwenden.

Wacholder
Juniperus Arten
Energie: Feuer-Luft
Planet: Chiron
Gottheiten: Quetzalcoatl
Herkunft und Ernte: Von den 40 Wacholderarten wachsen einige im Himalaya noch in einer Höhe von 6.000 Metern. Ernten Sie die Spitzen frischen Grüns, einzelne Nadeln, Bruchholz und Beeren für Ihr Räucherwerk. Um wenig Rauchentwicklung zu erhalten, müssen alle Teile gut getrocknet sein.
Duft: Zweigspitzen & Nadeln - aromatisch würzig harzig. Holz - frisch, balsamisch. Beeren - fruchtig, balsamisch.
Magische Bedeutung: Wacholder gehört zu den ältesten, bekannten Räuchermitteln der Menschheit. Als Schutz- und Lebensbaum werden sein Holz, die Zweige oder Beeren schon immer für kultische und medizinische Räucherungen verwendet. Als Hüter der Seelen steht er auf Friedhöfen, um das Haus gepflanzt dient er als Schutz vor Schadenszauber und bösen Geistern. Auf Visionssuche verfeinert der Rauch die Sinneswahrnehmung, da er Übersicht und Erkenntnisfähigkeit stärkt. Der Duft des Wachholder wird von den meisten Menschen als wohltuend und stärkend empfunden. Nutzen Sie die sehr direkten Kräfte dieses Räucherwerks für Rituale und Meditationen, Reinigung, Erdung, Konzentration, Stärke, Zuversicht, Schutz, Energie, Mut und zur Belebung nach überstandener Krankheit.

Weide
Salix alba
Energie: Wasser-Luft
Planet: Mond
Gottheiten: Artemis, Demeter, Maria, Persephone, Luft- und Wassergeister
Herkunft und Ernte: Weiden sind in Europa und Asien als wasserliebender Strauch oder Baum weitverbreitet.
Duft: frisch, holzig.
Magische Bedeutung: Die Blätter und Rinde verwendeten bereits die Ärzte im alten Griechenland. Sie wirken bei Fieber, Schmerzen und Blutungen. Alle Teile der Weide schützen vor schwarzer Magie und negativen Kräften. Sie reinigt, kräftigt, klärt und heilt. Die Wasserenergie löst emotionale Blockaden und bringt auf sanfte Art in Fluß. Die Weide ist den Bienengottheiten heilig. Die Druiden feierten zur Weidenblüte das Fest der wieder erstehenden Natur. Als Mondbaum mit Wasserkräften und unbändiger Lebenskraft ist sie Symbol der Fruchtbarkeit, den Großen Muttergottheiten und den Hexen heilig und damit einer der starken Frauenbäume. Rituelle Zauberstäbe und -besen der Frauen bestehen aus Weidenruten.

Wein
Vitis vinifera
Energie: Erde-Luft
Planet: Neptun
Gottheiten: Bacchus, Bastet, Dionysos, Hathor, Siris
Herkunft und Ernte: Weinreben werden in mäßig trockenen, sonnig-geschützten Lagen der ganzen Welt angebaut.
Duft: trocken, herb.
Magische Bedeutung: Dem Wein maßen schon die antiken Kulturen große Bedeutung zu. Weinlaub beruhigt, gleicht aus und vermittelt angenehme Träume. Weingelee aus Trauben, Traubensaft und Wein hat dieselbe Wirkung. Stärkt in Potpourries und Räucherungen die Kraft anderer Pflanzen bei Schutz- und Entspannungsmischungen.

Weißdorn
Crataegus Arten (Blüte)
Energie: Feuer-Spirit
Planet: Mond
Gottheiten: Bienengottheiten, Dames Vertes, Ilmarinen, Morgana, Rhiannon
Herkunft und Ernte: Weißdorn wächst an Waldrändern, auf extensiv genutzten Wiesen und Weiden, in

Hecken und Weinbergen. Er ist in ganz Europa verbreitet.

Duft: Blüten - zart blumig, Holz - kräftig & krautig. Früchte - kräftig

Magische Bedeutung: Weißdorn kräftigt Herz und Kreislauf, beschleunigt die Genesung, ob als Tee, Amulett oder Räucherung. Seit den Hethitern bildeten Priesterinnen Bögen aus Weißdornzweigen. Wer durch sie hindurchschritt, war gereinigt und gesegnet, alle Unbilden und Krankheiten abgewehrt. In Europa ist Weißdorn ein alter Zauber-, Hexen- und Feenstrauch. Niniane soll Merlin darin gefangen haben, daher ist er den Druiden heilig. Weißdorn schützt vor schwarzer Magie und allem Bösen, zieht positive Elfen-, Feen- und Geisterwesen an. Die Blüten sind Bienen- und Hummelnahrung, der dornenbewehrte Strauch und die Beeren bei Vögeln beliebt. Erleichtert die Kommunikation zwischen den Welten.

Ysop
Hyssopus officinalis
Energie: Luft
Planet: Chiron
Gottheiten: Amaunet, Auseklis, Pirts-Mate, Mater Matuta

Herkunft und Ernte: Die teil-immergrüne, aromatische Ysopstaude findet sich vom Mittelmeerraum bis Mittelasien. Sie wächst auch im Beet und Topf.

Duft: süß, kräftig bis warm würzig.

Achtung! Nicht verwenden bei Schwangerschaft, Epilepsie oder hohem Blutdruck!

Magische Bedeutung: Ysop klärt, reinigt und erfrischt, fördert die Konzentrationsfähigkeit, gleicht nervöse Erschöpfung aus, bringt Ordnung und Ruhe ins Chaos, während er gleichzeitig das Herz wärmt - ob als Tee, in Duftpotpourries oder Räuchermischungen.

Zimtrinde
Cinnamomum cassia
Energie: Feuer-Erde
Planet: Jupiter
Gottheiten: Agathós, Anemotis, Bhaga, Ganesha, Neoga, Norwan, Vajravraki

Herkunft und Ernte: Der Zimt ist auf Sri Lanka, Madagaskar, den Komoren, in Südindien, Burma und Indochina heimisch, wird aber auch in Indien, Jamaika und Afrika kultiviert.

Duft: warm, würzig und langanhaltend.

Magische Bedeutung: Zimt schafft eine warme, gemütliche und offene Herzensatmosphäre. Er nährt Ihr inneres Feuer mit sanfter Wärme. Geben Sie Zimt zu Getränken, Backwaren, Gerichten, Tees, Duftpotpourries und Räucherungen für Segnungen, Reinigung, Glück, Erfolg, Harmonie und Loslassen, um die Kräfte anderer Pflanzen zu unterstützen, zu erden und sanft anzuheizen.

Steine der Luft

Grundsätzlich gehören alle Steine dem Element Erde zu, besitzen jedoch gleichzeitig Verbindungen zu den anderen Elementen. Wählen Sie also Steine, die eine entsprechende Beziehung zum Element Luft haben, um Ihre Rituale oder andere magische Vorhaben zu verankern und zu unterstützen. Eine ausführliche Beschreibung weiterer Steine, ihrer energetischen Verbindungen und Anwendung zu magischen und heilenden Zwecken finden Sie in *Magie der Elemente – Erde*. Dort stehen auch weitere Hinweise zu den Herkunftsorten der hier genannten Beispiele. Achten Sie darauf, aus welchem Kulturkreis Ihr Stein stammt, damit Sie entsprechende Energien und Gottheiten in Ihre Rituale rufen.

Alexandrit
Energie: Erde-Luft
Gottheit: Alaghom Naom, Rarog, Tatsuta-Hime, Thesan, Luftgottheiten der Morgenröte und der Geburt

Magische Eigenschaften: Diesen relativ teuren Stein nutzen Sie in Ritualen, mit denen Sie einen Bereich Ihres Lebens mutig weiterentwickeln, einen neuen Anfang machen oder frische Kreativität in Bezug auf Neues im Allgemeinen suchen.

Amethyst
Energie: Erde-Luft-Wasser
Gottheit: Alaghom Naom, Vör

Magische Eigenschaften: Der Amethyst richtet Ihre Aufmerksamkeit auf ein gewünschtes Ziel und hält die Kraft in der Mitte Ihres magischen Kreises. Er ist in der Lage, die gespeicherte Energie in die Umgebung abzugeben, wenn Sie eine langsame, behutsame Kraftabgabe für eine langfristige Entwicklung benötigen. Legen Sie den Stein dazu an einen Ort in Ihrer Wohnung, wo Sie ihn zwar häufig sehen, aber nicht direkt an ihm vorbeigehen, da Sie die Energie in Ihrer Umgebung halten und nicht beliebig nach außen verteilen wollen.

Apatit
Energie: Erde-Luft-Feuer
Gottheit: Lada, alle Frühlingsgottheiten

Magische Eigenschaften: Verwenden Sie den Apatit, wenn Sie sich auf einen neuen Lebensabschnitt vorbereiten und den Übergang von Alt zu Neu harmonisch und stressfrei gestalten möchten. Hierfür laden Sie den Apatit während eines Rituals oder einer Meditation mit der entsprechenden Energie auf und behalten ihn anschließend direkt mit Hautkontakt an Ihrem Körper. Reinigen Sie den Stein gründlich, nachdem Sie Ihre Ziele erreicht haben.

Aquamarin
Energie: Erde-Luft
Gottheit: Ellil, Eshu, Ganesha, Ogma, Rimmon, alle Luftgottheiten des Wissens und der Weisheit
Magische Eigenschaften: Verwenden Sie für magische Vorhaben nur Steine, bei denen Sie sicher wissen, dass es sich um echte Aquamarine handelt. Dieser Stein eignet sich hervorragend, um ihre Energie innerhalb eines Rituals zu bündeln und auf das gewählte Ziel zu richten. Er hilft in Prüfungssituationen, in denen es auf einen klaren Verstand ankommt.

Azurit
Energie: Erde-Luft
Gottheit: Alaghom Naom, Ellil, Eshu, Ogma, Luftgottheiten der Weisheit
Magische Eigenschaften: Verwenden Sie diesen Stein dort, wo Sie und andere Menschen gemeinsam arbeiten, da er den Zusammenhalt in der Gruppe fördert. Er erleichtert Ihnen außerdem den Zugang zu ungewohnten Traditionen oder Ritualformen.

Chalkopyrit
Energie: Erde-Luft
Gottheit: Alaghom Naom, Chaob, Fei Lian, Mardeq Avalon, Ogma, Rarog
Magische Eigenschaften: Dieser Stein schärft während Ihrer Ritualarbeit Ihren Verstand und stärkt Ihre Aufnahmefähigkeit für nichtalltägliche Wahrnehmungen.

Chiastolith
Energie: Erde-Luft
Gottheit: Alaghom Naom, Chaob, How Chu, Ogma, Mardeq Avalon, alle Windgötter
Magische Eigenschaften: Nutzen Sie den Chiastolith, wenn Sie einen klaren Kopf und Überblick brauchen. Wenn Sie mit anderen Menschen zusammen arbeiten, fördert dieser Stein die Fähigkeit, bei Ihren eigenen Aufgaben zu bleiben, anstatt sich in die Energie anderer hineinziehen zu lassen. Gut gegen psychische Vampire.

Chrysokoll
Energie: Erde-Luft
Gottheit: Ma'at, Nanabozho, Tages
Magische Eigenschaften: Wenn Sie öffentliche Rituale durchführen, an denen Menschen teilnehmen, die Sie nicht persönlich kennen, können diese Sie leicht mit unkontrollierten Wünschen oder Gefühlen aus dem Gleichgewicht bringen oder die Energie des Rituals verzerren. Achten Sie darauf, dass Sie Unterstützung haben (Menschen, die die Energie innerhalb eines solchen Kreises halten) und selber gut vorbereitet sind. Während des Rituals geben Sie einen Chrysokoll an jede Teilnehmerin aus oder führen das Ritual innerhalb eines Chrysokoll-Kreises durch. So gelingt der Austausch problemloser und unerwünschte Energien haben keine Chance.

Diamant
Energie: Erde-Luft
Gottheit: Saraswati, alle Luftgötter der Weisheit oder Klarsicht
Magische Eigenschaften: Verwenden Sie Diamanten, um Ihre klare Ausrichtung auf Ihr Ziel innerhalb einer Meditation, eines Rituals oder einer schamanischen Reise zu halten.

Disthen
Energie: Erde-Luft-Wasser
Gottheit: Alaghom Naom, Camaxtli, Chaob, Rarog, Vör, alle Sturmgottheiten
Magische Eigenschaften: Dieser Stein eignet sich gut, wenn Sie ein Trennungsritual vorbereiten, bei dem es um sehr starke Verbindungen zu vergangenen Verletzungen geht. Da hier auch immer ein Anteil Opferhaltung besteht, der Sie am Weiterkommen hindert, verhilft Ihnen der Stein, Ihren Verstand einzusetzen, um sich von alten, schädlichen Mustern zu lösen.

Dumotierit
Energie: Erde-Luft-Wasser
Gottheit: Olokun, Sturmgottheiten
Magische Eigenschaften: Führen Sie ein Ritual durch, in dessen Verlauf Sie sich nicht von dem Ergebnis lösen können oder wollen, unterstützt Sie der Dumotierit darin, loszulassen. Es ist manchmal angemessener, alles den Kräften des Universums zu überlassen, während Sie sich leise summend an die nächste Aufgabe machen.

Fluorit
Energie: Erde-Luft
Gottheit: Ehecatl, How Chu, Nanabozho
Magische Eigenschaften: Verwenden Sie diesen Stein, wenn Sie sich auf ein Ritual vorbereiten. Meditieren Sie über Ihr Vorhaben, während Sie den Fluorit betrachten, um so Klarheit über Ihre Absicht und Ihr Vorgehen zu erhalten.

Lapislazuli
Energie: Erde-Luft
Gottheit: Alaghom Naom, Chaob, Ma'at, Mummu, Ogma, alle Luftgottheiten der Beredsamkeit und alle ägyptischen Luftgottheiten
Magische Eigenschaften: Wenn Sie ein recht kompliziertes Ritual planen, bei dem Sie gereimte Sprüche verwenden, beugt Lapislazuli möglicher Stotterei vor. Wenn Sie zu den Menschen gehören, die zwar ihre Absicht für ein Ritual sehr klar erkennen und beurteilen können, denen es dann aber an Ausdrucksfähigkeit mangelt, dann verwenden Sie diesen Stein zur Vorbereitung und während Ihres Rituals.

Larimar
Energie: Erde-Luft-Spirit
Gottheit: Benten, Coatrischie, Guédé l'Oreille, Oya, Selanya, Wakahirume, Xoli-Kaltes
Magische Eigenschaften: Dieser Stein ist erst seit

gut 30 Jahren bekannt. Wie andere relativ ‚moderne' Steine weist auch dieser auf die Notwendigkeit hin, sich einen Überblick zu verschaffen und von der Kleingeistigkeit des Egos zu befreien. Dieser Stein hilft Ihnen in Hinsicht auf Ihre schamanische und magische Arbeit, die größeren Zusammenhänge nicht aus dem Auge zu verlieren, während Sie sich um Ihre eigenen Belange kümmern. Er erleichtert es Ihnen, Ihre Arbeit als Teil des großen Ganzen einzuordnen und selbstverantwortlich darüber zu entscheiden, ob Ihre gerade angestrebte Maßnahme angebracht, überflüssig oder gar schädlich ist.

Moosachat
Energie: Erde-Luft
Gottheit: Feen und Elfen, Apsaras, Dames Vertes, Eshu, Flora
Magische Eigenschaften: Moosachate sind besondere Steine, denn sie gehören zu den Feensteinen. Wer Moosachate im Haus hat und immer ausreichend frisches Wasser aufstellt, hält sich die Dames Vertes, die Moos- und Waldweibchen gewogen. Deren Herrscherin ist die Buschgroßmutter, die so alt ist wie die ältesten Steine der Erde. Sie bringt dem Haushalt Glück, Wohlstand, Zufriedenheit und Gesundheit – sofern Sie immer ein paar Knäule Wolle zum Stricken greifbar haben. Arbeiten Sie mit diesem Stein, wenn Sie sich dem Reich der Feen öffnen wollen, aber auf zusätzliche Erdung nicht verzichten möchten.

Rhodochrosit, Inkarose
Energie: Erde-Feuer-Luft
Gottheit: Amaru, Eos, Haucha, Kon, Mama Uqulla, Pariacaca, Göttinnen der Morgenröte und der Südwinde
Magische Eigenschaften: In der Kombination von Feuer und Luft bietet Ihnen dieser Stein die Möglichkeit in Ritualen nicht nur eine einfallsreiche Lösung Ihres Problems zu finden, sondern außerdem den Antrieb, dieses auch gleich im Alltag umzusetzen.

Saphir
Energie: Erde-Luft
Gottheit: Domfe, Fei Lian, Norwan, Palato, Yondung Halmoni, Gottheiten der Nordwinde
Magische Eigenschaften: Arbeiten Sie mit der Kraft des Saphirs, wenn Sie innerhalb Ihrer Arbeit schnell versinken und Ihnen dann der Abstand fehlt, den Sie brauchen, um ein Ritual sinnvoll zu gestalten und durchzuführen. Auch während schamanischer Reisen hilft er dabei, Wunschdenken von tatsächlichen Botschaften zu unterscheiden.

Smaragd
Energie: Erde-Luft
Gottheit: Dames Vertes, Nerthus, Ma'at, Ngai, alle Sturmgottheiten
Magische Eigenschaften: Der Smaragd eignet sich für Rituale um Schutz, Geld und Liebe. Der Schutz gilt hier dem mentalen Bereich, denn der Stein bewahrt vor Neid und schädlichen Absichten anderer Menschen. Er stärkt außerdem Ihre Fähigkeiten bei schamanischen Reisen in die Anderswelt. Nutzen Sie Smaragdenergie, wenn Sie sich konzentrieren oder sich feinstofflichen Schwingungen öffnen möchten. Die Verbindung zur Luft zeigt sich im Smaragd als Sturmstein, mit dem Sie entweder Winde rufen oder sich davor schützen können.

Türkis
Energie: Erde-Luft
Gottheit: How Chu, Ninlil, Nut, Ogma, Quetzalcoatl, alle nordamerikanischen Luftgottheiten
Magische Eigenschaften: Besonders bekannt ist dieser Stein durch Schmuckstücke, die aus Nordamerika nach Europa kommen. Tragen Sie Türkisschmuck, während Sie Schutzrituale durchführen, und laden Sie den Stein dabei mit der Energie aus Ihrem Ritual auf. Verwenden Sie den so aufgeladenen Stein nicht täglich, sondern wenn Sie besonderen Schutz benötigen. Der Türkis eignet sich für alle Rituale, die sich um Geld drehen, das er Dank seiner Luftverbindung für Sie in Bewegung setzt. Möchten Sie den Erkenntnisstand der Beteiligten und die Eigenverantwortung innerhalb einer Beziehung stärken, verwenden Sie den Stein in Freundschafts- und Liebesritualen.

Metalle der Luft

Metalle besitzen ebenso wie Steine durch ihre Herkunft eine besondere Verbindung zum Element Erde und über ihre Bearbeitung zum Element Feuer. Verwenden Sie eines der hier genannten Metalle, so achten Sie auf Qualität. Nicht jeder Gegenstand aus Aluminium ist auch aus diesem Metall. Fragen Sie sorgfältig nach und weichen Sie zur Not auf Gegenstände aus anderen Materialien aus.

Aluminium
Energie: Erde-Feuer-Luft
Gottheit: Merkur, Syn
Herkunft: weltweit
Magische Eigenschaften: Dieses Leichtmetall hält Ihr Ritual in Bewegung, ohne metallene Schwere zu erzeugen. Weniger zum Erden als vielmehr zur Verbindung zwischen den Elementen Erde, Feuer und Luft geeignet. Ein Metall der Beziehungen.

Zinn
Energie: Erde-Luft
Gottheit: Ani, Dogoda, Ogma, Saga, alle keltischen Gottheiten
Herkunft: weltweit; wird unter anderem zur Herstellung von Bronze verwendet
Magische Eigenschaften: Wenn Sie die Kräfte des Zinns verwenden, wählen Sie ein Gefäß dieses Metalls als Räucherschale. Sie verstärken so das Luftelement, während Sie gleichzeitig weniger erden als mit einer Holz- oder Keramikschale. Vermeiden Sie es, Zinnbecher als Wassergefäße für Ihr Ritual zu verwenden, da Zinn sich mit dem Wasser vermischt und die Energie trübt. Glas oder Silber eignen sich besser.

Lebensmittel

Auch mit Hilfe von Lebensmitteln lässt sich die Verbindung zu den Elementen stärken. Lebensmittel der Luft verleihen Ihnen die nötige Leichtigkeit, um sich mit diesen Elementekräften zu verbinden und zu stärken.

Die meisten Lebensmittel haben Verbindung zu mehreren Elementen, von denen eines vorherrscht. Im Folgenden finden Sie eine kurze Aufzählung von Früchten, Getreidesorten und Gemüsen, die der Luft ganz oder zum Teil angehören. Weitere Lebensmittel zu den anderen Elementen finden Sie in den entsprechenden Bänden zu *Erde*, *Feuer*, *Wasser* und *Spirit*.

Alfalfa – für Wohlstand und Zufriedenheit
Bambussprossen – Schutz, Wünsche und Weissagen, Abwehr negativer Energien
Bananen – Kreativität, Wohlstand und Kraft
Bohnen – Schutz, Abwehr, Versöhnung und Liebe
Chicoree – zur Überwindung von Hindernissen, um die Gottheiten und andere Kräfte gewogen zu stimmen, Bescheidenheit
Erbsen – Geld und Liebesdinge
Fenchel – Schutz, Heilung und Reinigung
Hafer – Wohlgefühl und Geld
Kümmel – Schutz, Gesundheit, Verstärkung geistiger Klarheit und Kräfte

Majoran – Schutz, Glück und Zufriedenheit, Gesundheit und Geld
Nelken – Schutz, Abwehr, Liebe und Geld
Oliven – Frieden, Heilung, Kreativität, Schutz
Petersilie – Schutz, Klärung und Reinigung
Porree – Liebe und Schutz, Abwehr
Pfefferminze – Geld, sicheres Reisen, Abwehr und Schutz
Zitrone – Stärkung der psychischen Kräfte, Heilung und Reinigung
Zitronengras – Stärkung der psychischen Kräfte

Sich den Wind um die Nase wehen lassen – Luftorte

Bei dem Gedanken an das Element Luft fallen Ihnen sicherlich eine Reihe von Orten ein, die mit Wind verbunden sind. Dazu gehören besonders hohe Berge, kältere, windige Regionen und jede Art offenes Gelände wie Steppen, Trockenwiesen und Meer. Halten Sie sich in Gebirgen auf, erhalten Sie zusätzlich zur Luftenergie die erdenden Kräfte des Gesteins. Am Meer bekommen Sie verstärkt Wasserenergien. Aber auch Kirch- und Leuchttürme, Stege ins Meer und Beobachtungsplattformen bieten unverfälschte Luftenergie.

Wählen Sie die Orte für Ihre Luftrituale so aus, dass andere, vorhandene Elemente Ihr Vorhaben optimal unterstützen. Achten Sie grundsätzlich darauf, sich auf frei liegendem Gelände zu bewegen. Ihr Blick in die Weite und der Wind sollten durch nichts eingeschränkt werden.

Deutsche Orte der Luft

Singt die Lerche ihr Lied – windumspielte Ebenen
Vor allem im Norden Deutschlands finden sich weite Ebenen, in denen der Wind sein Spiel treibt – von den **Boberger Dünen** bei Hamburg über die **Lüneburger Heide** bis zu den **Trockenwiesen des Warnowtales** in Mecklenburg-Vorpommern. Dieses Bundesland, wie auch Brandenburg, sind aufgrund des weiten Horizontes luftmäßig in jeder Hinsicht empfehlenswert. Bei sehr sonnigem Wetter kommt hier noch eine gehörige Portion Feuerenergie hinzu. Diese Orte sind besonders geeignet, um Dinge auszumerzen oder machtvoll in Bewegung zu setzen.

Segel setzen – Seen und Meere
An und auf Gewässern steht Ihnen die Energie des Elements Wasser zusätzlich zur Verfügung. Möchten Sie die unnachgiebigen, vorwärts drängenden Kräfte der Luft nutzen, setzen Sie dort buchstäblich Segel. Beim Umgang mit dem Wind geht es nicht ohne eine gewisse Gelassenheit, mit der Sie sich dem Element Luft überlassen und Geschicklichkeit im Umgang mit Tau und Ruder, um Ihren Kurs zu halten. Beides sind Lektionen, die Ihnen das Element Luft näher bringt.

Ostfriesische Inseln, Hiddensee und Rügen
Einige dieser Inseln sind autofrei und daher mit sehr reiner Luft und wenig Hektik gesegnet. Hier lässt sich die Bewegung der Luft noch besser wahrnehmen. Dasselbe gilt für die Ostseeinsel **Hiddensee**. Aber auch **Rügen**, die mythische Schwaneninsel mit ihren hohen Kreideklippen, bietet wundervolle, sehr reine Luftenergien.

Zu den blauen Bergen – Gebirge/Mittelgebirge
Selbst Lagen in nur einigen hundert Metern Höhe weisen Orte mit starker Luftenergie auf. Wählen Sie im **Harz** beispielsweise einen Berg wie den **Brocken** aus, da seine Spitze nicht bewaldet und so offen für Windenergie ist. Besonders im **Elbsandsteingebirge**, aber auch in der **Rhön** finden Sie starke Luftorte. Achten Sie darauf, einen Tag oder Zeitraum zu wählen, an dem Sie nicht in Touristenströmen versinken. Berühmte Kuppen haben immer auch weniger spektakuläre Nachbarn, auf denen sich Rituale sehr viel ungestörter abhalten lassen.

Alpen
Natürlich darf dieses Gebirge in der Aufzählung deutscher Luftorte nicht fehlen. Hier erschließen sich Ihnen windige Höhen und weite Ausblicke. Gleichzeitig finden Sie aber auch die Verankerung des Gebirges unter Ihren Füßen. Es muss nicht immer der höchste Berg sein, ein weniger besuchter als die **Zugspitze** tut es auch.

Sind der Stufen soviele – Türme
Sollten Sie keine Gelegenheit haben, sich an einem naturbelassenen Ort mit dem Element der Luft zu verbinden, so wählen Sie hohe Gebäude aus. Besonders eigenen sich Kirchtürme, denn diese haben oftmals offene Besucherplattformen in windiger Höhe. Sollten Sie sich so einen Ort auswählen, um einen Gegenstand mit Hilfe des Windes zu reinigen, achten Sie darauf, etwaige Mitbesucher nicht zu beunruhigen. Es geht nicht darum bei Ihrem Vorhaben möglichst ungestört zu sein. Wählen Sie Tage oder Tageszeiten, an denen wenig los ist. Leuchttürme sind ebenso gut geeignet wie die Türme alter Kultorte (**Groß Raden**, Mecklenburg-Vorpommern), da Sie dort immer Windbewegung bekommen.

Turm der Michaeliskirche (Hamburg)
Sie haben von dort oben nicht nur einen interessanten Blick auf die Stadt, sondern bekommen hier im Herzen der Hansestadt die Energie zahlloser Kaufmannsfamilien und ihrer emsigen Bemühungen um Handel und Wandel vermittelt sowie die Betriebsamkeit des Hamburger Hafens. Benötigen Sie zusätzliche Bewegung lassen Sie sich auf den Hauptfluss der Stadt, die Elbe ein. Da der Fluss an dieser Stelle tiedenabhängig ist (also von Ebbe und Flut bestimmt wird) ist hier energetisch immer etwas los. Da dieser Bau einem (geflügelten) Engel geweiht ist, bekommen Sie zusätzliche, spirituelle Luftenergie dazu.

Turm des Ulmer Münsters (Ulm)
Hier sollten Sie wirklich schwindelfrei sein, denn die Vorstellung von festem Boden geht auf diesem Turm schnell verloren. Dafür bekommen Sie das Gefühl im Raum zu schweben und können die Kraft des Luftelements ungebremst erfahren.

In die Ferne schweifen – europäische Orte der Luft

In Europa stehen Ihnen in jeder Höhenlage Luftorte zur Verfügung. Schauen Sie sich ruhig nach einem Luftkurort um, denn dort treffen Sie verstärkt auf die heilenden Einflüsse des Elements und damit auf eine besonders stärkende Energie.

Eiffelturm Paris (Frankreich)
Obwohl dieser Turm aus Metall erbaut wurde, wirkt er dennoch leicht und fast schwebend. Oben angekommen erschließt sich nicht nur ein touristischer Blick über die Stadt, sondern Sie stehen buchstäblich auf Luft.

Maria-Pia-Brücke (Portugal)
Diese Brücke erbaute Gustave Eiffel in der Stadt Porto, die mit ihrer alten Kultur, den Theatern und der Universität in Ihre Luftrituale Elemente der Weisheit und des Wissens bringt. Da die Stadt direkt an der Mündung des Douro und damit am Rande des Atlantik liegt, bekommen Sie noch die Wasserkräfte eines Flusses und eines Ozeans dazu. Ihre Rituale sollten gut vorbereitet sein!

Orakel von Delphi (Griechenland)
Das antike Delphi liegt an einem Berghang, der einen weiten Blick bis zum Meer erlaubt. Nehmen Sie sich die Zeit, im Bereich des alten Tempels eine Meditation durchzuführen oder steigen Sie den Berg weiter hinauf, um oben Ihre Wahrsagegenstände einzuweihen. Ignorieren Sie entweder die Touristenströme, besuchen Sie dieses alte Heiligtum am frühen Morgen oder außerhalb der Hauptreisezeit, wenn Sie und die antiken Gottheiten dort ungestört sind.

Pyrenäen
Das Gebirge zwischen Frankreich und Spanien bietet unzählige Möglichkeiten mit allen vier Elementen in Kontakt zu treten. Die Nordseite ist besonders fruchtbar und grün, da hier wesentlich mehr Niederschlag fällt als auf der Südseite. Die Wälder bieten daher eine ausgezeichnete Verbindung zu Luft und Erdenergie. Auf der Südseite kommt verstärkt Feuerkraft hinzu, da der Sommer sehr trocken ist und die Landschaft entsprechend karger.

San Gimignano (Italien)
Wie so viele alte Städte der einst etruskischen Toskana wurde auch San Gimignano auf einem Hügel erbaut. Die ‚Geschlechtertürme' der reichen Familien dieser Stadt verkündeten unübersehbar deren Prestige. Heute lassen sich dort Touristen den italienischen Wind um die Nase wehen.

Schärenmeer (Finnland)
Diese Ansammlung geschätzter 50.000 kleiner Inseln liegt in der Ostsee vor der Südwestküste Finnlands. Da dort aber nur etwa 33.000 Menschen leben, finden Sie hier die Möglichkeit auf ‚Ihrer' Insel eine Nachtwache lang die hellen Sommernächte nahe des arktischen Wendekreises zu erleben – frische Brise inklusive.

Der schiefe Turm von Pisa
Aufgrund seiner Schieflage und der offenen Aufgänge, die wendeltreppenartig um ihn verlaufen, sollten Sie schon schwindelfrei sein. Dafür eignet er sich hervorragend, um Ansichten und Absichten die rechte Perspektive zu verleihen und aus der eigenen Schieflage auszubrechen.

Der Duft der großen weiten Welt – weltweite Luftorte

Im Zeitalter der Klimaerwärmung sollte niemand mehr gedankenlos die Luft verunreinigen, um dieses oder jenes Fernziel des spirituellen Tourismus zu erkunden. Sollten Sie sich dennoch aus dem einen oder anderen Grund in einer Gegend der Welt aufhalten, die Ihnen eine besondere Verbindung zum Element Luft ermöglicht, so nehmen Sie diese Gelegenheit wahr.

An dieser Stelle seien nur wenige Ziele genannt. Möchten Sie die Kraft dieser Orte ohne Umweltbelastung in Ihr Ritual einbauen, wählen Sie Bilder der Orte als Verankerung für Ihre Visualisierung.

Grand Canyon
Wenn Sie sich trauen, dann betreten Sie die Aussichtsplattform und sehen in einen 2000 Meter tiefen Abgrund. Oder Sie stellen sich irgendwo in sicherer Entfernung auf eine Klippe und genießen den Wind.

Nepal, Tibet und Himalaya
In diesem Teil der Erde wird die Luft buchstäblich dünn. Planen Sie unbedingt ausreichend Zeit ein, um hier auf Erkundung zu gehen. Die spirituellen Traditionen Nepals und Tibets sind im Westen nur bruchstückhaft bekannt und ohne das entsprechende Umfeld nur schwer nachzuvollziehen. Vertiefen Sie sich in Bücher, DVDs oder surfen Sie im Internet, um sich entsprechende Kenntnisse der Kulturen anzueignen. Wissen ist ein wichtiger Aspekt der Luftmagie.

Mauna Kea (Hawai)
Auf diesem Vulkanberg Hawais steht eine Reihe von Teleskopen, die den Weltraum beobachten. Auf dem über 4000 Meter hohen Berg ist die Luft oft außerordentlich klar und ruhig. Da der Berg aus dem flachen Meer aufragt bleiben Luftturbulenzen aus. Sie finden hier nicht nur einen heiligen Berg, der den Bewohnern Hawais noch heute als Sitz der Götter gilt, sondern auch einen Ort, an dem alle vier Elemente auf besonders kraftvolle Weise miteinander verbunden sind: das Meer schenkt Ihnen pure Wasserenergie, während die Vulkane zu Ihren Füßen sowohl eine Verbindung zum Feuer als auch zur Erde herstellen. Die Höhenluft in all ihrer Klarheit ermöglicht nicht nur Astronomen Weitblick und Einsicht.

Göttliche Botschaft der Luft

Die andersweltlichen Wesen der Luft sind so vielfältig wie das Element und ebenso ständig in Bewegung. Möchten Sie ihre Hilfe erbitten, achten Sie auf sehr genaue und vor allem kurze Ansagen. Die Aufmerksamkeitsspanne Ihres Gegenübers könnte kurz bemessen sein, denn anderswo ist mindestens ebenso viel los wie in Ihrem Ritual. Eben diese Beweglichkeit ist aber auch Ihr größter Vorteil, wenn Sie eine schnelle Veränderung oder das Ergebnis der Anderswelt überlassen wollen. Gelegentliche Nasenstüber sollten Sie dabei nicht aus der Bahn werfen, denn die Gottheiten, die für Handel und Wandel zuständig sind, halten ihre Hand ebenso schützend über Diebe. Besitz und andere materielle Dinge dienen hier der schnelleren Wandlung. Einzelheiten für Rituale mit göttlichen Wesen finden Sie im *Band 5 – Spirit*.

Elemente- und Geisterwesen

Agathós – guter Geist der alten Griechen, der als geflügelte Schlange unsichtbar die Menschen und ihre Häuser umschwebt, um sie zu segnen.

Alfr – nordische Elben, die gute oder schlechte Träume bringen.

Amaru – Riesenschlange der Inkas, Symbol des Wissens und der Weisheit.

Apsaras – weibliche indische Naturgeister.

Brogla – australischer weiblicher Geist des Tanzes und der Vögel. Geraubt von den Wurrawilberoos (Wirbelwinden).

Caer – „Eibenbeere", ein irisches Schwanenmädchen liebte Aengus, den irischen Dichtergott. Sie lockte ihn in einen See, damit auch er Schwanengestalt annehme. Sie flogen gemeinsam zur megalithischen Ritualstätte Brugh na Boinne (Newgrange) und sangen dort so lieblich, dass jeder, der ihren Gesang vernahm, drei Tage und drei Nächte lang süß träumend schlief.

Dames Vertes – die „grünen Damen" keltisch-französischen Ursprungs fliegen als Windgeister über die Felder und Wiesen. Dabei stärken sie alle Pflanzen, die ihr Windhauch berührt. In menschlicher Gestalt sind sie auffallend hoch gewachsen und verführerisch schön in schimmernden grünen Gewändern. Sie gleiten so leicht durch das Gras, das nur ein Windhauch darüber zu gehen scheint. Sie versuchen, leichtsinnige Wanderer vom rechten Pfad zu locken. Diese halten sie dann kopfunter über Wasserfälle oder Abgründe, um sie Achtsamkeit zu lehren.

Divje Devojke – slawische Wald- und Bergnymphe, deren Tänze heftige Winde, sogar Stürme heraufbeschwören.

Donnervogel – heiliger Mythenvogel der amerikanischen Ureinwohner. Oftmals als Adler dargestellt, aber auch als Mischung aus Adler und Rabe oder Adler und Albatros. Er ist der Sturmbringer, seine Augen feuern Blitze ab und sein Schwingenschlag ist der Donner. Er wird von Falken und Adlern begleitet, die auch seine Boten sind.

Dschinn – Listiger, aber auch hilfreicher Geist der arabischen Märchen.

Elfen – anmutige Luftgeister Europas, die Musik und Tanz über alles lieben. Nähern die Menschen sich ihnen respektvoll, sind sie ihnen wohl gesonnen. Ihr König heißt im Dänischen *elverkonge*, auf Deutsch *Erlkönig*. Ihre Königin wird seit Shakespeare mit Titania gleichgesetzt.

Euros – griechischer Südostwind, auch Argestes, der „Aufhellende" genannt.

Gandharvas – indische Halbgötter, die als Musikanten und Sänger an Indras Hof dienen.

Garuda – „Flügel". Indischer Fürst der Vögel und Reittier Vishnus. Goldfarben mit dem Kopf, den Flügeln und den Krallen eines Adlers.

Harpyen – „Rafferinnen". Weibliche Rachegeister Griechenlands und Göttinnen der Stürme. Mischwesen aus Frauenober- und Vogelunterkörper.

Hippogriff – der Hippogriff besitzt den Kopf, die Flügel und die Vorderbeine eines Adlers sowie den Hinterleib eines Pferdes. Er ist das Ergebnis der Verbindung eines Vogel Greif mit einer Stute. Da diese eigentlich als Todfeinde gelten, ist der Hippogryph das Symbol dafür, Unmögliches zu erreichen und der Erfüllung unmöglicher, unendlicher Liebe.

Ho Xian-gu – dieses chinesische Mädchen träumte, der Genuss von Perlmutt mache sie unsterblich. Tatsächlich wurde ihr Körper bald federleicht und trieb einer Brise gleich durch den Wald. Fünfzig Jahre später schwebte sie auf einer Wolke ins Himmelreich der Götter. Hüterin der leichten, schönen Träume.

Imdugud – babylonischer, löwenköpfiger Adler, der nach der Dürre den ersten Regenguss schickt.

Kaukas – litauischer, glückbringender Luftgeist/Kobold. Nimmt auch die Gestalt eines Schatz hütenden Drachens an, aus dem er tugendhafte Menschen beschenkt.

Kishimogin – weiblicher japanischer Geist, die einst Kinder fraß, dann aber geläutert wurde und seither der Inbegriff des Schutzgeistes/engels der Kinder ist.

Lamia – griechisches, vampirähnliches, weibliches Gespenst, das kleine Kinder raubt und Erwachsene aussaugt. Gleicht den römischen Lemuren.

Litai – die altgewordenen, namenlosen Töchter des Zeus und sterblicher Frauen fungierten als verständnisvolle Bittstellerinnen der Reumütigen und sorgten dafür, dass deren Bekenntnisse mit dem Opferrauch bis zum Olymp aufstiegen, um dort vergeben zu werden. Wer keine Reue zeigte, den verklagten sie vor den Göttern.

Louhi – samische Windzauberin, die Knotenstränge an Seeleute verkauft, in denen die Winde gefangen sind.

Manitowuk – Boten und Diener Manitus, des großen Geistes, der allen Dingen innewohnenden, Leben spendenden Macht der nordamerikanischen Ureinwohner. Sind mit Räucherwerk zu besänftigen und aufrichtigen Bittstellern wohl gesonnen.

Mora/Mahr/Mara – germanisch-slawische Nachtmähre, die Menschen, Tieren und Pflanzen in ganz West- und Osteuropa Albträume brachte, indem sie sich als heller Schatten durch Ritzen in die Schlafräume und Ställe stahl. Die Schlafstuben wurden jeden Abend gefegt, damit keine Strohreste zurückblieben, in die sich Mara gerne tagsüber verwandelte.

Musen – Neun Töchter des Zeus und der Mnemosyne. Erfreuen den Olymp mit Gesang, Musik und Dichtkunst.

    Euterpe – „die Freudenspendende". Spielt Doppelflöte und begleitet damit die lyrische Poesie.

    Kaliope – „die Schönstimmige". Muse des heroischen Epos und der Elegie.

    Ocypete – griechische Harpye des Sturmes.

    Polyhymnia – „die Liederreiche" Muse des ernsten Gesangs.

    Terpsichore – „die Tanzfrohe". Muse des feierlichen Tanzes, die eine Lyra spielt.

Patäk – Schutzgeist, der die Schiffe der Ägypter und Phönizier vor gefährlichen Winden und übelwollenden Geistern schützt. Als Gallionsfigur oder Auge am Schiffsbug angebracht.

Pegasus – geflügeltes Pferd der griechischen Mythologie, das Helden und Dichtern zu Hilfe eilt, um ihre Kreativität und ihren Tatendrang zu unterstützen.

Phönix – mythischer Vogel, der sechshundert Jahre in der Wüste lebt, um danach einen Scheiterhaufen aufzuschichten, sich selbst zu verbrennen und erneuert aus der Asche wieder aufzuerstehen. Er vereint Sonne und Mond, Yin und Yang in sich und symbolisiert damit die vollkommene Harmonie. Er landet so sanft, dass er nichts und niemanden jemals verletzt und ernährt sich nur von Tau. Er symbolisiert Reinheit, Weisheit, Gerechtigkeit, Unsterblichkeit, Harmonie und Sanftheit. Der Phönix liebt Rosen.

Roc – Weißer Mythenvogel der arabischen Legenden, der sein Nest auf der Weltenachse des Berges Qaf baut und sich nur dort auf der Erde niederlässt.

Sarkany – ungarischer Wetterdrachen, der auf den Gewitterwolken daher donnert. Teilweise als Reiter auf einem dahin stürmenden Pferd gesehen. Verwandelt boshafte Menschen in Steine.

Senmurw – Pfauendrache des Iran, dessen Attribute auf den neupersischen Wundervogel Simurgh übertragen wurden. So alt und mächtig wie der Phönix.

Sphinx – besitzt einen Löwenkörper mit Menschengesicht. Im alten Ägypten **der** Hüter der Königsstadt Theben. Im antiken Griechenland gehört **sie** zu den Mänaden und ist daher weiblich, hier trägt sie zudem Flügeln. Er/Sie gibt jedem Vorübergehenden oder Suchenden ein Rätsel auf. Wer sie respektlos herausfordert, aber das Rätsel nicht zu lösen vermag, der wird verschlungen.

Sybille – römisches Orakel von Cumae, welche die neun berühmten sybillinischen Bücher verfasste.

Sylphen/Sylvani – Naturgeister, die dem Element Luft angehören und die Spiritualisierung der Materie verkörpern.

Vilen – slawische Wind- und Sturmgeister, Seelen aus Liebeskummer verstorbener Mädchen, die nicht erlöst wurden. Sind den Menschen, vor allem Liebenden sehr zugeneigt, können aber auch mit Pfeilen den Verstand verwirren. Vilen nehmen die Gestalt von Schwänen, Falken, Pferden und Wirbelwinde an. Geboren bei Nieselregen und unter einem Regenbogen auf einer Lichtung, kennen sie alle Geheimnisse der Heil- und Kräuterkunde.

Wünscht eine Frau ihre Fertigkeiten zu erlernen, muss sie bei Vollmond kurz vor Sonnenaufgang ebenfalls auf einer Lichtung mit einem Birkenzweig einen Kreis ziehen, ein paar Pferdehaare und eine Schwanenfeder in die Mitte legen, die Vilen rufen und ihnen Blutsschwesternschaft anbieten. Sie lieben Blumen, Schleier und Sahne als Geschenke.

Wunschelwybere – Schwanenmädchen – Wunderschöne junge Frauen, die durch das goldene Halsband der Morgendämmerung zu Schwänen werden. Gestaltwandler, Luft-, Wind- und Wolkengeister, die in die Anderswelt führen.

Luft-Gottheiten

Abhramu – geflügelte Ur-Elefantenkuh Indiens, die „Wolkenstrickerin", die Schatten spendet und die Erde vor dem Verdorren bewahrt. Sehr gesellig, trifft sich unablässig mit der Familie und Freunden, um Klatsch und Weisheiten über die Welt auszutauschen. Dadurch entstehen Wolken und Winde.

Adeona – römische Göttin, die über die Heimkehr des Kindes aus der Schule wacht.

Aife – Gemahlin des keltischen Meergottes Mananaan. Sie stahl den Göttern das geheime Alphabet des Wissens, um es den Menschen zu schenken. Zur Strafe wurde sie in einen Kranich verwandelt. Aus ihrem Federbalg fertigte sie daraufhin eine Tasche, in der sie die Buchstaben dennoch heimlich an die Menschen weitergab.

Aíolos – griechischer Beherrscher der Winde, Sohn des Poseidon. Gab Odysseus die in einem Weinschlauch eingesperrten widrigen Winde mit, um ihm die Heimfahrt zu erleichtern. Ehemann der Morgenröte Eos.

Africus – römischer Gott des Südwestwindes.

Aja – „die Braut" und babylonische Göttin der Morgenröte.

Akshobhya – „der Unerschütterliche", einer der fünf Dhyani-Buddhas Indiens. Wächter des Ostens, des Buddhaauges, des Elements Luft und des Winters. Elefanten sind seine heiligen Tiere.

Alaghom Naom – Muttergöttin der Maya, sie schuf den Verstand und die Gedanken der Menschen.

Aluzza – „die Mächtige", arabische Wüstengöttin des Morgensterns.

Amaunet – ägyptische Göttin der Achtheit der Weltenschöpfer, belebender Nordwind.

Amun – „der Verborgene", der im unsichtbaren Lufthauch Wirkende, ägyptischer Herrscher der Lüfte. Sein heiliges Tier ist die Gans.

Anna Perenna – ursprünglich etruskische, von den Römern übernommene Göttin des Frühlings. An ihrem Festtag, dem 15. März, erwartete man von allen frommen Römern Ausgelassenheit und sexuelle Freizügigkeit.

Anemotis – „die den Wind Stillende" – Aspekt der griechischen Athene.

Antevorta – römische Göttin der Weissagung und der Geburt. Hebammen galten auch als Seherinnen, da ihnen Antevorta während der Geburt das Schicksal des Kindes offenbarte.

Apollo – griechischer Heil- und Sühnegott, dessen Pfeile Krankheit und Tod bringen. Gott der Weissagungen und Wächter der Orakelstätten Delphi und Delos. Verleiht die Gaben des Gesangs und der Musik. Seine Symbole sind die Schlange, der Lorbeer und die Leier. Beiname Phoibos, der „Lichte, Reine".

Aquilo – römischer Gott des Nordwindes.

Aricia – römische Göttin und berühmter Orakelort für prophetische Visionen.

Arsnuphis – ägyptischer Gott der Ptolemäer. „Der schöne Genosse", der den Lebensatem schenkt.

Aruna – die Morgendämmerung der indischen Religionen und Wagenlenkerin der Sonne.

Ashvins – zwei indische Götterbrüder, Rosselenker am Morgenhimmel, die Honig spenden und heilen.

Asklepiós – griechischer Gott der Heilung, der den Kranken heilende Träume schickte. Sein heiliges Tier ist die Schlange.

Astarte – semitische Himmelskönigin und Liebesgöttin. Ihr heiliges Tier ist die Taube.

Aura – griechische Göttin des Morgenwindes und sanfter Brisen. Eine der Mänaden.

Auseklis – lettisch-baltischer Morgenstern, der bei Himmelshochzeiten zum Brautgefolge gehört. Diener von Sonne und Mond, Hüter der himmlischen Badestube, die als Geburts- und Heilstätte ein Ort besonderer Lebenskräfte und des Lebenshauches ist.

Aurora – römische Göttin der Morgenröte.

Auster – römischer Gott des heißen, trockenen Sciroccowindes aus dem Süden.

Baal-Hadad – altsyrischer Sturm- und Wettergott. Der „Wolkenreiter". Als Baal-Hammon „Herr der Räucheraltäre" und als Baal-Marqod „Herr des Tanzes".

Barbmo-Akka und **Loddis-Edne** – samische Göttinnen, begleiten die Zugvögel auf ihren langen Zügen, beschützen ihren Nestbau und die Aufzucht der Jungen.

Bastet – Katzengöttin der alten Ägypter, die das Vergnügen, den Tanz, die Musik und die Freude regierte. Die anreisenden Gläubigen wurden mit süßen Flötenmelodien begrüßt. Bastet wachte auch über den Handel, der mit Segelbooten über das Mittelmeer oder den Nil erfolgte.

Benten – japanisch-buddhistische Göttin der Beredsamkeit und der Musik, Patronin der Geishas. Trägt ein Juwelendiadem und ein Saiteninstrument.

Bhaga – altindisch „der Geber". Ihm ist der Frühlingsmonat geweiht und er ist der Gott der Heirat, verhilft den Paaren zu Glück und Wohlstand.

Bhasi – indisch-tibetische Göttin des Fluges und Mutter aller wilden Vögel.

Blodeuwedd – keltische „Blumenfrau" von einem Zauberer aus neunerlei Blumen geschaffen, damit sein Ziehsohn Llew Llaw Gyffes, der keine Sterbliche heiraten durfte, eine Frau bekam. Da sie eigenständig wählte und liebte und den Tod Llews verursachte, verwandelte der Magier sie in eine Eule. Göttin der weiblichen Selbstbestimmung. Auch *Weise der Frühlingsnächte* genannt.

Boreas – griechische Verkörperung des rauen Nordwindes.

Bunjil – „Falke", höchstes Wesen der australischen Kulin, der den Menschen den Lebensatem schenkte. Ein reiner Männergott, der Knaben zu Männern initiiert.

Camaxtli – Gott des Schicksals bei den Mayas.

Canola – Sie streifte einst nach einem Streit mit ihrem Mann durch die Nacht, als sie liebliche Musik vernahm. Bei Tagesanbruch entdeckte sie, dass der Wind diese wundersame Musik auf den gehärteten Sehnen eines Walskelettes gespielt hatte. Daraufhin schuf sie die erste Harfe Irlands.

Chaob – Mayagötter der vier Winde (Chikinhuh: Westwind, Hunaunic: Ostwind).

Chione – griechische Göttin der Schneewolken.

Coatrischie – kubanische Göttin der Winde, Stürme und Meere.

Corra – keltische Göttin der Weissagung, die als Kranichfrau erscheint.

Dedun – altägyptischer Gott, Herr und Spender des Weihrauches.

Dhatarattha – einer der vier buddhistischen Welthüter. Wächter des Ostens und Herr über die göttlichen Musikanten. Sein Symbol ist die Mandoline. In China Tschi Guo genannt.

Dione – vorhellenistische, sehr alte Göttin Griechenlands, zuständig für Inspiration und Sexualität, die über das Orakel von Dodona wachte. Hier antwortete das Rauschen der Buchen auf Fragen persönlicher Natur, niemals aber auf politische oder religiöse Fragen. Nur ältere Frauen durften den Wind in den Blättern deuten. Männer waren stets von den Ritualen und dem Orakel ausgeschlossen.

Djabani – Navajo-Göttin des Ostens.

Dogoda – slawischer Gott des sanften Westwindes.

Dornolla – keltisch-irische „Große Faust", Wind und Sturmgöttin von großer Hässlichkeit.

Dua – „der Morgendliche". Altägyptischer Gott, der des Königs Gesicht wäscht und rasiert. Wirkt bei der sogenannten Mundöffnung der Toten mit, denen auf diese Weise der Atem zurückgegeben wird.

Dziewanna – polnische Göttin des Wetters und des Frühlings.

Ehecatl – aztekischer Windgott.

Ellil/Enlil – „Herr Windhauch". Hauptgott der Sumerer, später akkadischer Gott des Windes und der Erde.

Eos – griechische Göttin der Morgenröte. Die „Rosenfingrige", jugendlich und schön. Wenn sie weint, fällt Tau. Schwester von Sonne und Mond.

Euros – griechischer Gott des Ostwindes.

Eurynome – älteste aller griechischen Göttinnen. Sie erhob sich aus dem Urchaos und begann sogleich zu tanzen, wodurch sie Licht und Dunkelheit, Himmel und Meere schied. Im Gefolge der wirbelnden Bewegungen entstand der Wind, den sie zur Schlange Ophion formte. Sie schlief mit der Windschlange, verwandelte sich in eine Taube und legte das Ei der Welt, aus dem alle Schöpfung hervorging.

Fama/Pheme – römisch/griechische Göttin des Gerüchts. Ein Wesen, das unablässig mit mehreren Zungen plappert.

Fand – irische Feenkönigin, die über die fernen Inseln im Westen herrschte, von denen aus sie als Seevogel über die Welt flog, um Männer in hoffnungslose Liebe zu verstricken.

Fata Morgana – Göttin der Luftspiegelungen, vor allem in den Wüsten arabischer Länder.

Faurourou – polynesische Luftgöttin, die das Wetter, die Seewinde und die Wolken regiert.

Favonius – römischer Gott des Westwindes.

Feng Po-Po – chinesische „Hirtin der Winde", die auf der Wolkenstraße einen Tiger reitet. Manchmal treibt sie alle Winde in einen Beutel, damit manche Stunde windstill bleibt.

Fei Lien – chinesischer Windgott, der die Winde in einem großen Sack verwahrt. Tritt als Vogeldrachen mit Hirschkopf und Schlangenschwanz auf. Im japanischen Shintoismus Fujn genannt.

Fiongalla – irische Göttin der Morgenröte, Schwanenfrau.

Flora – römische Frühlingsgöttin und Königin aller Pflanzen, auch jener, deren Blüten zu Früchten führen. Damit galt sie auch in ihrer Festwoche vom 28. April bis 03. Mai als Schutzpatronin der Fortpflanzung, Erotik und Prostituierten.

Freya – nordische Himmelskönigin, Zauberin, Göttin der Liebe, des Frühlings und des Webens. Ihren Wagen ziehen Katzen über den Himmel.

Gaende'sonk - irokesische Göttin der Winde, des Wetters, des Himmels und der Luft. Gebar Sonne und Mond.

Ganesha – indischer Elefanten-Gott der Weisheit, des häuslichen und ehelichen Glückes, beseitigt Hindernisse.

Gengen Wer – der große Schreier oder die Gans, die das Ei legt, auch welchem der Ursprung neuen Lebens schlüpft. Der altägyptische Gott steht für Wirkung und Einfluss der kreativen Energie. Die Gans wird auch als Knisterer („Negeg" auf altägyptisch) bezeichnet, eine Form in der auch Amun als Schöpfergott erscheint.

Gunnlöd – nordische Riesin und Mutter der Dichtkunst. Hütet den Kessel mit dem „Skaldenmet", der mit poetischer Inspiration erfüllt und zur Meisterschaft in der Skalden- oder Sagadichtung führt.

Gendenwitha – „die den Tag bringt", Morgensterngöttin der Irokesen, in die sich ein Jäger verliebte. Um ihr nahe zu sein, sang er seine Liebeslieder im Frühling als Rotkehlchen, im Sommer als Amsel und im Herbst als Falke.

Gentle Annie – „die sanfte Annie", eine englische Wind- und Wettergöttin, die ausschließlich gutes Wetter bringt.

Gna – nordische Windgöttin, die auf ihrem Pferd „Auskeiler" als Botin der Himmelskönigin und Frühlingsgöttin Frigg dient.

Grazien (Chariten) – Töchter der griechischen Eurynome und tanzende Göttinnen, die die Anmut der Liebe, die Grazie des höflichen Benehmens und Mitgefühl verkörperten. Sie hießen Thalia („die voll in Blüte stehende"), Aglaia („die Leuchtende") und Ephrosyne („die Freude bringende"). In ihrem Beisein entstieg Aphrodite dem Meer, der sie als treue Begleiterinnen und Botinnen dienen.

Guédé l'Oreille – Haitis Voodoo-Göttin der Orkane und des Todes.

Halkyone – Als die Tochter des griechischen Windgottes Aiolos ihren Mann verlor, verwandelte sie sich aus Kummer und unstillbarer Sehnsucht in einen Eisvogel, der klagend über das Wasser zog. Das rührte die Götter und sie schenkten ihrem Gemahl ein neues Leben als Eisvogel. Als besonderen Segen hält der Windgott während der kühlen Brutzeit der Eisvögel die Winde von ihnen fern, so dass diese windstillen, milden Tage bis heute halkyonische Tage heißen.

Hathor – altägyptische Himmels- und Unterweltsgöttin. Göttin des Tanzes, der Musik, des Gesanges und der Liebe. Beschützerin der Fremden im Land, Herrin der Dattelpalme und der Sykomore, die geflügelte Kuh der Schöpfung und des Lichts. Bei Geburten taucht sie sieben- bis neunfach auf, um das Schicksal des Kindes zu bestimmen. Sie beschützt Frauen und alle weiblichen Tiere. Sie symbolisiert den Körper, in dem die Seele wohnt und sinnliches Vergnügen empfindet. Ihr Symbol ist das Sistrum.

Heket – „die große Zauberin", altägyptische, froschköpfige Göttin der Morgendämmerung, die als Hebamme bei der Geburt der Sonne half. Während der Schöpfung berührte sie die Menschen mit dem Anch-Symbol, der Lebensschleife, und verlieh ihnen so den Lebensatem und ihre Bewegung. Sie stoppt den Wind, damit Samen nicht verwehen, sondern in der Erde keimen und Wurzeln schlagen können.

Hulda – Königin der nordischen Bergfeen „Huldas Volk", das sich ganz dem Tanz und dem Musizieren hingibt. Das Harfenspiel der Königin verzaubert Menschen so sehr, dass sie dahinsiechen, sofern sich das Volk ihrer nicht erbarmt und sie erlöst.

Hurakan – Sturmgöttin der Maya.

Hypnos – der Gott des Schlafes fächelte die Menschen mit seinen Flügeln in den heilenden oder wahrträumenden Schlaf.

Hyrokkin – nordische Windsturmgöttin.

Ifa – Wahrsagegott der nigerianischen Yoruba. Herr des Orakels von Ife, lehrte die Menschen die Heilkunst.

Ignis Fatuus – irische Luft-/Licht- und Nebelgöttin, die in den Sümpfen Luftspiegelungen erschafft, um Menschen vom rechten Weg zu locken.

Ilma – finnische Luftgöttin, Tochter des Ilmarinen.

Ilmarinen – finnischer Beherrscher von Wind und Wetter, Schutzpatron aller Reisenden. Bestirner des Himmels, Erschaffer der Weltenachse, die die drei Weltebenen verbindet. Lehrte als göttlicher Schmied die Menschen die Eisenverarbeitung.

Irdlirvirisissong – verrückte Kusine der grönländischen Sonnengöttin. Sie tanzt mit Vorliebe im Winter über den Himmel und erschafft das Nordlicht, um die Menschen zum Lachen zu bringen und ihnen in den dunklen Monaten Hoffnung zu schenken.

Irpa – skandinavische Wettergöttin, die schlechtes Wetter, Sturm und Hagel bringt. Tochter der Frau Holle mit Odin.

Ixlexwani – Himmels- und Luftgöttin der Bellacoola-Indianer. Kam als goldener Adler zur Erde, herrscht über die wilden Vögel und das Wetter.

Kilili – mesopotamische Göttin der Verführung, die mit wohlriechenden Brisen umspielt und den Kopf verdreht. Ihre Symbole sind Fenster und Vögel.

Kono-Hana-Sakuya-Hime – „Die Dame, die die Kirschbäume blühen lässt", japanische Kirschbaumgöttin des Frühlings.

Kore – griechische Frühlingsgöttin, die von Hades geraubt, ein halbes Jahr als **Persephone** die Unterwelt regiert. Nur wenn sie zurückkehrt, wird es Frühling.

Kostrubonko – russische Frühlingsgöttin, im Frühjahr von einer jungen Frau verkörpert, die sich auf der Erde ausstreckt, als sei sie tot. Alle bilden einen Kreis um sie, klagen, singen, tanzen und erwecken sie auf diese Weise zum Leben. Sie erhebt sich und erteilt unter Freudengesängen und -tänzen den Frühlingssegen.

Kyrene – wegen ihrer Schönheit berühmte Nymphe und Geliebte des Apollo. Sie reiste in einem mit Schwänen bespannten Wagen durch die Luft und gebar Apollo einen Sohn, der zum Begründer der Bienenzucht wurde. Sie liebte es, mit dem Wurfspeer zu trainieren und hasste es, ihre Tage vor dem Webstuhl zu verbringen. Beschützerin unabhängiger, selbstbestimmter Frauen.

Lada – slawische Göttin des Frühlings, der Liebe und Fruchtbarkeit.

Laka/Hi'iaka – Hawaiianische Göttin der unbezähmbaren Kräfte und Winde, Beschützerin der Hula-Tänzerinnen. Ihren Altar zieren die schönsten Blüten und duftendsten Hölzer. Schwester der Feuergöttin **Pele**. Ihre acht jüngeren Schwestern formen die Wolken und hüten die acht Himmelsrichtungen.

Lan Cai-ho – singende Straßenmusikantin, die herumzog, um allen Freude zu schenken, bis ein Storch sie auf seinen Flügeln in den Himmel hob, wo sie als einzige Frau zu einer der acht Unsterblichen ernannt wurde. Seither verbreitet sie mit ihrer Flöte und den ersten Früchten des Jahres Freude auf den himmlischen Versammlungen.

Leanan Sidhe/Lhianna Shee – Irische Göttin des Lebens und Muse der Sänger, aber auch Schwester der Banshee. Sie nahm gerne die Gestalt der Dichterin Eodain an, die ihre menschlichen Liebhaber mit wundervoller Poesie umwarb. Wer ihre Gunst als

selbstverständlich hinnahm, dem drohte allerdings der Untergang.

Lips – griechische Göttin des Südostwindes.

Ma'at – ägypt. Göttin der Wahrheit, deren Straußenfeder in der zweiten Schale der Waage der Gerechtigkeit liegt. Wog das Herz der zu beurteilenden Person mehr als die Feder, war diese schwer von ihren bösen Taten. Sie wurde daraufhin vernichtet und für immer getilgt. Blieben die Schalen im Gleichgewicht, ging die Seele ins lichte Jenseits ein. Ma'at wurde nicht in Tempeln verehrt. Ihr huldigte man, wo immer Wahrheit und Gerechtigkeit einen harmonischen Einklang bildeten.

Ma Gu – chinesische Göttin des Frühlings, die Maulbeerhaine für die Seidenraupenzucht pflanzte und das Land segnet, auf das es urbar sei. Vorbild für Güte und Fleiß.

Maia – griechisch-römische Frühlingsgöttin, die dem Mai seinen Namen gab.

Mamacocha – Inkagöttin, die mit dem Wind den lebensspendenden Regen bringt.

Mama Uqulla – Weberin des Lebens, Schicksalsgöttin der Inka.

Mardeq Avalon – russische Windgöttin, der in heiligen Hainen gehuldigt wird, die aus Buchen und Birken bestehen.

Marici – „Lichtstrahl", buddhistische Göttin der Morgendämmerung, die in einem von Ebern gezogenen Wagen die Nacht hinter sich lässt.

Mater Matuta – altitalische Göttin des Frühlichts und der Morgenröte. Wachte über die Geburt und Frauen im Allgemeinen. Würdevolle Matrone, die die Dämonen der Nacht vertreibt.

Matnau – japanische Nordwindgöttin der Ainu, tanzt Stürme heran.

Mefitis – römische Göttin der berauschenden Schwefelquellen des Orakels von Delphi.

Meret – altägyptische Göttin des Jubels und des Gesangs.

Merkur – römischer Gott der Luft, des Handels und der Diebe.

Mnemosyne – griechische Göttin des Gedächtnisses und der Erinnerung. Mutter der Musen.

Mu Kung – chinesischer Gott der Unsterblichen, Herr des Ostens und des Yang.

Mut – Geiergöttin Ägyptens, die alle Feinde abwehrt.

Naestsan – Navajowindgöttin, Herrin des Horizontes und über alles, was atmet. Bringt den Wind des Lebens, residiert im Osten.

Naila – „die Blaue", arabische Himmelsgöttin der Wüstenvölker.

Nanabozho – nordamerikanischer Herrscher über Regen und Wind.

Nansche – sumerische Göttin und Tochter des Weisheitsgottes Enki. Wahrsagegöttin, Traumdeuterin und Künderin des göttlichen Willens.

Nayaanxatisei – Wirbelwindfrau der Arapaho-Prärieindianer. Erscheint als Raupe (die verursachen Wirbelstürme!), Herrin der fliegenden Insekten, formte aus einem Klumpen Schlamm die Erde.

Nechbet – oberägyptische Geier-Schutzgöttin, Geburtshelferin.

Nefertem – altägyptischer Gott des Wohlgeruchs, des Räucherwerkes. Sein Symbol ist die Lotusblüte.

Neoga – irokesische Hirschkuhfrau, die als Südwind die Sommerwinde regiert. Sanft und gütig. Gehört zum Gefolge der Sonne.

Nephtys – altägyptische Göttin, die zusammen mit Isis die aufgehende Sonne im Osten begrüßt.

Nerthus – germanische Frühlingsgöttin.

Nike – griechische geflügelte Siegesgöttin, Tochter der Styx, der Göttin des Unterweltflusses.

Ninlil – sumerische Göttin und „Herrin der sanften Winde", die nach der Vergewaltigung durch den Windgott Enlil den Mond gebar. Die Göttin verbannte Enlil zur Strafe in die Unterwelt, wo er den Frevel seiner Tat erkannte und bereute.

Njord – nordischer Windgott.

Norwan – „Tanzende Stachelschweinfrau" der kalifornischen Wintun-Indianer, die mit warmer Luft an einem Frühlingsmorgen über das Land tanzt und bis zum Abend nicht aufhört. So bringt die Luft- und Lichtgöttin die Pflanzen zum Wachsen.

Notos – griechischer Gott des Südwindes.

Nut – altägyptische Göttin der Nacht, die ihren Körper als Bogen über die Erde spannt, um das Himmelsgewölbe an seinem Platz zu halten. Sie gebar alle Sterne und leitet die Götter und Seelen, auf dass sie sich nicht in der ewigen Dunkelheit verirren.

Oniata – irokesische Tochter der Sonne. Um die Männer nicht länger von ihren Frauen abzulenken, verließ sie die Menschen und ließ nur die Wildblumen des Frühlings als Mahnung gegen Streit und Eifersucht zurück.

Ostara – nordische Frühlingsgöttin, nach der Ostern benannt wurde. Der Mondhase und das Ei sind ihre Symbole. Durch Bemalen und Verschenken der Eier werden Harmonie und Fruchtbarkeit auf alle Bereiche des Lebens übertragen.

Oya – Muttergöttin der nigerianischen Yoruba. Göttin der Stürme und des Tanzes.

Paka'a – hawaiianische Windgottheit.

Palato – römische Wettergöttin, die den rechten Weg weist.

Peitho – griechische Göttin der Literatur, der Überredungs- und Verführungskunst. Tochter der Aphrodite und des listenreichen Hermes. In Rom Suada oder Suadela genannt.

Pirts-Mate – schwedische Saunamutter, reinigt, klärt und schenkt leichte Geburt. Besen und sauberes Wasser erfreuen sie als Gaben.

Pogoda – slawische Spenderin der günstigen, wohlwollenden Winde.

Ogma – keltischer Gott des Lernens und der Sprachgewandtheit.

Quetzalcoatl – die „gefiederte Schlange". Windgott der Azteken mit der Federschlange als Himmelssymbol und „Herr der Wissenschaften".

Rafu-Sen – japanische Göttin der Pflaumenblüte. Die ewig keusche Jungfrau, „die Frühlingsschönheit", die mit wehenden Schleiern durch die Bäume tanzt, die der Mond in sein segnendes Licht taucht, um ihre Düfte einzufangen und den Menschen in ihren Träumen zu schenken.

Rana Neida – samische Frühlingsgöttin, die das Grün der nach Süden liegenden Hänge schneller sprießen lässt, damit die ausgehungerten Rentiere endlich frische Nahrung finden. Um ihr Wohlwollen zu wecken, lehnen die Frauen ein Spinnrad an ihren Altar und benetzen es mit ihrem eigenen Blut.

Rarog – osteuropäischer Gott der wilden Stürme.

Renpet – altägyptische Göttin der Jugend und des Frühlings, deren Symbol ein Palmenschössling war. Durch sie verwandelte sich die messbare Zeit in die unermessliche Ewigkeit, die den Körper der Toten dem Zerfall entriss und der Seele ewiges Leben brachte. Sie trägt einen Kalender als Symbol.

Rhiannon – die walisische Feengöttin ritt auf einem windschnellen Pferd über die Erde, begleitet von Zaubervögeln, die die Toten aufwecken und die Lebenden in einen sieben Jahre währenden seligen Schlaf versenken können. Herrin aller Vögel.

Rudra – indischer Sturmgott, der als Vergeltung Krankheitspfeile auf Götter, Menschen und Tiere abschießt. Aber auch der „Wohltätige", der vor allem Tieren beisteht.

Rudrani – Gemahlin des Rudra, zuständig für jene Stürme, die Krankheit und Tod bringen.

Sao Ceng Niang – chinesische „Besenfrau", die nach einem heftigen Regen die Wolken wegfegt. In Zeiten der Dürre bat man sie, die Wolken zusammenzufegen, um für Regen zu sorgen.

Saraswati – indische Göttin der Weisheit, der Rede, des Wissens und der absoluten Treue.

Saules Maita – „Tochter der Sonne" im baltischen Raum, auch Astrine oder Barbelina, also „geliebte Herrin des Morgensterns" genannt. Sie kletterte an einem Rosenstrauch in den Himmel hinauf, um ihrer Mutter, der Sonnengöttin Saule näher sein zu können.

Schu – altägyptischer Herrscher der Luft, der den Menschen den Lebensatem schenkt.

Seidr – schon fast eine „Berufsbezeichnung" für nordische Seherinnen und Zauberinnen. Die Bekannteste ist Gullveig.

Semargla – slawische Windgöttin der kalten Jahreszeit.

Shaushka – hurritische geflügelte Göttin von großer Schönheit, die das Handeln der anatolischen Könige durch Träume, Orakel und Prophezeiungen ihrer Wahrsagerinnen lenkte.

Shinatsuhime – japanische Windgöttin.

Shine-Tsu-Hiko – japanischer Windgott, Ehemann der Shinatsuhime.

Sibilaneuman – kolumbianische „Mutter der Lieder und Tänze, Herrin des Korns und die einzige Mutter, die wir haben".

Siris – babylonische Vogelgöttin des Genusses und der Bankette, regiert auch über das Wetter, da es schwerfällt inmitten von Dürre oder anderen Unbilden in Essen, Trinken und Tanz zu schwelgen. Vertreibt mit ihren Winden lästige Insekten.

Stribog – ostslawischer Beherrscher der Winde, genannt „Stribogs Enkel".

Susanowo – japanischer Windgott und Herr der Ozeane. Als Donnergott auch Herr der Drachen und Schlangen.

Syn – nordische Göttin der Wahrheit.

Tate – Windgott der Sioux-Indianer. Er lenkt die Jahreszeiten und bewacht den Geisterpfad, auf dem er nur würdige Seelen wandeln lässt.

Tatei-Werika – mexikanische Adlerfrau, Herrin aller Wildvögel.

Tatsuta-Hime – jeden Herbst webt diese japanische Göttin einen prächtigen, bunten Wandbehang, den sie sodann als kräftiger Wind in Fetzen bläst. Herrin der Seewinde.

Tefnut – altägyptische Göttin der Morgenröte und des Taus, das linke Auge des Himmelherrn.

Tempestates – römische Göttin der Sturmwinde.

Thesan – etruskische Göttin der Morgenröte und Geburtshelferin der Frauen.

Tian Hou – bemühte sich, durch eine tiefe Trance ihre vier Brüder auf dem Meer zu retten. Da ihre besorgten Eltern sie aufrüttelten, kehrten nur drei von ihnen zurück. Nach ihrem Tode wurde sie in den Himmel berufen, wo sie noch heute auf den Wolken über den Himmel reitet und die Winde anweist, in Seenot geratene Schiffe ausfindig zu machen, damit sie zu deren Rettung eilen kann.

Tinnit (Tanit) – himmlische Herrscherin Karthagos. Jungfrau und Mutter, Spenderin der Fruchtbarkeit. Ihr heiliges Tier ist die Taube.

Tlahuizcalpantecutly – „Herr im Hause der Dämmerung", der aztekische Gott des Morgensterns.

Tlitcaplitana – Himmelsfrau der im NW der USA lebenden Bellacoola-Indianer. Sie steigt herab, um Kranke zu heilen oder das Wissen über Zauberkräfte zu vermitteln. Manche Menschen vertrugen ihre machtvolle Nähe nicht und starben, obwohl nichts die Göttin mehr bekümmerte. Ihre große Hässlichkeit machte ihr wunderbarer Gesang wieder wett, der durch die dichten Regenwälder zieht.

Tomam – sibirische Vogelgöttin, Herrin der Zugvögel.

Tundra Ilona – Göttin der alten Ungarn, die in Gestalt eines Schwans das Ei legte, der die Sonne entschlüpfte, um am Himmel aufzusteigen.

Ushas/Urvati – indische Göttin der Morgenröte. Eine zarte Braut in rosenroten Gewändern mit goldenem Schleier. Sie fährt in einem Wagen, den rote Kühe ziehen.

Uzume – japanische Göttin des Frohsinns, die mit ihrem frivolen Tanz Amaterasu aus ihrer Höhle hervorlockte und damit den Frühling in die Welt zurückbrachte.

Vajravraki – Göttin „Luftdurchwanderin", die sich in Tibet stets als buddhistische Äbtissin inkarniert, um Nonnen und Frauen zu schützen und Gutes zu wirken.

Vassilissa – slawische Schwanengöttin und Herrin der wilden Vögel.

Vayu – indischer Windgott. Schutzpatron der Krieger und Schicksalsgottheit. Der Atem Gottes und die Hauchseele des Kosmos.

Veja mate – „Windmutter", lettische Windgöttin, Herrin der Vögel und des Wetters. Liebt Flötenmusik.

Venilia – römische Göttin der Meereswinde.

Verbti – „der Blinde", alter albanischer Gott des Nordwindes und des Feuers. Hasst Unsauberkeit, Unordnung, Lügen und hässliche Rede.

Völuspa – berühmteste weise Frau der nordischen Überlieferung, nach der das bekannteste Götterlied der Edda benannt wurde. Sie wurde vor Anbeginn der Welt geboren und als Seherin gebeten, die Geschichte der Welt zu offenbaren. Damit hat sie bis heute nicht aufgehört.

Vör – nordische Göttin der Klugheit, deren Weisheit sich darin zeigt, dass sie äußerst umsichtig ist und ihr nichts auf der Welt entgeht.

Vulturnus – römischer Gott des Ostwindes.

Wakahirume – Lieblingsweberin der japanischen Sonnengöttin Amaterasu und Göttin der Morgendämmerung.

Walküren – „Totenwählerinnen", die im Auftrag Odins die gefallenen Helden nach Walhall geleiten. Schützen als Schildmaiden auch Frauen und Mädchen

vor männlichen Übergriffen. Sie tragen alte Namen wie Wolkenthrut („Wolkenkraft") oder Mist („Nebel").

Xochiquetzal – „Federblume", aztekische Göttin der Blumen. Ihr zu Ehren stellten Frauen mit Federmustern verzierte Tonfigürchen auf den Altar. Nach der großen Flut gebar sie die Menschen erneut, aber ihre Kinder waren alle stumm. Eine Taube segnete sie mit Sprache, gab aber jedem Menschen eine andere. Auf diese Weise entstanden die indianischen Dialekte und Sprachen.

Xoli-Kaltes – ungarische Göttin der Morgendämmerung, buk zudringliche Freier zu Brot, deren Duft auf dem Ostwind durch alle Straßen zog.

Yondung Halmoni – koreanische Windgöttin, der zu Ehren schamanische Rituale mit Reiskuchenopfern stattfinden.

Zephyros – der griechische Gott des Westwinds, Sohn der Morgenröte und Frühlingsbote.

Zimarsla – der „Eishauch". Hagelgekrönte osteuropäische Göttin in einem Gewand aus Schnee und Frost, das sich unablässig im Wind bauscht.

Zi Nu – sehr verehrte chinesische „webende Frau" des Himmels, die die Gewänder der Götter webt. Als sie sich in einen Hirten verliebte und daraufhin ihre Arbeit vernachlässigte, verbannte der Vater die Liebenden auf verschiedene Ufer des Milchflusses (der Milchstraße). Nur in der Mittsommernacht spannen Elstern eine Brücke darüber, damit die Liebenden zueinander kommen.

Zonget – sibirische Göttin der Jagd, die über die Vögel regiert und jene, die sie jagen. Dem Menschen erscheint sie als Birkhuhn.

Zotz – Fledermaus-Gott der Maya und bis heute Beschützer der Zotzil-Indianer und anderer guatemaltekischer Stämme.

Von Anderswelt und Zauberspruch – Grundbegriffe und Glossar

Anderswelt
So wird die neben, in und um uns herum bestehende spirituelle Welt bezeichnet, mit der uns Rituale, schamanische Arbeit, Übungen in Verbindung bringen. Verschieben Sie Ihre Wahrnehmung in einem solchen Ritual, so erleben Sie eine leichte oder auch tiefer gehende Trance. Sie sind währenddessen in der **nichtalltäglichen** Wirklichkeit unterwegs. Am Ende eines Rituals oder einer Meditation kehren Sie in die **alltägliche** Wirklichkeit zurück.

Aura
Siehe Chakren.

Buch der Schatten
Sind Sie mehr als nur eine Gelegenheitshexe oder ein Manchmalzauberer, so sollten Sie ein Buch der Schatten anlegen, in dem Sie alles aufschreiben, was sich niemand über die Jahre merken kann. Sie schreiben dort auf, was Sie ausprobieren und welche Zutaten Sie benutzen. Außerdem beschreiben Sie hier Dinge, die Sie während Ihrer Meditationen, Übungen und Rituale erfahren, die zu einem späteren Zeitpunkt wichtig oder nützlich sein könnten. Notieren Sie sich auch, wie was gewirkt hat und ob Ihnen im Nachhinein noch Änderungen einfallen, die Sie beim nächsten Mal unbedingt mit einbauen möchten. Schreiben Sie auch Ihre Rituale, magischen Gedichte, Rezepte für Räucherwerk, magische Kuchen oder Zaubertränke auf, damit Sie diese bei Bedarf immer zur Hand haben.

Bevor Sie Ihr Buch der Schatten das erste Mal verwenden, weihen Sie es mit einem Ritual ein. Reinigen Sie es vorher mit Salbeirauch. Außer Ihnen sollte niemand Ihr Buch in die Hand nehmen, damit sich Ihre energetische Verbindung nicht vermindert.

Chakren
Der Begriff bezeichnet die sieben Hauptenergiezentren Ihres Körpers, beginnend mit dem Wurzelchakra (Damm), Nabelchakra (knapp unterhalb desselben), Sonnengeflecht, Herzchakra, Halschakra, Drittem Auge (gerade über der Nasenwurzel) und Kronenchakra oben auf dem Kopf (mehr dazu und wie sie diese in Ihrer magischen Arbeit nutzen im Band *Spirit*). Ihre Energie zusammen genommen erzeugt Ihre Aura, eine energetische Ausstrahlung, die sich je nach Ihrer Befindlichkeit verändert und Sie wie eine Art fest umrissener Energienebel umgibt.

Elementale
Geistwesen, die eng mit der Energie eines Elements verbunden sind, werden häufig Elementale genannt. Dazu gehören unter anderem Undinen und Nixen für das Wasser, Sylphen für die Luft, Salamander für das Feuer und Gnome für die Erde. Sie werden auch als Elementewesen oder Elementare bezeichnet.

Erden
Zum Erden benötigen Sie keine Hilfsmittel, sondern nur einen Ort, an dem Sie für ein paar Minuten ungestört sind und aufrecht stehen können.

Setzen Sie Ihre Fußsohlen schulterbreit voneinander entfernt. Achten Sie darauf, Ihre Knie nicht durchzudrücken und ziehen Sie Ihren Po ein. Nun wachsen Sie von Ihrem Brustbein und von Ihrem →Kronenchakra in Richtung Himmel. Stehen Sie dabei möglichst bequem und entspannt. Sobald Sie Anspannung spüren, schütteln Sie Arme und Beine aus, bewegen sich ein wenig und stellen sich anschließend wieder in den entspannten geraden Stand.

Als nächstes achten Sie auf Ihren Atem, ohne zunächst etwas zu verändern.

Holen Sie nun einige Male tief durch die Nase Luft und lassen Sie diese durch den offenen Mund ausfließen. Prusten, seufzen oder fauchen Sie, ganz nach Laune. Atmen Sie während der gesamten Übung durch die Nase ein und durch den Mund aus. Wenn Sie sich wach und entspannt fühlen, beginnt die eigentliche Erdung.

Mit dem nächsten Einatmen →visualisieren Sie, wie durch Ihr Kronenchakra helles (weiß-goldenes) Licht in Ihren Körper fließt. Es läuft durch Sie hindurch und verändert dabei seine Farbe.

Falls Ihnen diese Farbe nicht unmittelbar in den Sinn kommt, visualisieren Sie wie sich das weiß-goldene Licht zu einem warmen Goldton mit Grün verwandelt, wie Sommerblätter durch die die Sonne scheint.

Dieses grün-goldene Licht fließt beim Ausatmen durch Ihre Füße in den Boden.

Nehmen Sie den Lichtfluss für einige Augenblicke wahr und genießen Sie Ihre Verbindung mit Himmel und Erde.

Nun visualisieren Sie wie sich das Licht, das durch Ihre Füße in den Boden fließt, Wurzeln bildet, die Sie behutsam in der Erde verankern. Mit jedem Ausatmen gehen diese Wurzeln tiefer und werden stärker. Bleiben Sie so lange dabei, bis Sie das Gefühl haben, Ihre Füße nicht mehr vom Boden heben zu können, weil sie festgewachsen sind.

Lassen Sie nun Ihre Achtsamkeit aus der Übung heraus wieder in Ihren Körper und Ihre Umgebung zurückkehren. Öffnen Sie Ihre Augen und bewegen Sie sich nur einige Millimeter von einem Fuß auf den anderen. Nehmen Sie dabei war, wie Sie zwar verwurzelt, aber dennoch beweglich sind (für weitere Erdungübungen und Erdrituale siehe *Die Magie der Elemente: Erde*).

Grundritual

Keine Angst vor Ritualen – die besten sind immer am unkompliziertesten. Wichtig dabei ist, dass Ihr Ritual grundsätzlich immer gleich aufgebaut ist. Sie beginnen damit sich zu erden und zu reinigen. Wenn nötig gilt das auch für die verwendeten Gegenstände und den gewählten Ort.

Sie legen sich alles zurecht und öffnen den magischen Schutzkreis. Dafür rufen Sie aus den vier Himmelsrichtungen die Elemente an. Sie beginnen im Osten (Luft), wenden sich dann im Uhrzeigersinn nach Süden (Feuer), nach Westen (Wasser) und nach Norden (Erde). Drehen Sie sich weiter im Uhrzeigersinn in die Mitte Ihres Kreises.

Hier führen Sie aus, was Sie sich vorgenommen haben. Wenn Sie fertig sind, schließen Sie den Kreis wieder. Sie beginnen im Norden und gehen gegen den Uhrzeigersinn zurück. Sie bedanken sich währenddessen bei den Elementen für gewährten Schutz und Unterstützung.

Sind Sie mit schamanischer Arbeit vertraut, rufen Sie nach den Elementen in der Mitte Ihres Kreises zusätzlich Ihre schützenden Begleiter aus der unteren, oberen und mittleren Welt (→Anderswelt). Beim Öffnen gehen Sie auch hier in umgekehrter Reihenfolge vor: Sie verabschieden zuerst die Geister der mittleren, dann der oberen und unteren Welt. Danach geht es mit den Elementen weiter. Keine Panik, falls Sie mal die Reihenfolge nicht ‚richtig' eingehalten haben. Da Sie sich zu Beginn mit kleineren Ritualen beschäftigen, machen solche Fehler einfach klüger, ohne gleich dramatische Konsequenzen nach sich zu ziehen. Bevor Sie Rituale zu weltbewegenden Themen durchführen, sollten Sie Grundlegendes wie den Ablauf eines Rituals im Schlaf beherrschen.

Nutzen Sie den Schutzkreis der Elemente für alle Rituale und für alle schamanischen Reisen. Bei Übungen und Meditationen spüren Sie selber nach, ob ein Schutzkreis angebracht ist. Im Zweifelsfalle ziehen Sie ihn lieber. Zu viel Schutz gibt es nicht. Weitere Anregungen für Ihr Grundsatzritual finden Sie in *Magie der Elemente: Erde* und im *Hexeneinmaleins für freche Frauen* (siehe Bücherliste).

Keltisches Kreuz

Eine Legeart der Tarotkarten entspricht dem keltischen Kreuz. In der Mitte liegt eine Karte, die Sie selber wiedergibt und die Sie als erstes auswählen. Darüber legen Sie quer eine Karte, die Ihnen aufzeigt, was Ihnen bezüglich Ihrer Frage bewusst ist. Darunter legen Sie eine, die Ihnen anzeigt, was Sie über die Situation bewusst nicht erkennen/nicht wissen. Die Karte zur Linken deutet die Energie, die zur augenblicklichen Lage geführt hat, zur Rechten wird Ihnen die Energie gezeigt, die in die Zukunft deutet. Dieses Kreuz existiert in vielen Varianten und darüber hinaus gibt es viele weitere Legeversionen. Informieren Sie sich aus dem Anhang über entsprechende Bücher und entdecken Sie eine Legeart, die Ihnen entspricht und daher die besten Ergebnisse bringt.

Magische Dreiheit – Ich-Arbeit, Wir-Arbeit und Weltarbeit

Grundsätzlich ist Ihre magische Arbeit in drei Bereiche geteilt: Ich-Arbeit, Wir-Arbeit und Weltarbeit. Als Anfänger beschäftigen Sie sich vor allem mit persönlichen Fragen, die Ihren Alltag, Ihr Liebesleben, Ihren Job, die Kinder oder Ihr finanzielles Glück betreffen. Haben Sie einiges davon abgearbeitet, so kommen langsam andere Menschen ins Bild, die sich zum Teil ebenfalls mit Magie und Ritualen beschäftigen. Mit letzteren beginnen Sie vielleicht Rituale zu feiern und für- und miteinander magisch zu arbeiten, sich aber zumindest auszutauschen. Damit beginnt die wahre Wir-Arbeit. Dabei haben Sie Ihre Nachbarschaft, den Ort, in dem Sie wohnen oder auch ein größeres Umfeld im Blick.

Nicht alle magischen Menschen gehen über diese Bereiche hinaus in die Weltarbeit. Dieser Schritt bedeutet, die Bereitschaft mitzubringen, sich Ihrem spirituellen Weg ganz zu öffnen, auch wenn dies unbequem sein oder Ihre Freizeitunternehmungen erschweren sollte. Niemand ist verpflichtet, sich dieser Verantwortung der magischen Arbeit zu öffnen, da die Aufgaben oft mit persönlichen Opfern verbunden sind, die Sie vielleicht nicht ohne weiteres zu bringen bereit sind. Dummerweise wird Ihnen hier nie die Entscheidung überlassen, ob Sie dieses oder lieber jenes aufgeben möchten. Akzeptieren Sie eine Aufgabe, folgt die Konsequenz ohne dass Sie daran etwas ändern könnten. Aufgrund unserer beschränkten Wahrnehmung wirkt es dann oftmals so, als hätten Sie den kürzeren Strohhalm gezogen, obwohl Sie langfristig positiv hinzugewinnen. Das ist zum aktuellen Zeitpunkt allerdings alles andere als klar und bedarf daher des festen Glaubens an die höheren Mächte und ihre Gerechtigkeit.

Medizinbeutel

Sie verwenden einen Medizinbeutel um Gegenstände aus Ritualen bei sich zu tragen, deren Energie Sie nicht nur gelegentlich in Ihrer Nähe wünschen. Besitzen Sie Gegenstände, die Sie mit einer Initiation verbinden, so gehören auch diese in Ihren Beutel. Stellen Sie ihn am besten selber her – aus Stoff oder Leder, beides möglichst naturbelassen.

Schamanische Reise

Eine schamanische Trancereise dient dazu, Informationen aus der Anderswelt zu gewinnen. Es handelt sich dabei nicht um eine Bilderreise, wie sie oft in der schulmedizinischen Psychotherapie angewandt wird. Die Ähnlichkeiten beruhen darauf, dass wir in der spirituellen Reise weiter gehende Erkenntnisse in einem Gewand sehen, das wir begreifen. Diese Erkenntnisse lehren und führen uns weiter. In der schulmedizinischen Fantasie nutzen wir dagegen uns vertraute Bilder, um ‚nur' unser Inneres darzustellen und entsprechende bestehende Probleme aufzuarbeiten.

Visualisieren

Wenn Sie mit einem der beweglicheren Elemente wie der Luft arbeiten, so sollten Sie in der Fähigkeit des Visualisierens bereits gut geübt sein. Da Sie dieses Element nicht in die Hand nehmen können benötigen Sie eine gute Portion an Vorstellungskraft und der Fähigkeit, diese über einen gewissen Zeitraum zu projizieren und zu halten.

Üben Sie Ihre Visualisierungen im Energiebereich Luft, indem Sie sich selber in Bewegung sehen. Visualisieren Sie sich tanzend, springend, fliegend, schwebend oder was immer Ihnen sonst noch zur Luft einfällt.

Anhang
Bücherliste

Ascher, Ulrike

Die Magie der Elemente: Erde, Arun 2005
Die Magie der Elemente: Feuer, Arun 2006
Die Magie der Elemente: Wasser, Arun 2007

In der Reihe *Magie der Elemente* finden Sie jeweils passende Übungen und Rituale zu den Elementen und besonders umfangreiche Anregungen, wie Sie die Elemente für Ihr eigenes magisches Wachstum und Ihre eigenen magischen Vorhaben nutzen könnten.

Zu Rauchwerk und Kräutern:

Bader, Marlis

Räuchern mit heimischen Kräutern, Kösel Verlag 2003

Ein Buch, das mit viel Liebe und offensichtlicher Kenntnis genau das vermittelt, was der Titel verheißt. Besonders für Anfänger sehr zu empfehlen.

Wohnen in guter Energie. Räuchern und Rituale für Haus und Wohnung, Kösel Verlag 2006

Der Nachfolgeband!

Marianne und Patrick Caland

Weihrauch und Räucherwerk, Windpferd 2000

Cunningham, Scott

Das große Buch von Weihrauch, Aromaölen und magischen Rezepturen, Goldmann 2001

Fischer-Rizzi, Susanne

Botschaften an den Himmel, AT-Verlag 2001

Wunderschön bebildert finden Sie hier Informationen zu Räuchertraditionen aus der ganzen Welt. Eine gute Ergänzung zu Nachschlagewerken.

Himmlische Düfte, AT-Verlag

Gartz, Jochen

Salvia divinorum – die Wahrsagesalbei, Nachtschatten 2004

Kinkele, Thomas

Spirituelles Räuchern, Windpferd 2000
Räucherstoffe und Räucherrituale, Windpferd 2002

Rätsch, Christian/Müller-Ebeling, Claudia

Räucherstoffe. Der Atem des Drachen, AT-Verlag 1996
Weihrauch und Copal, AT-Verlag 2004

Schmidt, Anja/Huber, Franz X.J.

Das große Buch vom Räuchern, Schirner Verlag 2002

Eine bunte Mischung vielzähliger Räucherstoffe, gut zum Nachschlagen und sehr fundiert.

Storl, Wolf Dieter

Kräuterkunde, Aurum 2004

Eine Einführung in die Kräuterkunde, die unser Verhältnis zu Heilkräutern sowohl von der praktischen als auch der energetischen Seite beleuchtet. Ein guter, kurzer Einstieg.

Pflanzen der Kelten, AT-Verlag 2000

Hier bietet der Autor eine Fülle brauchbarer Informationen über Kräuterwissen und erklärt die Zusammenhänge zu den Traditionen der Kelten.

Welten, Heidi/Walter, Bruno

Große Düfte für kleine Nasen, Kösel 2003

Wundervolles Buch, um den eigenen Kindern die Welt der Düfte näher zu bringen.

Wahrsagen
(Tarot, Runen, Ogham, I Ging, Pendeln):

Ansha

Grundkurs Pendeln. Eine alte Tradition neu entdeckt. 2004

Aswynn, Freya

Die Blätter von Yggdrasil: Runen, Götter, Magie, nordische Mythologie und weibliche Mysterien, Edition Ananael 2005

Blain, Jenny

Seidr. Die neun Welten der Seidr-Magie – Ekstase und Schamanismus im nordischen Heidentum, Arun 2002

Banzhaf, Hajo

Schlüsselworte zum Tarot: Das Einstiegsbuch mit vielen Legearten, Goldmann 1999

Berger, Nadja

Runen raunen rechten Rat, Orakel- und Meditationsset, Silberschnur 2005

Brück, Axel

Runen Leben: Wissen, Weisheit und Wahrsagekunst der Ahnen, Arun 2006

Carr-Gomm, Philip und Stephanie

DruidCraft – Das Druiden- und Wicca-Tarot, Arun 2004

Corte, Julia

Pendeln, Praxisbuch und Pendel, tosa 2005

Frater Raskasar

Die Runen und das Ogham, Bohmeier 2006

Janascheck, Ulla & Skadé, Cambra Maria

Göttinnenzyklus – Von weisen Frauen, ihren Künsten und Wirkstätten, Arun 2003

Karlsson, Thomas

UTHARK. Im Schattenreich der Runen – Ein magisches Arbeitsbuch, Arun 2003

McElroy, Mark

I Ging für Einsteiger: Ein moderner Zugang zu dem alten Orakel, Integral 2006

Pollack, Rachel

Das Tarot – Übungsbuch, Droemer Knaur 2000

Pracownik, Peter/Boggott, Andy Ogham

Das Keltenorakel, Königsfurt Urania 2004

Schirner, Markus

Pendel-Set, Schirner 1999

Sheppard, Susan

Hexen-Runen: Deutungen, Sprüche, Rituale, Ullstein 2005

Van Osten, René

I Ging. Das Buch vom Leben: Wegweiser zu einem Leben im Einklang mit den sichtbaren und unsichtbaren Kräften, Windpferd 2000

Von Norderney, Nerthus

Nordische Magie: Magisches Arbeiten mit Freya, Seidr, Yggdrasil und den Runen, Bohmeier 2006

Wilhelm, Richard

I Ging: Das Buch der Wandlungen, Diederichs 2005

Wing, R. L.

Das Arbeitsbuch zum I Ging mit chinesischen Orakelmünzen, Goldmann 2004

Zum Weiterlesen:

Ascher, Ulrike

Hexeneinmaleins für freche Frauen, Ein Buch für Anfängerinnen und auch Männer, die sich trauen! Hugendubel 2000

Wohnen mit Magie, Alles was Sie über magisches Wohnen wissen möchten, von der Wohnungssuche bis zur Hausreinigung, wie Sie die Elemente in Ihren eigenen vier Wänden gestalten und ausgleichen. Ausführliche praktische Tipps und Anleitungen zum Selbermachen. Goldmann 2002

Das Buch der Magie für Hexen und Zauberlehrlinge

Hier finden Jugendliche Antworten auf alle Fragen der Magie. (Zu bestellen über die Autorin), Scherz Verlag 2002

Magisches Gartenjahr

Wenn Sie gerne im Garten arbeiten, so erfahren Sie hier, wie Sie Ihren grünen Daumen magisch einsetzen können (zu bestellen über die Autorin). Ludwig 2003

Magisch Entrümpeln

Wer hamstert oder sich in kargen Wänden unwohl fühlt, findet hier die Hinweise, die Ihnen bei der richtigen Gestaltung Ihres Zuhauses beistehen. (Zu bestellen bei der Autorin). Südwest 2006

Hexendiät, Liebeseinmaleins für freche Frauen, Hugendubel 2001

Banzhaf, Hajo

Die vier Elemente in Astrologie und Tarot,

Eine ganzheitliche Charakterkunde mit dem Vier-Elemente-Test, Schirner 1994

Cunningham, Scott

Handbuch der Natur- und Elementarmagie, Band 1+2, Arun 2004

Matthews, Caitlin/Matthews, John

Keltische Weisheiten, Agmüller Urania 1999

Keltische Segenssprüche, Agmüller Urania 2001

Celtic Totem, mit CD Schamanisches Trommeln, Arun 2003

Monaghan, Patricia

Lexikon der Göttinnen, O. W. Barth 1997

Pogacnik, Marco

Elementarwesen, Droemer Knaur 1995

Storl, Wolf-Dieter

Von Heilkräutern und Pflanzengottheiten, Aurum 2004

Pflanzendevas, die Göttin und ihre Pflanzenengel, AT-Verlag 2004

Musik-CDs

Für das Element Luft eignen sich alle Arten von Musik, vor allem aber Kompositionen mit Flöte, Harfe, Geige, Mundharmonika und Blasinstrumenten. Hier deshalb nur eine sehr kurze Liste mit besonders ‚luftigen' Stücken zur Anregung. Suchen Sie selber nach entsprechender Musik. Wählen Sie aus, was Ihrem Geschmack oder Ihren Absichten entspricht – von Klassik über Folk und Jazz bis ...

Chakrasingen:

Halpern, Steven

Chakra Suite, Import 2007

Runnalls, Jana

Chakra Mantras, 2007

Vocal Healing, 2007

Ben und Michell, Christa Scott
Tibetan Chakra Meditation, Oreade 2007
Sophia
Chakra Healing Chants, Bsc Music 2003

Luftmusik:

Air Mail Music
Andean Flutes, Import 2007
Bach, Johann Sebastian/Barbirolli, Giovanni Battista/Franck, César
The Art of Pan – Konzert für Panflöte & Orgel, Ulrich Herkenhoff und Matthias Keller. Die Mischung dieser zwei Luftintrumente bringt Sie umgehend ins Reich der Lüfte.
Von Bahr, Gunilla et al.
Nordische Flötenmusik, Bis 1996
Ball, Christopher
The Piper of Dreams, Pavane 1999
Branduardi, Angelo
Ballerina, 2003, Coli la Prima Mela
Carreras/Domingo/Pavarotti
Three Tenors with Mehta in Concert 1994, von Plácido Domingo, José Carreras, Luciano Pavarotti, und Zubin Mehta (Dirigent). DVD. In jeder Variante mitreißend.
Flötenkonzerte (klassisch)
Deutsche Grammophon, 1990
Frankfurter, Ayeh
Celtic Harp, 2003
Galway, James
Artists Of The Century – James Galway, Flötenmusik von James Galway. Das Querflötenspiel des Iren erhebt, ohne dass Sie den Boden unter den Füßen verlieren. Doppel-CD
Gerighty, J./Wood, S.
The Journey. Pan-Flöte und klassische Gitarre, Brunnen-Verlag 2000
In the Beginning. Pan-Flöte und klassische Gitarre, Brunnen-Verlag 2000
Huber, Evelyn
Harfe solo, Point 2005
Somerville Samba, Harfe solo, Point Musica 2006
Leipziger Saxophon Quartett
Saxische Vielfalt, Blasinstrumente pur und ohne Begleitung.
Molina, D./Duport, J.-L.
Melange – Cello und Harfe, Centaur 2004
Spence, Samuel
Pan Flute through the Ages, 'Bella Musica 1995

Te Kanawa, Kiri
Chants d'Auvergne, Harrell, Tate und Eco von Decca. Gesänge mit eigener Note, getragen von einer außergewöhnlichen Stimme.
Tsa Ne Do Se
Spirits in the Wind, 2006
Various
Sound of Silence, Sce 1996
Vollenweider, Andreas
Magic Harp, 2007
White Winds, 2005

Meditationsmusik:

Hier sollten Sie in einen guten Esoterikladen gehen und sich einhören. Sie verbringen unter Umständen jeden Tag Zeit mit Ihrer Meditationsmusik, da sollte diese persönlich hundertprozentig richtig klingen.

DVDs

Coulais, Bruner/Cluzaud, Jacques/Debats, Michel/Perrin, Jacques
Nomaden der Lüfte. Die Geheimnisse der Zugvögel, Kinowelt Home Entertainment 2005
Gidwani, Kitu
Tanz des Windes, Trigon
Ein Film über Kommunikation und ihre Widrigkeiten.
Olshan, Ruth
Wie die Luft zum Atmen, Salzgeber Co. Medien GmbH 2007
Ein Film über Musik und wie sie die Identität eines Volkes trägt.

Webseiten

Auf meiner eigenen Webseite **www.ravenowl.com** finden Sie Informationen zur Aus- und Weiterbildung im Bereich Magie, Rituale und Schamanismus (online, in Kursen und Jahresgruppen); zu Veranstaltungen und zu meinen Büchern.
Wer **Bücher** bestellen möchte, Fragen zu **Kursen** hat oder Informationen zur schamanischen Ausbildung sucht, ruft mich an: 00353-87-6142824. Oder schicken Sie eine Mail: info@ravenowl.com.
Es gibt ein ständig erweitertes Lexikon (zu dem auch Leser und Leserinnen beitragen können) und vieles mehr.
Es ist zunehmend schwierig, Webseiten aktuell weiterzugeben. Sie wechseln einfach zu schnell. Ich bemühe mich daher Ihnen auf meiner Webseite spannende Links anzubieten und verzichte hier auf eine ausführliche Liste.

Hinweise zu den Fotografinnen und Fotografen

Alexander Pohle: www.arthouse-pohle.de
Anke Firlefanz: www.anke-firlefanz.de (Hier kann man einige der Federn kaufen, die in diesem Buch abgebildet sind oder nach eigenen Entwürfen eine Sonderanfertigung in Auftrag geben.)
Tarotkarten: die auf den Seiten 87 und 88 gezeigten Karten stammen aus dem Set „DruidCraft. Das Druiden- und Wicca-Tarot", Arun, 978-3-935581-54-7.
Tarotkarten: die auf der Seite 85 gezeigten Karten stammen aus dem Set „Das Feen- und Elfentarot", Arun, 978-3-86663-028-4.

Hinweise zur Bezugsquelle von Federn

Die in diesem Buch gezeigten Federn aus der Werkstatt von Anke Firlefanz kann man besichtigen und auch kaufen in der Blumenschule Schongau. Versand ist ebenfalls möglich.
Weitere Infos unter: www.blumenschule-schongau.de

160